高质量发展教学案例选编

GAOZHILIANG FAZHAN JIAOXUE
ANLI XUANBIAN

中共南京市委党校
编写组 编

江苏人民出版社

图书在版编目(CIP)数据

高质量发展教学案例选编 / 中共南京市委党校编写组主编. 一 南京 ：江苏人民出版社，2022.6

ISBN 978-7-214-27114-3

Ⅰ. ①高… Ⅱ. ①中… Ⅲ. ①区域经济发展一教案(教育)一汇编一江苏 Ⅳ. ①F127.53

中国版本图书馆 CIP 数据核字(2022)第 055081 号

书　　名	高质量发展教学案例选编
著　　者	中共南京市委党校编写组
责任编辑	陈　茜
责任监制	王　娟
出版发行	江苏人民出版社
地　　址	南京市湖南路 1 号 A 楼，邮编：210009
照　　排	江苏凤凰制版有限公司
印　　刷	江苏凤凰数码印务有限公司
开　　本	718 毫米×1000 毫米　1/16
印　　张	16.5　插页 2
字　　数	250 千字
版　　次	2022 年 6 月第 1 版
印　　次	2022 年 6 月第 1 次印刷
标准书号	ISBN 978-7-214-27114-3
定　　价	57.00 元

(江苏人民出版社图书凡印装错误可向承印厂调换)

前　言

案例是反映社会实践的生动教材，案例教学是理论联系实际的有效方式。党中央明确提出，要加强案例教学、开发一批学习习近平新时代中国特色社会主义思想的教学案例，推动国家级和省级干部教育培训机构案例库建设。为深入贯彻《中国共产党党校（行政学院）工作条例》，努力创新教学方式，增强教学吸引力和感染力，高质量采用案例教学等实战培训方式，经研究决定编写《高质量发展教学案例选编》，以期通过互学互鉴、总结提升，促进校院案例式教学课程的开发与质量提升。

目录/Content

以党建工作推进互联网企业高质量发展

——南京市玄武区徐庄高新区党建工作的创新与实践

曾艳　张霁莹　编写

中共南京市玄武区委党校

【引言】2016年4月19日,习近平总书记在网络安全和信息化工作座谈会上强调,要“增强互联网企业使命感、责任感,共同促进互联网持续健康发展。我国互联网企业由小到大、由弱变强,在稳增长、促就业、惠民生等方面发挥了重要作用。让企业持续健康发展,既是企业家奋斗的目标,也是国家发展的需要。企业命运与国家发展息息相关,脱离了国家支持、脱离了群众支持,脱离了为国家服务、为人民服务,企业难以做强做大”。

【摘要】玄武区是南京市互联网产业的主要集聚区之一,目前全区有互联网企业1600余家,从业人员8万多人,年交易额2000多亿元,其中徐庄高新区涌现出途牛旅游网等全国百强互联网企业,在行业乃至全国范围内都具有较大影响力。互联网企业是区域经济的重要组成部分,也是推动高质量发展的强大引擎。这个行业的从业人员呈现年轻化、高学历、思想多元等特点。想抓党建不会抓、抓党建抓不过来,党员流动性大,党组织建了散、散了建……都是互联网企业面临的问题。玄武区委深刻认识到互联网企业党建工作的重要性,从扩大组织覆盖、活跃组织生活、发挥引领作用等基础环节抓起,不断探索契合互联网企业特征的党建新模式。从近几年的成绩来看,玄武区装好了护网净网治网的“新式装备”,增强了团结凝聚人心的“引力磁场”,点燃了企业健康发展的“红色引擎”,激活了科技服务社会的“乘数效应”。

【关键词】互联网企业党建　“党建+”经验做法　优化路径

南京市玄武区徐庄高新区于2002年启动园区建设,2005年基本建成,2018年9月提前去筹升级为省级高新区,目前实行"一区五园"管理体制,以徐庄高新区为平台,融合铁北红山新城、东大·南京设计名城、珠江路创业大街、玄武科技金融园、南理工科技创新园5个分园。徐庄高新区核心区(徐庄软件园)位于南京紫金山与聚宝山之间,是全国最早的专业化软件园区之一,现有注册企业2980家,实际在园企业600余家,其中规上企业252家,从业人员近4万人。

徐庄高新区始终聚焦软件信息与医药健康两个主导产业,两个产业的单位面积产出均为全市第一。近年来,通过不断转型升级、提质增效,园区产业特色日益彰显,创新要素不断集聚,集中呈现了本土总部汇聚、主导产业集中、创新能力突出、互联网经济领先四大特点。目前,高新区已集聚3家由商务部认定的电子商务示范企业(苏宁易购、途牛旅游、苏盐生活家),电子商务交易达到1350亿元,同比增长达到10%。此外,赛特斯、国瑞信安、金盾检测、猎宝网络、网络农业等企业,在网络建构、网络安全、网络游戏、网络农业等领域都已成为行业翘楚,产品服务覆盖全国,全年互联网产值达到1750亿元,同比增长达到10%。

徐庄高新区党工委成立于2005年,截至目前共有77个独立的企业党组织,党员2011人。其中互联网企业成立党组织14家,党员712人。时光回溯,高新区也曾出现互联网企业发展中的党建短板,党建工作也曾存在想抓不会抓,或是想抓抓不上的困惑。短短几年时间里,园区互联网企业怎么装上"红色引擎"?党建工作如何在企业发展中变身重要动力?这些都是值得关注的问题。

一、困境:一个前所未有的难题

互联网企业的党建怎么做?这是一个新挑战。党建工作的加强已经迫在眉睫,但是棘手的问题也随之而来。与传统企业不同,互联网企业拥有其独特运营模式,这对党建工作提出了新的挑战。

由于互联网企业党建工作总体尚处于起步探索阶段,加之互联网企业所具备的非公属性、媒体属性、文化属性、社会属性等诸多特殊属性,导致其在组织建设、行动主体、活动方式、制度供给等方面存在不同程度的挑战。具体来说,互联网企业工作环境的虚拟性与党组织的严肃性有着天然的不同,是挑战。互联网企业依托于虚拟网络,信息的传递超越了现实的约束,一定程度上弱化了党员和组织的关系,是挑战。互联网企业员工思想更加活跃,组织凝聚力建立起来难度更大,也是挑战。互联网相对自由,受互联网文化影响的年轻人习惯自由地在网络上交流观点,传统的教育方式不容易被接受,更是挑战。

徐庄高新区互联网企业以小型企业为主,党员流动性大,组织较为松散,党建工作存在基础薄弱、规范程度低、作用不突出等问题,在一定程度上制约了党建工作的有效开展。园区在推进互联网企业党建的过程中,遇到的困难确实不小。

全国百强互联网企业、独角兽企业、细分领域龙头企业组织设置相对规范,而一些小微型初创互联网企业面临较大生存竞争压力,存在重视业务工作、忽视党建工作的现象,往往是"想起来就做""忙起来就忘",这就导致了部分企业党建工作与企业业务发展存在脱节现象,党组织边缘化现象较为突出。

一些企业负责人和员工未能明显感受到党建工作带来的益处,导致对党组织建设工作的重视度和认可度较低。一些小微企业存在场地不足、资金短缺、设施配置不规范等问题,缺少地方开辟专门的党建阵地。部分企业对党组织和党务工作者缺乏量化考核评价标准和考核监督机制,一些党务工作队伍实践能力不过关,基础性党务工作没有达标,存在"干好干坏一个样""干多干少一个样"的错误心态,党建工作规范性亟待加强。

此外,据组织部门的工作人员介绍,互联网企业成长规律特殊,企业组织分散、员工思想活跃、文化背景多元、技术迭代快速等给党建工作带来了新情况新问题。比如,员工高度依赖互联网,年纪轻、有活力、自主意识强,传统教育管理方式方法难奏效;比如,从业人员跳槽平均周期 1—2 年,党员组织关系没有及时转接,不少党员"隐形""空挂"甚至"失联";比如,一些党组织和负责人缺乏与党员之间的有效沟通,少数企业党组织与党员的联系仅限于收缴党费或组织活动,党员之间及其与组织间没有亲密性,企业党组织凝聚力难以形成,部分党员隐瞒身份,成为“口袋党员”“流动党员”,党员教育管理存在较大漏洞;比如,一些互联网企业“生得易、死得快”,并购重组多,部门设置灵活、岗位分工多变,传统的组织设置不能完全适应,不少企业分支机构、业务模块存在空白点,小微企业们仍是组织覆盖难点。

二、破局:以“党建+”思维应对难题

面对发展日新月异的互联网企业,“老办法不管用”“旧模式不管用”是必然的。只有不断创新工作理念、形式、方法、手段,才能有效开展互联网企业党建工作。在这样的巨大压力和挑战面前,徐庄高新区迎难而上,开辟出了抓好互联网企业党建工作的新路子。

(一)“党建+互联网”:以党建工作抓好互联网企业阵地建设

从全区层面来看,结合互联网企业分布相对集中的区情实际,玄武区坚持“区域覆盖”和“行业覆盖”相结合,按照行业相关、地域相近原则,划分 6 个产业片区,1600 余家互联网企业不论隶属、规模,全部纳入属地管理,通过产业片区兜底确保小企业“一个不少”。各片区分别成立联合党委,遴选 20 家上规模、有影响的企业担任书记、委员单位。目前全区已单独组建互联网企业党组织近 30 个,依托动漫行业协会联合党支部等行业党组织统管企业 500 多个,园区托管 800 多个,不断巩固基层阵地建设。

针对徐庄高新区小微互联网企业较多、分布较为松散的情况,徐庄高新区把党的组织体系建设作为基础工程,不断创新组织设置方式,实现了“重点打造”和“全局覆盖”相结合。园区坚持将政治标准作为互联网企业党建工作的第一标准,重点评判党组织政治站位高不高、政治引领强不强,积极推进互联网企业组织和工作“两个覆盖”,努力做到企业和网络发展到哪里,党的组织和工作就跟进到哪里,引导企业始终保持正确的政治方向,为企业的持续健康发展奠定基础。

高新区通过对互联网企业的分级分类管理,实现了组织上的“有形覆盖”和工作上的“有效覆盖”,以开展分类指导的方式为企业提供个性化“服务菜单”。具体来说,对于初创型小微企业,园区和行业党组织主动介入,联动提供创业服

务和党建指导；对于发展运营比较稳定的企业，指导其进一步健全党的组织架构、规范组织运行；对于形成一定体量的企业，重点探索管理有效、服务有力的党建模式，推动党建工作融入公司决策、管理、经营全过程。

由于各互联网公司的党员均是互联网企业的从业者，他们的工作要求和行业特点决定了党员年轻化、高学历化、工作和生活高度依赖网络的实际。与此同时，互联网行业快速的技术更新加快了从业党员的流动性，互联网公司的特点促使很多公司在全国各地设有分支机构和党组织。为适应这些特点，高新区互联网企业的党组织开始更多地借助现代互联网信息技术，创新党组织生活方式，拓展党建工作的空间和领域。通过打造网上党建平台、创建党建QQ群、微信群等方式开展党组织生活，这些方式在互联网企业受到了党员们的欢迎。园区坚持“线上+线下”管理方法，“键对键+面对面”活动形式，“实体+虚拟”活动场所，使得党员职工积极性得到充分调动，党组织活力得到充分激发，党建工作质量有了较大提升。比如，途牛公司依托公司互联网平台和技术力量，先后建立了途牛党建微信公众号、途牛党委BBS论坛、途牛党员钉钉群、邮箱群、牛人群等五个线上平台，速度时空信息科技股份有限公司创新打造了“速度有声电台”，组织青年党员和优秀团员开展了“体悟人民领袖初心，激发追赶超越动力”为主题的《梁家河》诵读学习活动（见图1.1），通过年轻人喜闻乐见的方式大力抓好线上阵地建设。

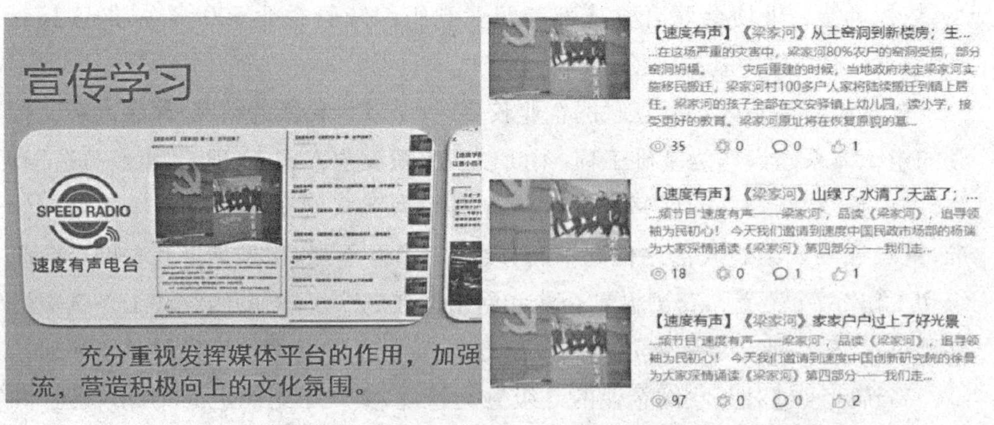

图1.1 速度时空推出的“速度有声电台”党建学习平台受到年轻人的喜爱

（二）"党建＋业务工作"：以党建工作激发互联网企业的发展动能

新时代加强互联网企业党建工作，关键连接点在于发挥党组织的战斗堡垒作用和党员的先锋模范作用，把党的组织优势转化为推动企业健康发展的动力，提高企业在竞争中的战略定力。徐庄高新区的互联网企业通过融合"党务工作"和"业务工作"，促进企业党建工作与业务工作同步推进，在增强党组织的凝聚力号召力的同时，为企业发展注入强大动能，从而实现以党建工作提升互联网企业的发展动力。

高新区各互联网企业十分注重发挥非公企业党组织的政治核心和政治引领作用，履行好作为党在企业中的战斗堡垒功能。例如，途牛公司结合"两学一做""不忘初心、牢记使命"等党内集中教育，大力开展"争当途牛先锋、争做合格党员"活动，深入开展党员亮身份树形象，叫响"一个党员就是一面旗帜"，鼓励党员在日常工作中通过优秀业绩体现共产党员先进性，为公司每名党员专门定制了党员工牌、党员标贴、党员文化衫、党员公仔等，建立了完善的党员标识体系。每年5—8月的旅游销售旺季，公司会组织各党支部、全体党员和入党积极分子开展"牛人党支部先锋""牛人党员先锋"评比竞赛，参考HR绩效考核数据，对党员个人和党支部集体在旺季销售中表现进行排名，探索了党支部和党员发挥战斗堡垒与先锋模范作用的量化评比办法，通过这些方式培养和选树了一大批业绩优秀、表现出色的党员员工，带动身边普通员工共同成长，促进了公司业绩提升，受到公司管理层一致称赞。

园区通过开展"新时代先锋行动"，大力推广党务和业务双向融合、党员和骨干双向培养，通过把负责人和业务骨干培育成党员，把党员培育成负责人和业务骨干，形成党建骨干与业务骨干的双向互融，发挥党员在企业关键岗位的排头兵作用，实现攻坚克难靠组织、关键岗位有党员，培育形成党建引领、党员带头、团队战斗的企业文化精神，不断提高党组织和党员在企业经营管理中的参与度和贡献度。自2016年以来，途牛党委积极发挥沟通政府和企业的桥梁纽带作用，积极为公司优秀党员和员工争取各项荣誉，鼓励他们在做好本职工作的基础上，走出公司发挥更大价值，先后为公司培养了100多名园区以上优秀共产党员、优秀个人、文明职工、公益使者、政协委员、人大代表等，协助公司相关部门成功申报江苏省工人先锋号、南京市三八红旗集体、南京榜样等多项荣誉（见图2.1），吸引200多名员工递交入党申请书，培养发展20多名中高层骨干加入中国共产党，成为企业发展的中坚力量。

在党员先锋模范作用发挥的过程中，园区互联网公司尤其注重抓好“关键少数”，那就是推动大企业的党委委员与企业高管交叉任职，加强对党员高管尤其是主要负责人、业务负责人、重点岗位负责人的教育管理工作，引导他们牢记党员身份，切实发挥模范带头作用，同时主动配合党委政府的相关工作，紧跟党和国家的大政方针政策，牢牢把握经济社会发展态势，有利于为企业发展提供重要战略参考。

此外，加强与非党员高管的沟通服务，增进政治认同，做好政治吸纳，也是园区关注的重点。园区坚持每年发展10名左右企业主和高管入党，举荐多名互联网企业主担任各级“两代表一委员”，以政治身份提升政治认同，激发他们支持党建工作的思想自觉和行动自觉。

江苏省工人先锋号	1
南京市人大代表	1
南京“两学一做”先进个人	1
南京市工人先锋号	1
南京市三八红旗集体	1
玄武区党代表	1
玄武区人大代表	2
玄武区文明职工	2
玄武区工人先锋号	1
玄武区好青年、公益大使	1
玄武区青联委员	1
玄武区优秀共产党员	1
玄武区优秀党外人士	2
玄武区“两学一做”先进个人	15
徐庄优秀党务工作者	5
徐庄优秀党员	20

图2.1　截止2021年底，途牛旅游网企业党员获得的重要荣誉称号一览表

以速度时空信息科技股份有限公司为例,公司党委积极探索具有时空信息大数据企业特色的党建路径,提出了以党建引领企业发展的"三融三聚"工作法(见图2.2),公司将党组织与行政架构进行深度融合匹配,由总裁本人亲自担任党委书记,要求公司在人才引进和人员晋升方面,除了要关注个人能力,对公司业务的贡献度,还坚持党员优先的原则,目前,公司已有党员130余名,经营决策管理层中高管的党员占比达80%。在公司各事业部分别建立党支部,由事业部最高级别党员行政负责人担任党支部书记,党组织充分参与企业发展规划、公司内部管理等事项,涉及公司重大战略决策的由党委和公司董事会共同召开联席会议进行决议。

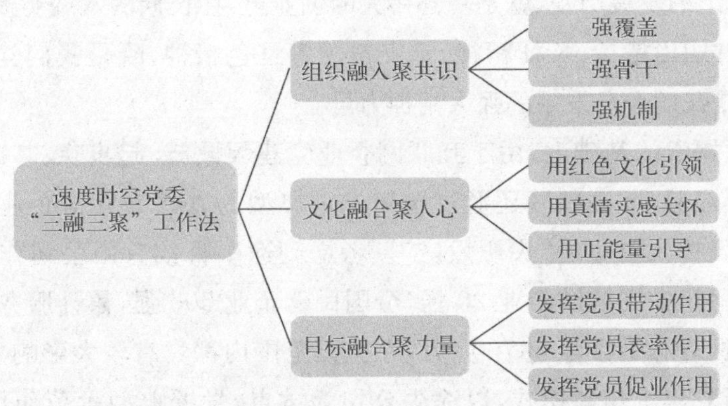

图2.2 速度时空信息科技股份有限公司党委首创的"三融三聚"党建工作法

公司还以创始人同时也是党委书记徐忠建同志的名字命名成立了"徐忠建工作室",以"凝聚一批爱国奋斗奉献的有志青年"为宗旨,将有共同追求的青年凝聚起来,促进共同进步,2020年12月徐忠建工作室被评为南京市"党支部书记工作室示范点"。

(三)"党建+企业文化":以党建工作增强互联网企业的发展活力

从"要我党建"演化为"我要党建"是徐庄高新区互联网企业最大的变化。在党组织指路引领下,一批互联网企业持续壮大。把党建融入企业经营管理,引领企业文化建设;把党建融入创业精神,促进企业发展壮大、把党建融入企业的价值观,推动企业走正道走大道,勇于承担社会责任。

在许多创业者们看来，党的精神就是创业与致富的教科书，每位创业者都应该在党的精神谱系中汲取营养，他们把党在不同时期形成的伟大精神解读为企业发展各个阶段的必备思想——初创时期学红船精神，开天辟地、敢为人先；幼小时期学井冈山精神，星星之火、可以燎原；困难时期学长征精神，坚定信念、百折不挠；成长期学延安精神，自力更生、艰苦奋斗；成熟期学西柏坡精神，进京赶考、敢于胜利；持续发展期学改革开放精神，解放思想、变革创新。他们感慨地说："掌握了党的伟大精神就掌握了创业的法门。"

速度时空信息科技股份有限公司相关负责人表示，企业从创立之日起，就遇到了很多困难和矛盾，面临着许多风险与挑战，所以我们提出向党学习。中国共产党艰苦卓绝的发展历程，就是一部伟大的创业史，在长期的发展实践中形成的红船精神、井冈山精神、长征精神、延安精神等红色精神，既是我们党的宝贵财富，同样也是我们企业发展的强大精神力量。

在自主探索的基础上，由于互联网企业党建领域新、起步晚、基础薄弱，可借鉴的成熟经验少，高新区还通过选树先进典型的方式为其他企业提供借鉴参考，充分发挥大企业的"头雁效应"。考虑到途牛科技有限公司作为中国互联网企业百强、中国旅游企业 20 强、全国民营企业 500 强，累计服务超 1.3 亿人次出游，拥有会员数量超 7000 万，在全国范围内都具有较大影响力，园区积极探索创新党建工作新模式，以途牛公司为试点，发挥典型示范作用，指导公司党委打造"牛人党委"样板品牌。公司党委构建"活力牛、发展牛、担当牛、影响牛"工作框架，在玄武区委组织部和徐庄高新区指导下，邀请南京艺术学院专门设计建造了面积超 1000 平方米的党建阵地和"红领 · 牛人"党群共享服务中心，成为公司展示党建和业务工作、开展党员教育管理、服务党员和员工的场所，受到广泛好评(见图 3.1)。园区在集中表彰先进典型的基础上，广泛开展宣传推广和参观交流活动，为全区互联网企业提供示范样本，鼓励其他企业学习先进做法，结合自身业务实际，探索打造特色党建工作品牌，不断提升企业党建工作成效。

图 3.1　途牛科技有限公司党建阵地和“红领・牛人”党群共享服务中心

（三）“党建＋公益”：以党建工作强化互联网企业的社会担当

互联网企业既是追求利润的商业主体，也要做好提供优质商品和服务、创造社会价值的社会成员，承担其必要的社会责任。互联网企业具有非公属性、媒体属性、社会属性等鲜明特点，其产品往往具有传播速度快、社会影响大、涉及范围广等突出特征，这就需要不断强化政治引领，共同营造风清气正的网络空间。徐庄高新区坚持党管互联网、党管媒体，引导互联网企业依托自身优势打造特色党建品牌，积极弘扬主旋律、传播正能量，建立良好的公众形象和社会声誉。

当互联网企业的党建越来越成熟，企业主观能动性便开始显现。近年来，园区充分发挥互联网企业党组织作用，以党建工作引导互联网企业发挥社会价值，包括弘扬社会主义核心价值、投身国家重大战略、参与社会公益等多种形式，不断收获企业的好评度和美誉度。推动企业主动承担社会责任取得了良好的成效。

企业相关负责人认为，互联网企业本身也有利用自己的技术优势和行业优势承担社会责任的愿望，这种愿望与党建相结合，能量更大了。比如，途牛旅游网的党委牵头相关部门采取“线上 + 线下”旅游新零售模式，帮助西部欠发达地区脱贫致富和发展经济，被评为 2018 年度中国网络扶贫优秀案例、2020 年度江苏省网络扶贫优秀案例荣誉奖。公司还与中国扶贫基金会联合成立“团圆行”公益基金，连续多年组织“YI + YI = 爱——让这个冬天不寒冷”公益众筹和相关捐助活动，热心帮助留守儿童和社区困难群众，受到社会广泛好评。此外，在江苏省委网信办和陕西省委网信办指导下，途牛与中国江苏网、太平洋保险集团等相关单位合作，先后举办了“苏陕协作 · E 企筑梦”、“祖国那么大 · 我想去看看”等网络扶智扶志游学活动，遴选贫困地区 200 多名优秀中小学生到北京、上海、深圳、南京、成都等地游学，开阔视野，筑梦未来，被评为 2020 江苏省网络扶贫优秀案例、第三届江苏十佳网络公益项目、2019 中国旅游产业影响力年度社会责任企业。

2020 年年初的新冠肺炎疫情暴发之后，园区互联网企业经历了从做好自身抗疫到支援社会抗疫再到复工复产的艰难历程，各企业党支部一方面做好员工的健康管理工作，另一方面积极投身社会抗疫工作，结合企业所长助力物资捐赠、生产运输等各个环节，积极组织志愿者投身抗疫一线，受到社会各界的广泛好评。其中，途牛旅游网在抗击新冠疫情中，在未收到供应商退款的情况下，为客户垫付超亿元，承担损失超亿元。公司还组织海外员工和合作伙伴累计采购 41700 只口罩、2200 套防护服、5200 双防护鞋套、1100 套护目镜等支援武汉等重灾区，组织党员员工自愿捐款 19459. 88 元支援防疫工作。

此外，途牛党委充分发挥党建工作的红色引领作用，紧密结合互联网企业特点，依托互联网平台和技术优势，创新在公司官网和 APP 开辟“红色旅游”专题页，组织开展红色旅游产品设计大赛，建立了覆盖全国主要红色景区的 9000 多条红色线路(见图 4. 1)，公司每年服务红色旅游人员 10 万余人次，在创造企业收益的同时传播了红色文化。

图 4.1　2019 年，为庆祝新中国成立 70 周年，途牛旅游网打造的系列红色旅游路线受到消费者热捧

三、收获：徐庄高新区互联网企业党建工作的经验启示

加强新时代互联网企业党建工作，是新形势下加强党的领导和建设的重要途径，是推动互联网企业自身发展的有效手段，也是满足人们日益增长的生产生活需要的重大举措。新时代加强互联网企业党建工作，及时解决党建工作面临的困境，不断提升党建的质量和水平是刻不容缓的任务。徐庄高新区创新党建工作思路和方法，紧密结合互联网企业的特点和行业属性，坚持以“党建＋”为抓手，运用“党建＋互联网”“党建＋业务”“党建＋企业文化”“党建＋公益”等特色品牌，为建强互联网企业党建激发活力、强化功能、凝聚共识，充分发挥党员先锋模范作用和党组织战斗堡垒作用，切实推动习近平新时代中国特色社会主义思

想深入人心、落地生根。

玄武区徐庄高新区互联网企业党建工作的实践，坚持和加强党的领导是核心，是企业成功的根本保证。只有坚持以党的政治建设为统领，突出政治功能，引领企业坚持正确政治方向，将党的领导体现到互联网发展的各方面，把党的工作贯穿企业生产经营管理全过程，互联网企业才能与党同心、与党同行。这是玄武区徐庄高新区互联网企业党建工作经验最关键的一条。

研讨题

1. 互联网企业党建工作最大的难点在哪里？

2. 玄武区的互联网企业党建经验哪些具有可复制性？结合本案例做法和本地实际，谈谈如何做好非公企业党建工作。

附录

南京玄武区为互联网企业注入红色基因

发表时间：2018－12－26 来源：中国组织人事报

作者：通讯员 玄组轩

本报南京讯（通讯员 玄组轩）作为南京市互联网产业的主要集聚区，近年来，玄武区聚焦谁来抓、抓什么、怎么抓问题，统筹力量、突出重点、创新方法，夯实党在互联网领域的执政基础。目前，全区有互联网企业1600余家，从业人员8万多人，涌现出苏宁易购、途牛旅游等全国百强互联网企业。

该区坚持系统谋划，构建区委统一领导、组织部门牵头抓总、职能部门协同推进的互联网企业党建工作体系。区委总揽全局，把抓产业和抓党建统一起来，制定互联网产业发展五年规划和加强互联网企业党建工作实施意见，建立区领导直接联系服务重点企业制度。区委书记把“加强途牛公司党建”作为2018年抓基层党建重点项目，指导公司党委打造

"活力牛、发展牛、担当牛、影响牛"的党建品牌。区委组织部(两新工委)发挥牵头抓总作用,定期研究部署互联网企业党建工作,每年开展"红领先锋"企业党组织书记和党务工作者集训,选派党建指导员入企"坐班"服务。推动区委宣传部(网信办)发挥监管服务优势,深入企业开展业务指导和党建工作督查,区市场监管局实行企业注册与党员摸底、党组织组建同步推进机制,强化源头管理。针对互联网企业分布集中的实际,按照行业相关、地域相近原则,划分6个产业片区,分别成立联合党委,遴选20家上规模、影响力较大的企业作为委员单位,将互联网企业全部纳入属地管理。在互联网创业人才、电子商务行业等协会,采取行业联建、龙头领建等方式成立行业党组织,牵头制定行业党建工作规范、开展工作交流,推动所属企业建立党组织、开展党的工作。目前,全区单独组建企业党组织80个,依托行业党组织管理企业500多个,园区、片区党组织管理企业800多个,基本实现党的组织和工作全覆盖。

从国家所需、企业所望、员工所盼入手,该区聚焦政治引领、企业发展、社会责任三个关键词,加强互联网企业党建工作。把政治建设作为根本性建设,努力把党组织打造成企业坚持正确政治方向的"领航人"。建立党组织与企业管理层共同学习、定期沟通等双向互动工作机制,做好企业负责人、高管的政治引领和政治吸纳,每年发展10名左右企业负责人和高管入党,推荐20多名企业负责人担任各级"两代表一委员",引导他们强化政治认同。开展"新时代先锋行动",推广党务和业务双向融合、党员和骨干双向培养,实现攻坚克难靠组织、关键岗位有党员。抓履行社会责任。引导党组织推动企业认真落实国家重大战略,自觉弘扬社会主义核心价值,积极参与社会公益,成为社会正能量代言人。汇通达党支部积极投身乡村振兴,大力发展农村电商,业务覆盖1.5万多个乡村,发展服务8万多家夫妻店,带动40多万农民创业就业。

该区坚持"组织发展党员、党员壮大组织",选派党建指导员帮助党员人数不足3人的互联网企业先行成立党支部,指导企业发展党员、规范支部工作。在“支部管党员”“一级抓一级”的基础上，直接面向党员开展教育、管理和服务，通过提供菜单式、定制化活动，增强党员对党组织的归属感。网上与网下互补。建设“网上党支部”，开发“红旗飘飘”APP、“玄武支部宝”微信小程序等，实现在线签到、网上学习、测评问效。在互联网企业集聚区，打造“红领@产业社区”“红领·汇杰”等开放式党建平台，提供党性教育阵地。开展党组织“堡垒指数”和党员“先锋指数”测评，提升党员教育管理实效性。全面推行“线下活动、线上预约”“线下学习、线上测评”等模式，实现网上网下有机联动。抓大与抓小并重。按照“大的重点抓、小的统筹抓”的思路，在发挥大企业“头部效应”的同时，确保小微企业一个都不能少。对初创企业，园区和行业党组织主动介入，联动提供创业服务和党建指导，一开始就植入“红色基因”；对发展运营比较稳定的企业，健全党的组织、规范党的工作；对形成一定体量的企业，重点探索管理有效、服务有力的党建模式，推动党建工作融入公司决策、管理、经营全过程。

用好改革“硬招实招” 破解基层“治理难题”

——秦淮区“两赋两强”街道集成改革的探索与实践

王爱芳 汪华 林靖 编写

中共南京市秦淮区委党校

【引言】习近平总书记明确指出："时代是出卷人，我们是答卷人，人民是阅卷人。"面对新时代社会主要矛盾的转变，迫切需要加强和创新社会治理，为增强人民群众的获得感幸福感提供保障。社会治理的重心在基层，特别是作为党和政府联系、服务群众的"最后一公里"的街道社区在社会治理中的重要性愈发凸显。

【摘要】作为南京市的主城区、老城区与中心区，秦淮区具有老旧小区多、流动人口多、治理资源少等基础现状特征，在基层治理实践中长期面临着"权力有限、责任无限""资源虽有、调度困难""看得见管不了，管得了看不见"等结构性障碍与典型性困境，由此形成了一系列矛盾、问题。正是基于此，秦淮区积极响应中央和省市的战略部署和政策安排，统筹谋划、先行先试，通过全面深化改革来推进基层治理现代化。全区上下按照"小切口、可操作、重实效"的原则，围绕"安全、干净、服务、文明"的方向，先后围绕执法体制、公共服务、物业管理、网格工作等多个维度推出多项改革措施，充分聚焦基层治理中的"堵点""痛点"与"难点"，探索形成了以"赋权、赋能、强基层、强队伍"为核心的"两赋两强"街道集成改革路径，为贯彻落实党的十九届五中全会精神、推进"十四五"时期基层社会治理创新，提供了宝贵的经验和有益的借鉴。

【关键词】集成改革 "两赋两强" 秦淮区

一、背景情况

秦淮发展瓶颈致使改革迫在眉睫

秦淮区区域面积为49.11平方公里，下辖12个街道，107个社区，是一个典型的老城区，人口和建筑密度大，保护更新老城和开发建设新城任务艰巨，安全生产、征收拆迁、环境治理各类矛盾易发，与建设经济强、百姓富、环境美、社会文明程度高的新秦淮目标相比，基层社会治理面临严峻挑战。街道办事处一头连着区政府，一头连着居委会和社区居民，既是政府与基层的重要连接点，也是创新社会治理加强基层建设的关键。多年来，秦淮区在基层治理方面已经开展了街道执法体制改革、创新网格化社会治理机制等多项改革，取得了一定成效，但街道仍然面临着“权力有限、责任无限”“资源虽有、调度困难”“看得见管不了、管得了看不见”等发展困境。“责任状”、“一票否决”、工作排名等督查考核事项依然较多，数据丰富度和数据更新效能明显不足。如何化解街道“权小事多责任大”的矛盾，一直是秦淮区委区政府高度重视及亟需解决的问题。改革创新是唯一出路。推进街道集成改革，可以将尽可能多的资源、服务、管理放到基层，使基层有人、有权、有物，保证基层事情基层办，有效破解基层社会治理系列难题。

各级宏观政策把准改革正确方向

党的十九届四中全会通过的《决定》明确提出“构建基层社会治理新格局”，要“健全党组织领导的自治、法治、德治相结合的城乡基层社会治理体系，建设人人有责、人人尽责、人人享有的社会治理共同体”，将“基层社会治理”提到新高度，为创新基层社会治理提供了科学指引和基本遵循。2018年11月，中央深改委第五次会议审议通过《关于推进基层整合审批服务执法力量的实施意见》强调，基层是党和政府联系人民群众的纽带、服务人民群众的平台。要坚持和加强党的全面领导，适应乡镇和街道工作特点及便民服务需要，加强党的基层组织建设，改革和完善基层管理体制，使基层各类机构、组织在服务保障群众需求上有更大作为。江苏省委深改委审议通过的《关于推进基层整合审批服务执法力量的实施意见》提出了“1+4”的改革总体要求，即加强党的全面领导、审批服务—窗口、综合执法—队伍、基层治理—网格、指挥调度—中心。《南京市机构改革方案》中将“复制推广经济发达镇行政管理体制改革试点经验，按照构建简约高效的基层管理体制要求，推进街镇相关改革，整合基层审批服务执法等方面的力量和职能，统筹机构编制资源，综合设置街镇机构，实行扁平化和网格化管理”作为深化改革的着力点。2019 年初，市委、市政府将推广秦淮区基层治理“两赋两强”集成改革经验列入全市重点改革任务。2019 年 8 月，全省推进基层整合审批服务执法力量工作电视电话会议上确定南京市和秦淮区分别为设区市、城区改革试点。2019 年 12 月 17 日，全省推进审批服务执法力量暨街道集成改革现场会在秦淮区召开，会议明确：“乡镇学徐霞客镇，街道学秦淮区”。

二、事件经过

在改革推进之初，区级各职能部门、各街道、各社区等参与者对改革内容存在意见和分歧，尤其是街道和社区对改革后自身运行效率产生了一定的担忧。为克服基层的畏难情绪，由秦淮区委组织部部长牵头召开各类座谈会，统筹推进全员参与改革方案论证最大程度地争取认可与支持。区委成立若干个工作组，全区域共同推进街道机构、执法、审批和服务改革，形成改革合力。先后制定《秦淮区街道集成改革实施意见》《关于街道集成改革中统筹各类人员使用管理的意见（试行）》等十几个文件，为改革稳步开展提供了制度和政策保障。与此同时，双塘街道先行先试，通过改革提升了自身的治理绩效，其典型经验得到了省编办的认同，在全区范围内起到了示范作用，进一步促成了更广范围的改革支持。由此，一场以街道集成改革为重点，以提升基层社会治理能力为关键，以增强群众获得感、幸福感、安全感为目标，立足中心城区特点，推进城市基层治理重心下移、权力下放、资源下沉，具有秦淮特色的赋权、赋能、强基层、强队伍的“两赋两强”集成改革正式拉开帷幕。

赋能基层:打造升级版“吹哨报到”

突出大抓基层、夯实基层的改革导向,将人力、物力和财力等各种资源下沉到基层,形成人往基层走、物往基层用、钱往基层花、劲往基层使的良好局面。首先针对单靠街道力量难以解决的问题,启动“街道吹哨、部门报到”工作机制,区街合力,推动城市治理顽疾及时妥善解决,街道拥有考核部门的权力,并在此基础上,探索推行“部门吹哨、部门报到”“社区吹哨、街道报到”。2019 年初,瑞金路街道一声“哨响”,拉开街道集成改革的序幕。当时正临近春节,小区雨污分流没完工,工人陆续要回家,现场一片狼藉。区房产局、区水务局、国资集团、施工单位等“听哨”报到,现场划分责任、排定工期,一周内完成沥青摊铺、路面恢复,小区居民于是自编了一句顺口溜:“这一哨真管用,部门围着街道转,街道围着群众干。”

“街道吹哨、部门报到”机制,是实地学习北京先进做法,进行“集成超越”的探索,旨在形成属地街道牵头负责,部门“一呼百应”全力给予支持的工作格局,真正践行“一线工作法”,着力形成到基层一线、到现场帮助解决问题的导向。

如何实现街道“一呼百应”?秦淮区在现有的 12345 热线系统中嵌入模块,赋予街道调动、考核区级职能部门的权力。一般事件,由部门分管领导或科室负责人报到;较大事件,由部门主要领导报到;重大事件,由挂包街道的区委常委和分管副区长“双报到”牵头处理。2019 年 3 月 9 日,红花街道为七桥瓮花鸟鱼虫市场周边环境整治“吹哨”,挂包该街道的秦淮区委书记林涛现场“报到”,与 11 个部门一把手集结会商,半个月内拿出整改方案,3 个月后交出整治成果,花鸟鱼虫市场及周边环境得到明显改善。

秦淮区街道“吹哨”已成常态。据统计,仅 2019 年,秦淮各街道累计吹哨近 200 次,报到单位 54 家,问题解决率超过 80%。

要让“吹哨”变“金哨”,就必须有一系列严密的考核保障。秦淮区专门制定了“街道吹哨、部门报到”工作机制考核方案,考核权给街道,按照“一哨一考核”,对各部门报到效率、配合度、是否解决等情况进行逐项打分,各部门“听哨”跑腿的综合考核结果,全区月月通报,年底作为绩效考核重要依据。

赋权一线:街道成为执法主体

针对长期存在的多头执法、分散执法和执法力量不足等问题,探索推行“集中＋下沉”“一次上门、全面会诊”执法模式。从2019年12月30日起，涉及原由秦淮区有关部门行使的城乡规划、市容市政、城市绿化、户外广告等行政管理方面的法律、法规、规章规定的行政处罚权，分批次移交街道集中行使。与此同时，按照不低于80%的要求，向街道下沉执法队员。设立街道综合行政执法局，整合街道城管中队、市场监管分局、安监站等多支队伍，实现“一支队伍管执法”。赋予街道执法主体地位，将原8个区级部门162个行政执法事项集中到街道，以街道名义开展综合行政执法。

“一支队伍管执法”走在全市前列，破解了不同领域执法队伍“九龙治水”的弊端。目前，这一改革的管理成效正逐步显现。街道按执法队员数量划分片区，明确管理边界，管理绩效奖惩分明。执法队采取执法队员带领协管员、停车管理员、社区网格员的网格工作方式，实现了网格内城市管理问题及时发现、及时管理、及时执法，一线城市管理问题处置更加快捷，解决了以前协管员管不住，停车管理员不管“份外事”，执法队员执法跟不上的问题。

曾经派驻街道的城管队员，虽然人在街道，考核还是在大队，带来了考核激励等问题，如今这一难题迎刃而解。秦淮区出台规定，今后城管队员的绩效考核、城管队员职位晋升，都将由街道说了算。由此，指挥越来越顺，激励越来越顺，工作更有成效。

街道变得更“硬气”的背后，是秦淮区明确向街道赋予6项公共管理权力：对辖区建设和公共服务设施布局等方面规划的参与权；对辖区内事关群众利益的重大决策、重大事项的事先知情和意见建议权；职能部门综合执法指挥调度权；职能部门派出机构工作情况考核评价和人事任免建议权；多部门协同解决的综合性事项统筹协调和考核督办权；下沉人员、资金的统筹管理和自主支配权。

数据集成：织密社会治理“一张网”

将创新网格化社会治理机制作为强化基层治理工作的有效抓手，努力把“网格”打造成采集信息、发现风险的第一感知触角，化解矛盾、消除隐患的第一前沿阵地，便民利民、解决问题的第一服务窗口。

2019年8月的一件事，让秦淮河边的居民对社区网格员刮目相看。当时，夫子庙街道的社区网格员巡查发现：内秦淮河东段沿河居民楼有未经处理污水直接排入河中，拍照上传指挥中心并标注“疑难”。指挥中心立刻调度人员走访，了解到部分住户习惯在阳台洗衣服，阳台排水管从未统一规划。随即联系区河道管养单位，结合实地走访情况，决定“延续老习惯、改造旧设施、符合新要求”，在网格员入户耐心做工作、管养单位积极配合做工程的合力下，完成20余户沿河阳台排水管网改造，守住了“治水”成果。

人在“网”中走，事在“格”中办，为什么秦淮区的网格员不光能解决鸡毛蒜皮，还能“治标又治本”，真正实现“小事不出网格、大事不出社区、难事不出街道”。

其一，是织密网格，多方融合。全区科学划分为1026个综合网格、308个专属网格，每个网格至少配备1名专职网格员。全面推行“全要素”网格管理，将社会治理网格与党建、城管、警务、安监等力量叠加、融合。

其二，是数据集成，中枢下移。一方面，建立区社会治理综合指挥中心，推动数字城管、12345政务热线和综合行政执法等全区16个部门、30个业务信息系统并入区社会治理信息平台，打造集信息汇总、预警监测、数据分析、指挥调度、监督考核等功能于一体的综合指挥调度平台；另一方面，各个街道建立社会治理综合指挥中心，整合各类系统和平台，集成地图信息、视频监控、网格员定位、在线呼叫等功能，承接区平台下派的任务菜单，收集网格员上报的各类信息，指挥处置街道内各类问题。每个街道都有一个社会治理的“中枢大脑”，及时响应居民诉求。

统计显示，推行网格化治理改革以来，秦淮区内90%涉及旅游设施、民生诉求、硬件管养、环境秩序等各类事件都能在网格中发现和解决。

综合施策：下好集成改革“一盘棋”

社会治理千头万绪，牵一发而动全身。新一轮的基层治理改革亟待告别“碎片化”和“单兵突进”。秦淮区在这一轮改革探路中，聚焦制度创新，加大系统集成，着力接续创新，确保改革能够行稳致远。

秦淮区在谋划改革之初，就坚持强化党建引领“一盘棋”。全面提升街道党（工）委统筹协调能力，确保基层党组织有资源有能力为群众服务。完善街道“大工委”机制，实现街道党（工）委与辖区单位党组织组织共建、活动共联、资源共享。

早在2012年,秦淮区就在所有社区设立民生工作站,组织机关全体党员干部、“两代表一委员”等到一线听取民意、解决问题。2019年,这一做法进一步深化,区级机关领导干部全部下沉到社区担任“第一书记”,把政府“搬到”群众家门口,当好基层党建指导员、社区治理协调员、民生改善服务员、“吹哨报到”联络员。

“小巷总理”是社区治理的“领头雁”。2019年,秦淮区在南京市率先出台《关于加强和完善社区治理的实施意见》“1+4”系列文件,在强化绩效考核、提升薪酬待遇的同时,给社工们定制了一份翔实的“职业发展规划”、加强“全科社工”培养,建立社工退出淘汰机制,全面激发社区工作者干事热情,着力打造一支政治素质好、业务能力强、服务水平高的专业化、职业化社工队伍。

三、主要影响

一是助力秦淮应对疫情“考验”。2020年初,新冠疫情给中国带来严重冲击并席卷全世界。2020年6月2日,博鳌亚洲论坛在线上发布了《疫性与变化的世界》专题研究报告指出,此次疫情是冷战结束以来最严重的突发性全球危机,将对国际秩序和人类社会面貌产生深远影响,同时此次疫情亦是对各国治理体系和治理能力的一次大考,是危机管理能力、资源整合能力和社会管理能力的集中体现。面对人口密度大、流动人口多、非封闭小区、无物业小区较多等不利条件,秦淮区各部门和各街道第一时间反应部署、各类应急资源快速集结到位,在基层一线形成了有效防疫合力,保持了未发生本土病例的抗疫“答卷”。这是“两赋两强”改革后治理资源有效下沉、条块高效整合联动的集中体现,街道和社区有资源、有能力应对抗疫压力。

二是提高基层行政执法效能。通过行政执法权下放街道,行政执法队伍和资源整体下沉,解决了原有行政执法在上级“悬置”、在基层“空转”的问题,让街道充分发挥“在地”优势,使其既看得到又管得了,有效落实基层行政执法权责。2019年12月30日第一批行政执法权划转街道,在2020年1月,12个街道全部完成了首案办理。2020年1月至6月,12个街道共开展行政检查4535次、办理行政处罚案件 783 件，民宗、水务建设等领域行政处罚案件实现了零的突破，这是改革后基层行政执执法能力提升的缩影。

三是提升街道资源整合能力。通过行政执法队伍下沉、区级干部挂包街道、“街道吹哨、部门报道”等组织、人事和机制安排，使得全区的治理资源能够下沉集中到街道层级，并以街道为任务中心，赋予其协调和调用上级资源的权限，2019 年秦淮各街道围绕治理难题累计吹哨 300 余次，涉及 50 余个单位报到，问题解决率 80%以上；全区 12345 工单增幅低于全市平均水平 17%，群众满意率达 95%。这是基层治理效能提升的集中体现。

中国著名社会学家邓伟志对此项改革工作也给予了高度评价，认为“南京市秦淮区推行街道集成改革，通过用好改革‘硬招实招’，破解基层‘治理难题’，让基层有权力办事、有动力做事、有能力成事，一系列改革举措形成了‘集成效应’，看到了‘可喜变化’，取得了‘实际成果’，更体现了满满的‘为民情怀’，彰显了大抓基层、夯实基层的鲜明导向，更是以人民为中心的发展思想在基层的生动实践”。秦淮区将各类工作力量下沉到街道社区，推动基层治理力量聚合，确保群众身边的事“有人办、马上办、能办好”，把党的工作做到人民群众心坎上去。这正是践行习近平总书记以人民为中心的发展思想的生动实践，是与人民想在一起、干在一起的鲜活案例。

四、启示思考

任何改革都不可能一步到位，都必须在实践中不断完善，都有一个循序渐进、逐步优化的过程。秦淮区街道集成改革虽然取得了一定成效，但实践中仍然面临不少困难：一是基层党组织政治功能和组织力还不够强。街道“大工委”、社区“大党委”尚未有效运行，“资源虽有、调度困难”的难题未能得到有效解决。一些基层党组织存在就党建抓党建、就党务抓党务的问题，不能有效整合辖区资源、动员发动辖区群众。二是社会治理领域数据开放、整合、应用能力不足。政府数据尚未真正释放其价值，不能有效支撑日常管理和突发应急事件需求。部门内部、部门之间、区域政府之间数据共享不足，只能实现垂直数据共享，横向数据亟需打通,政府末梢的社区数据资源匮乏。三是社会治理系统化水平有待提升。社会治理是一项综合性系统工程,不能一蹴而就,更不是头痛医头脚痛治脚,必须通过制度、标准、体系、技术、人员及文化等各方面的锻造,使社会综合治理融入社会方方面面,但现在还是普遍存在各部门各自为政,缺少统一、完善的社会治理平台提供有效服务。四是共建共治共享治理格局尚未形成。社区党组织领导下的基层群众自治机制成效不明显,社区居民缺乏参与基层治理的有效平台,运用法治思维和法治方式推进社会治理,实现政府治理和社会调节、居民自治的良性互动有待进一步加强。

推进基层社会治理体系和治理能力现代化是一个长期课题,解决秦淮改革实践中存在的问题和面临的挑战,需要在以下五个方继续创新推动,深化落实。

1. 要把党建贯穿基层治理创新各方面。推进基层社会治理,必须牢牢把握党建引领这个根本。一是夯实组织基础。坚持全区党建"一盘棋",纵向上构建起"区委统、街道联、社区拢"三级联动、上下贯通、"条块融合"的组织领导架构;横向上构建起行业党建、园区党建、景区党建、商圈党建等"条块结合"、左右联通的大党建框架。二是强化党员担当。发挥党员干部示范引领作用,带头垂范,引导身边人主动参与社会治理。探索推行党员承诺制、党员积分管理等制度,引导党员增强服务意识,提高宣传组织群众和引领带动发展的能力。三是创新党建模式。建立健全物业行业党组织属地为主、行业为辅的双重管理机制,在物业服务企业、业主自治组织中不断扩大党的组织覆盖和工作覆盖。鼓励社区和物业服务企业实施"双向进入、交叉任职",加强社区物业党建联建,健全社区党组织领导下的居委会、业主自治组织、物业服务企业"三位一体"议事协调机制。

2. 要以"全周期管理"理念推进基层治理。城市是一个复杂开放的系统,是一个有机生命体,实施"全周期管理"就是用系统集成思维来解决基层社会治理问题。一是强化"系统治理"。建立健全以信息收集、情况分析、问题研判、风险预警、决策指挥、执行调度、公众参与、舆情引导、效果反馈等为主要内容的"全链条治理体系",全面提升城市系统性治理的能力。二是强化"源头治理"。提前做好预警和风险防控,避免一些城市问题和矛盾常年累积、周而复始,从源头上减少城市治理问题、降低城市治理风险、提升城市治理效能。三是强化应急治理。将应急治理作为基层治理的重要内容,建立应急状态下的基层动员响应机制、应急资源调用机制和联防联控、群防群治机制，提升基层应急治理能力和效率。

3. 要用大数据和区块链技术为治理现代化赋能。运用大数据、云计算、区块链、人工智能等前沿技术，是推动社会治理体系和治理能力现代化的必由之路。一是建立健全数据联通机制。加大政务云平台建设力度，推动政府大数据开放共享，积极推广政务服务、办公等各类智慧化场景应用。同时，积极鼓励社会大数据应用创新，以“数据便利”赋能基层治理，实现数据聚合、关联、激活，构建智慧治理体系。二是推动智慧城市集成创新。以此次疫情为契机，加快建设智慧城市，对整个城市的交通管理、应急灾备、信息溯源等进行数据化管理，并以更加科学的治理手段，实现城市治理现代化。三是充分发挥区块链技术。延伸区块链技术在社会治理领域的应用价值，促进数据共享、提升协同效率、建设可信体系，有效解决社会治理中存在的数据信息碎片化、运作流程不透明、协作效率不高等突出问题，如养老、食品安全等，都可融合区块链技术建立全过程可追溯的数据库，提供更加精准、智能、便捷、安全的公共服务。

4. 要以居民为本培育社区共同体。基层治理共同体的基础在基层、根本在社区，要积极推动多元主体有效协同参与涉及社区共同利益的公共事务。一是搭建多元协商平台。建立社区民主协商机制，引导居民通过议事协商会、恳谈会、听证会、评议会等，充分发表意见建议，真正实现“大家的事情大家商量着办”。探索推行“院落自治”“楼宇自治”等“微自治”形式，及时解决“微难题”“微矛盾”，提升自我服务和自我管理能力。二是营造社区公共空间。在政府提供政策支持和社会提供资源支持的前提下，针对社区居民的生活需求、休闲需求和自治需求等，营造社会交往、情感归属和利益表达空间，将社区居民的需求转化成持续性的居民交往和人际互动，从而建立起以信任为基础的人际关系网络，提高社区归属感。三是优化服务中心功能。延伸社区党群服务中心功能，将党内活动、党群互动、便民服务等有机融合，形成管事、议事、解事、办事、共事于一体的综合服务中心，把党的政治和组织优势转化为基层治理优势。

5. 要将法治精神融入基层治理。法治是基层治理现代化的重要标志和制度化保障，推进基层治理现代化，必须加快基层治理法治化进程，提高基层治理法治化水平。一是完善服务体系。加强法律服务与诉讼服务、社会服务的紧密衔接，做好法律援助和司法救助，让公共法律服务更便民利民。加强法律服务实体平台、热线平台和网络平台建设，实现三大平台联合发力，有效整合现有的人民调解、律师、公证等法律服务资源，为群众提供随时随地随身的便捷高效服务。二是增强法治思维。加强基层干部队伍法治意识培养，定期对干部开展法治培训，培养法治思维，在日常工作中树立法治观念，坚守法治底线思维，规范权力运行。进一步提升基层工作人员的法律素养，不断提高运用法治手段化解矛盾、解决纠纷的能力，进而提高基层治理的法治水平。三是加强普法教育。强化法律在维护群众利益、化解社会矛盾中的权威地位，引导群众运用法治思维和法治方式主张权利、解决纷争，推动形成办事依法、遇事找法、解决问题靠法的良好社会氛围。

研讨题

1. 秦淮区“两赋两强”街道集成改革有哪些优点和不足？
2. 如何让“一支队伍管执法”机制发挥最大治理效能？
3. 下一步改革中还有哪些需要完善的地方？

党员工作室“头雁”领着“群雁”飞

——鼓楼区老旧小区治理新探索

秦小红　编写

中共南京市鼓楼区委党校

【引言】2020 年 7 月 23 日，习近平总书记在吉林省长春市宽城区团山街道长山花园社区考察时指出：推进国家治理体系和治理能力现代化，社区治理只能加强、不能削弱。要加强党的领导，推动党组织向最基层延伸，健全基层党组织工作体系，为城乡社区治理提供坚强保证。

【摘要】当前老旧小区面临着封闭难、人口流动性强、商业物管入驻意愿低等多重困境。为打破困境，鼓楼区多小区探索创立“党员工作室”，调动党员积极性，聚焦老旧小区物管自治难题，就地取材、划片摸排、多方联动，将老旧小区的组织优势充分发挥，切实助推老旧无物管小区的向好发展。为填补老旧无物管小区的管理空白，鼓楼区围绕小区这个“神经末梢”，将深植于群众中的党员工作室作为开启无物管小区精细化管理的突破口。充分挖掘积极党员群体，融入自治协商机制，协同区域大党建，实现资源整合；聚焦群众家门口的难点、堵点、痛点，逐步梳理小区公共空间，回应群众热点诉求，探索出党建引领下的群众自治、多方共建、良性互动的老旧小区管理新格局，为提升老城区老小区的人居环境、物业管理，深化小区治理创新提供了新思路。

【关键词】党建引领　居民自治　民主协商　多元共治

一、背景情况

鼓楼区位于南京主城西北部,行政区域面积53平方公里,辖13个街道,120个社区,户籍人口92万,常住人口近125万。作为老城区,鼓楼的老旧小区呈现出"三高一老"的特点:一是无物管小区的占比高。据统计,鼓楼区内现有住宅小区1092个,物业管理缺失的老旧小区数量为505个,占比近50%,数量庞大。二是老龄化程度高。据统计,鼓楼区的常住人口中,60岁以上老人占比超过20%,高于2020年我国60岁以上人口17%的平均占比;三是流动人口占比高。作为核心城区,鼓楼区外来人员多、租户多,据统计,鼓楼区的流动人口占户籍人口数已超过30%。而且鼓楼区作为南京的老牌城区,众多老旧小区多为企业分房后的房改房,建于上世纪八九十年代,年代久远,房龄老。

面对区内数量如此之多的老旧无物管小区,如何解决好老旧小区自治管理,是现存的老旧无物管小区亟需解决的难题。近年来,尤其进入后疫情时代,老旧小区面临的管理困境,迫使区、街、社区不得不算算以下三笔账:

第一笔账——管理账。鼓楼的行政区域面积虽小,但人口密度大,地处市中心,且区内的多数老旧小区都处在交通便利、商业配套较为成熟的地段,老旧小区入住率高。此外,因老旧小区的基础配套齐全,生活便利等因素,吸引了众多租户,但租户换租频率较高,人口流动性强,且该群体对小区的归属感偏低,导致小区内部的管控难度加大。不仅如此,业主出租房屋,无需经过小区或社区管理方,导致出租户的信息欠缺,都不同程度地加剧了老旧小区的管理难度。加之近年来,因房屋买卖市场情绪高涨,鼓楼老旧小区产权转移量大,新进居民信息更新却迟缓不畅,致使小区的人员管理缺位。此外,鼓楼多数老旧小区呈现出沿街分散排列的特点。以下关片区二板桥社区的某小区为例,居民住户300多家,整个小区沿热河南路分布,一楼有建材、快递等商家住户,对外出口多达十余个,一直都缺乏有效的门禁管理,尤其后疫情时代,给小区的封闭式管理带来了极大的挑战。

第二笔账——经济账。一直以来,老旧无物管小区的管理,多为政府托底完成小区绿化、垃圾清运等基础管理,其他事项由社区、小区自治管理。但由于老旧小区基础设施陈旧,多数现存的老旧小区普遍缺乏维修基金,对于道路破损、路灯损坏等问题,维修成本高,导致公摊权属设施等维修费用问题难以解决。此外,因老旧小区内,老年群体较多,低收入群体多,且多数居民还停留在单位养房的观念上,对购买商业物业服务的意识还比较弱。诸多因素,致使专业化的物业管理公司不愿介入,纯市场化、商业化运营的物管模式也难以在老旧小区内推行。

第三笔账——安全账。一直以来,老旧无物管小区主要以传统人防为主,无法实行全方位的监控管理,导致无物业管理小区治安得不到保障,同时因流动人口比例高,安全隐患多,盗窃、失窃等事件常有发生。据走访调研发现,鼓楼区内还存在大通铺式的群租房,每月 500 元左右一张床位,多为短租的外来打工人员居住,居住人群复杂,且换租频率高。加上老旧小区房屋建筑年代久远,年久失修;存在管理上的盲区,私搭乱建、电线私接乱接等行为屡禁不止,此类行为带来的安全隐患不容忽视,因飞线充电等带来的失火事件也偶有发生。此外,各类上门诈骗案件,在老年群体中上当受骗的比例较高,老旧小区因缺乏有效的门禁管控,也成为诈骗群体的瞄准对象,给老年群体的财产安全造成极大隐患。

二、事情经过

组建党员工作室:自发探索—试点先行—全面推广

2009 年开始,鼓楼区内小市街道河路道社区的汽轮六村,自发率先开始了小区自治管理探索。河路道社区第六党支部书记成明华,担任起了汽轮六村“领头雁”的角色,并通过自己动员,在小区内组成了一个老党员小分队,这也是后来的党员工作室雏形。工作内容主要针对小区的内部管理,包括小区环境、秩序、邻里矛盾等等。以成明华为"领头雁"的老党员小分队,经历了2012年社区内首个老小区雨污分流管道改造、2014年小区出新(违建拆除)等工作,逐步建立了相对完善的工作室模式,在小区内也赢得了绝大多数居民的支持。

汽轮六村的率先尝试,使得党员工作室模式的优势得以彰显,在街道及社区党委的引导下,紧挨着汽轮六村的华洋小区、汽轮四村、调速小区等,作为了试点小区,由汽轮六村党员工作室,通过开课讲授、现场教学等形式传授经验做法,对该模式进行了"复制""移植"。随着该模式在下关老旧小区的扎根,加上区、街、社区的逐级宣传推动下,党员工作室模式也得以在区内其他老旧小区中推广开来。

据统计,鼓楼区的多数老旧小区中,党员人数占比超过30%,党员人数占比高,是鼓楼老旧小区的组织优势。不仅如此,区内多数老党员为科研院所、企事业单位等退休人员,受教育水平高、专业知识强、社会资源广。而且据调研发现,多位老党员同志在职期间曾从事过团委、工会等方面工作,组织能力、团队观念、办事协调能力强。为充分挖掘人才资源,在具体实践中,"领头雁"多由积极主动的支部书记担任,人员一般是固定不变动的。而其他的"群雁"成员,本着自愿原则,通过互相推选、自荐的方式产生,组成一个5—9人的核心工作小分队。目前,鼓楼区已经形成了汽轮六村成明华工作室、新门口社区老姜工作室、工人新村的党员议事会等一批老旧小区自治管理工作室。

党员工作室的目的任务:找问题解难题

党员工作室的存在就是为解决居民家门口的矛盾。正如成明华说:"我们实行的党员工作室,不同于某些地方,只是去搞搞活动,联络联络感情,我们是充分的调动资源,遇到问题时,我们工作室能发挥的作用也就很大了。"

(一)被动拆招:破解既有管理难题

老旧小区的显著特点是空间受限,设施落后老旧、人口老龄化、原住民与租户之间的二元分化等等，严重影响小区居民的生活水平，为破解老旧小区的治理瓶颈，党员工作室充分发挥敢啃硬骨头的优点，针对老旧小区的“通病”开启了新探索。

聚焦物管缺位难题，就地取材。以石头城社区的73号—80号小区为例，作为无物管小区，同时也是典型的“袖珍小区”，小区内的空间严重受限，停车问题、小区卫生问题，一直都是该小区的“老大难”。为了啃下这块硬骨头，近年来，以第八支部书记王振云为首的几位老党员同志，通过自治管理的方式，将小区的空地进行了适当拓展，并进行了车位的重新梳排和划分，通过收取业主停车费的方式，用于聘请保安、保洁，建造保安值班室、安装摄像、门禁等设备支出，维持小区内部的基础维修费用等。在此方向的引导下，区内的多个无物管小区面对无资金、无设备的困境，探索开启了“无中生有”的新尝试——通过引进广告位、快递柜收取一定费用，用于共用设备的安装维修等费用。

聚焦租客管理难题，划片摸排。流动人口管理是鼓楼区无物管小区的痛点、难点，因其租客信息掌握难度大、租客换租频率高等特点，给无物管小区的管理带来了一些困境。鼓楼老旧小区的党员工作室建立后，充分发挥小区老党员的作用，并运用党员工作室，形成党员工作站点；同时充分发挥老党员熟人熟地的优势，对小区内的新进居民、租客信息及时掌握。因河路道社区的党员群体中，60岁以上党员人数占比较高，“刷楼”走访中，对老党员的体力要求较高，为解决该问题，“领头雁”成明华在党员工作室的基础上，对小区原有的网格进行了区域重新划分。以河路道社区的汽轮六村小区为例，小区内有9栋楼，共444户，为准确摸排住户租户情况，9名楼长利用周末、傍晚定期扫楼等方式，及时更新人员信息库，以租期长短设置门禁系统的权限，确保流动人员管理在线在位。以楼栋为单位，吸纳楼栋长加入到工作室工作中，分片负责管理流动人口；工作室人员规模也逐步扩大，基本形成了“党员工作室 + 楼栋长 + N”的“群雁”参与模式，更加注重小区内的精细化管理。通过吸纳楼栋长加入党员工作室，也逐步培养自治管理队伍的中坚力量，确保党员工作室队伍的稳定性。

（二）主动出击：征集小区管理诉求

对于如何倾听小区内的居民诉求，多个小区在自主探索的过程中，主要形成了三个征集渠道。第一个渠道是工作室接待，有意见箱，微信群，有工作电话，有说事网格，充分发挥党员工作室的作用，也为了方便一些年轻群体。第二个渠道是登门听事，主要服务行动不便的居民，以网格化管理为基础，配备党员志愿者等定期上门入户。第三个渠道是举办活动，通过大家坐在一起交谈的方式开展。例如，以姜春田（2009 年被评为中国好人）命名的工作室，目前已经形成了一个社会组织，并且已在街道层面备案。为了倾听诉求，新门口社区以老姜工作室为站点，举办了百家宴活动，由社区的 7 个党支部具体负责百家宴准备事宜，以老姜为活动召集人，邀请小区内的 30 位空巢老人参与活动。同时，为激励更多居民参与、关注小区事务，在老姜工作室的推动下，动员小区居民参与了 20 余场网格生活会，一方面增强居民对小区管理的关注度，提升居民对小区工作的参与度；另一方面也通过这样面对面交谈的方式，征集居民最关心的问题。

协商出方案

一直以来，基层社区的自主协商意识比较弱，社区协商、居民发动不够充分，大多数情况下，都依赖于单位、政府解决。但鼓楼区高校数量多、科研院所多、省级机关多，居民的维权意识、自治意识相较而言比较高，为自治协商的开展铺垫了一定土壤，而党员工作室，也在老旧小区民主自治协商的过程中，扮演了小区工作推进者的作用。

（一）健全制度、完善程序，确保协商结果合规性

为了进一步推动老旧小区的自治管理，2015 年起，鼓楼区制定了《关于构建社区协商科学体系、完善社区民主自治功能的实施意见》《社区协商工作制度》以及《社区协商内容指导目录》等系列文件，每个街道选取两个社区作为试点，开展小区的自治协商探索。截至当前，各街道、社区的自治协商有了新一步进展，逐步探索了适合小区自己的协商机制。通过就事论事制、一事一议制、固定协商日等形式，将小区自治协商常态化了，也为小区居民的诉求开辟了绿色通道，打开了出气的"安全阀"，使得难题问题、民众诉求有了地方去，小区也有了归属感。

以小桃园社区的“有一说一居民说事制度”为例，在老党员的推进下，逐步建立了完善了协商程序。采取一室一会一日的模式，一个专门的工作室、一个调委会（主要由社区党组织负责人、党员代表和居民代表，一共9人组成），并把每月11日定为议事日。

完善社区民主协商链。党员工作室作为老旧小区居民自治的渠道，以领头人为首的工作室做出的决定，是否合规合法、有执行性，是小区内部自治协商的关键问题。为确保协商过程及结果的合法性，鼓楼区出台了《鼓楼区协商规则》《鼓楼区协商程序》等指导文件。党员工作室在具体的实施过程中，也探索出了一套完整的协商程序链。通过线上微信群、线下走访等征集方式，收集居民诉求，然后由党委及党员工作室等一班人坐下来讨论。讨论会上由党员代表详细阐述难点问题，并推选产生监督人，后由社区及党员代表组成考察小组，现场考察后，在社区居民的监督下开工实施。从征求意见，到商讨意见，到给意见排序，再到最后敲定公示，直至最后实施、监督、反馈。整个过程形成了一条线，协商一条线上的每一个点都要兼顾到效率与公平公开。对老旧小区的内部管理而言，发展不是硬道理，可持续发展、尊重民意的发展，确保大多数人的福利基础上的发展才是硬道理。

工作室模式下小区自治协商流程图

（二）发掘、打造智囊团，确保协商结果的科学性

协商决策结果的科学性，直接关系小区自治模式的可持续性，同时，也关乎党员工作室能否赢得民心，得到绝大多数居民的支持。某一老旧小区在自治管理的具体实践过程中，一方面因为没有邀请专业人员参加，另一方面也为了最大程度的开发小区空地，增加车位，从而对空闲区域进行了充分的划排，导致了最后的车位划分占用了消防车道，遗留了安全隐患等一系列问题。为进一步确保工作室在自治协商过程中的决策科学性，充分利用鼓楼区的资源（地处省委省政府所在地，区内高校数量多，是全市机关、高校人才的集聚地），党员工作室成员，

以社区内的党员为联络节点，充分挖掘社区内的能人和积极分子，动员尤其是退休的党员干部、企事业单位专业化人才等，加入到协商智囊团。例如，江东街道睿城社区内全职妈妈多，为了充分利用辖区内的人才资源，在社区的帮助下，成立了“全职妈妈俱乐部”。全职妈妈刘霞，持有国家二级心理咨询师证书，她用特长为小区内有需要的居民提供服务；“袋鼠麻麻”电商平台进驻睿城社区生活服务中心，主要负责人曹老师也是一位全职妈妈……

同时为增援小区党员工作室的协商科学性，由社区出面，通过“邀约—发放聘书”的方式，邀请他们作为智囊团，定期参与小区自治工作的协商过程，并提出建议意见。但为了提升该群体对小区工作的参与度，增强认同感。社区将首次邀约设定为一年的聘用期限，每次协商小区事务时，按照事务类型，邀请智囊团参加，年终根据被邀约人的参与情况进行评估，将智囊团以淘汰轮转的方式推行，确保智囊团的参与“粘性”。

（三）及时介入矛盾节点，确保方案执行的高效性

协商代表的是大多数居民的意见，对于协商结果能否高效、有序推进，难点在于如何化解少部分的矛盾，为协商结果的推进扫平障碍。在此阶段，党员工作室发挥的作用不容小觑，由党员同志带头，介入事件处理矛盾，以身边人的身份解决身边事，更容易使群众接受，便于矛盾在一线的快速化解。以汽轮六村小区车位分配为例，面对“僧多粥少”的车位供求矛盾，成明华作为党员工作室的责任人，全面梳排小区内部空间，重划车位，并且制定车位出租的几条规则（一家一位为原则，既是业主，户口也在本小区的为第一顺位；其他业主为第二顺位；租客为第三顺位等），明确号召小区内的 20 多位老党员，前期不参与车位的选派。对于车位选派规则，几位党员联合各楼栋长，做到上门解说、入户调解，最终确保 400 多个车位的分配工作实现了有序推进。

多方联动　外部共建

（一）编织一张网，让工作室成为网络节点

当前鼓楼区基层党组织的构成是街道工委 + 社区党委 + 总支部 + 二级党支

部+党员工作室。通过给二级党支部分配一定名额,由二级党支部推荐人选,筛选标准参照党员参与网格化管理的工作情况来确定。具体实践中,以二级党支部为触角,网罗优秀党员人才,逐步建立了“纵向到底”的党组织体系。同时,以共建单位党日活动、志愿服务活动等为契机,协调区域内的多项资源,逐步打造“横向到边”的党组织格局,使党员工作室不再“单打独斗”。通过小小工作室,构建基层党组织网络体系的连接点,真正实现上接共建单位,下接小区居民,打通基层社区党建工作在小区落地的最后一公里。

（二）与共建单位列菜单,订单式认领问题

区域共建是鼓楼区的一大特色,也是施行十多年的惯例。以云南路社区为例,通过签订协议书的方式,目前已与四十多家单位建立了共建关系,通过每两年召开一次共建单位座谈会,也被称为地区“两会”,邀请共建单位领导参会。会上社区汇报前期单位帮扶工作进展情况,同时将最新年度项目以菜单式放到会上,让共建单位来参与、讨论、认领。一方面单位企业有为民办实事的项目需求,另一方面老旧小区有资金短板、有民生诉求;改变以往单位“给钱了之”的完任务做法,双方同处一室,谈诉求、谈方案、谈帮扶,打造了一个区域共建的良性模式。不仅如此,小桃园社区创新性地开展了线上共建平台,在“小桃园共驻共建”微信群里,支部陈程书记经常发布各类活动,共建单位踊跃报名。南京开林园林绿化工程有限公司帮助居民修剪小区树木;南京国税、中国船级社江苏分社参与“清洁家园”志愿服务活动;多家单位参与“跳蚤市场”邻里节……

（三）多元共治,以深度参与提升公民意识

小区虽小,但受空间条件、历史原因等多重因素影响,决定了社区治理要实现多元共治下的“大合唱”,而不能搞“独奏曲”,否则小区围墙内的问题也将蔓延到围墙之外。为解决宁海路街道某小区的停车问题,该小区邀请了鼓楼区民政局领导、鼓楼区人大代表、鼓楼区政协委员、鼓楼区消防中队代表、交警五大队交警、宁海路街道停车办主任、宁海路街道领导、南京大学社会学院教授以及三步两桥社区水佐岗四十八巷5号院的居民代表、党员代表等20余人,参与了协商过程。在深度参与过程中,不仅有利于矛盾症结的解决处理,提升共建单位的参

与度，也为居民参与小区自治注入强心剂。

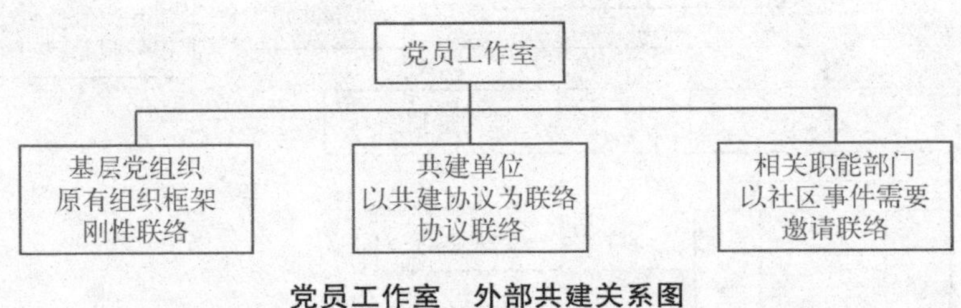

党员工作室　外部共建关系图

（四）瓶颈如何突破？工作室长期存续困难重重

“我们的队伍里，50 多岁的，那都算是年轻人了……”今年已经 74 岁的成明华说道。解决好小区围墙内的问题，仅仅依靠几个党员、几个工作室远远不够，坚持党建引领、实现上下联动、促使区域共建，需要有效地把党的组织优势转化为发展优势，把组织资源转化为发展资源，把组织活力转化为发展活力，才能破解老旧小区在党建引领过程中的资金不足、队伍老龄化短板。

聚焦“头雁”接力难，多方联动。以党员工作室为领头人成立的小区自管会，如何长久存续是亟需解决的困境。为吸纳更多年轻血液加入，汽轮厂的四个小区由党员工作室牵头，利用换届会等场合，开展了多场次分享交流会，把老党员、老楼长们请上讲台，传授经验、分享小区管理中的趣事。同时，为提高老同志运用新技术、信息化的能力，年轻的社工志愿者也会“做客”工作室，开展技能培训教学课，真正实现老带少，青帮老的传帮带。不仅如此，为确保队伍的活力，区老干部局在全域推行了离退休干部“行动支部”。以中央门街道为首，率先在各社区成立“老党员工作室”“行动支部工作室”等，与小区的党员工作室形成了无缝对接。逐步形成了小区党员工作室下派问题清单，以区老干部局党员工作室定期服务（通过自上而下组织活动，让机关老党员下社区服务。）、认领清单服务（以季度、年度小区的问题清单为导向，由机关退休老党员认领清单，开展服务等，如送学送教等。）和接单服务（以日常工作为导向、如近年来的疫情防控执勤、文明城市创建志愿服务等，通过小区工作室派工单，机关老党员下社区参与服务等。）三种模式，与小区党员工作室搭建共建平台，同时助力小区内的自治管理问题。

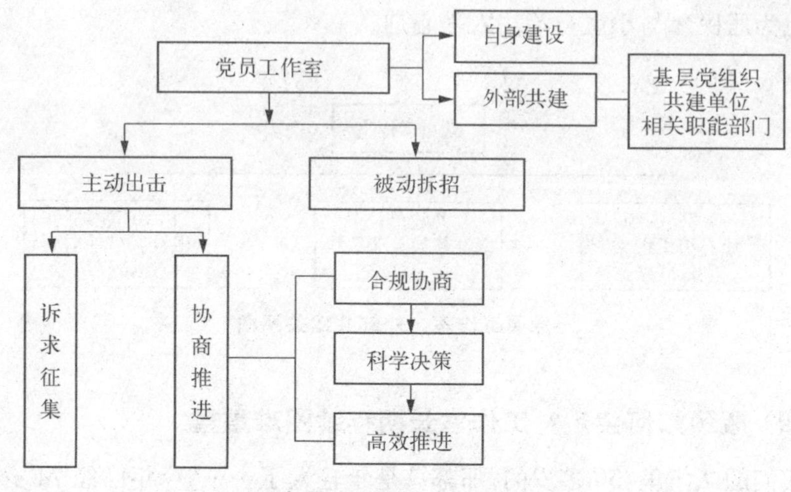

党员工作室运行模式图

（五）产生的影响

一是社区共同体意识进一步增强。以党员工作室为粘合剂，嵌入小区各项治理中，在参与中大力增强了居民的主人翁意识，党员先锋、居民骨干、积极分子和社区志愿者等群体，作为服务者、监督者积极参与小区项目实施全过程；小区居民参与治理的载体和渠道有效打通，参与自治的积极性主动性强，形成了“需求由居民表达、问题由居民讨论、事务由居民参与”的矛盾自治解决机制。

二是打造了老旧小区自治-德治-法治三位一体的管理模式，开启了老旧小区治理的新局面。通过党员工作室的有效运作，鼓楼区居民组织化程度、自治水平明显提高。近三年来，全区在“领头雁＋群雁”模式下，共组织了自治协商活动6000余场，10万余人次参与，有效解决老旧小区管理、卫生保洁、文明养犬等民生热点难点问题。

三是营造了政府、社会与小区之间的良性互动局面，大大降低了社区的运行成本，群众满意度显著提升。2019年，鼓楼区获批国家民政部“以居民满意度为导向的街道考评机制”主题实验。实验开展至今，2019年度鼓楼区社区工作居民满意度考评平均得分87.91分，2020年度为90.12分，居民对社区的归属感和满意度也得到显著提升。

三、经验总结

（一）要紧紧抓住党建引领的根本，打造深植群众身边的党员队伍

坚持党建引领社区治理，关键在于突出政治功能，充分发挥基层社区党组织的战斗堡垒作用和党员的模范先锋作用，筑牢夯实基层党组织基础。无物管小区的破题之策就是要充分发挥党员工作室的效用，吸纳先锋党员加入队伍，选优配强党员工作室队伍，通过选派、推荐等方式，让更多年轻党员加入队伍，助力推行“老少配”，实现党员工作室的无缝接力。同时，在社区内部、街道内部形成交流机制，采纳众长，真正使党组织的政治优势、组织优势转化为基层治理的优势，助推解决好老旧小区的物管难题。

（二）要紧紧抓住党政群共建的路径，最大限度汇聚无物管小区治理合力

党建引领下的无物管小区治理，必须做实区域化党建，高效整合区域资源，才能达到共建共享的实效。正如习总书记所说的“众星拱月”，党组织是“月”，党领导下的各类组织发挥好“众星”的作用。对于区域内的各方组织、各种资源要进行再整合、再组织，充分动员退休老干部、共青团等群体组织，有序加入到老旧小区的服务管理中来，破解老旧小区自给服务供给不足的难题，推动老旧小区治理从“自转”走向协同共建，从封闭走向融合。

（三）要紧紧抓住网络信息技术的装备，把线下治理和线上管控无缝链接

随着科技的发展，当前智慧门禁、视频监控、微信小区等已经入驻群众生活，老旧小区破解无物管的老大难问题，必须用好现代化科技手段。充分利用网络平台互动强、交流快的优势，打造“掌上社区”。以服务、自治为纽带，将老旧小区里的“陌生人”紧密联结起来、凝聚起来，推动社区管理服务与小区自治深度融合，真正将老旧小区的物管问题“上网”落地。

研讨题

1. 请结合本案例，谈谈对党建引领老旧小区管理的认识。

2. 结合本案例，如何评价案例中所呈现的一些工作方法，哪些可以借鉴复制到自身工作中？哪些需要结合地方实际予以完善？

3. 如何理解，无物管小区实现物业全覆盖的前景下，原有党员工作室与新进物业之间的关系？

附件

1. 鼓楼区社区协商程序

2. 鼓楼区社区协商规则

加快推动数字经济　赋能高质量发展

——以南京市建邺区大力发展数字经济为例

吴国燕　袁涛　编写

中共南京市建邺区委党校

【引言】2018 年 4 月 20 日至 21 日，习近平在全国网络安全和信息化工作会议上发表重要讲话：要发展数字经济，加快推动数字产业化，依靠信息技术创新驱动，不断催生新产业新业态新模式，用新动能推动新发展。2021 年 10 月 18 日，习近平总书记在中共中央政治局第三十四次集体学习时强调：近年来，互联网、大数据、云计算、人工智能、区块链等技术加速创新，日益融入经济社会发展各领域全过程，数字经济发展速度之快、辐射范围之广、影响程度之深前所未有，正在成为重组全球要素资源、重塑全球经济结构、改变全球竞争格局的关键力量。要站在统筹中华民族伟大复兴战略全局和世界百年未有之大变局的高度，统筹国内国际两个大局，统筹发展安全两件大事，充分发挥海量数据和丰富应用场景优势，促进数字技术与实体经济深度融合，赋能传统产业转型升级，催生新产业新业态新模式，不断做强做优做大我国数字经济。

【摘要】数字经济是继农业经济、工业经济之后的新经济形态。近年来，数字经济带来的技术创新、模式转变、结构升级，对于推动建邺区经济各项事业的发展起到了至关重要的作用。当下建邺勇当创新数字经济发展的创新引领者，通过集聚龙头企业引领数字经济发展、建设产业载体支撑数字经济发展等措施，引导数字经济和实体经济深度融合，全面推动了建邺区经济高质量发展。

【关键词】数字经济　建邺区　高质量发展

习近平总书记指出，通过发展数字经济、促进互联互通、完善社会保障措施等，建设适应未来发展趋势的产业结构、政策框架、管理体系，提升经济运行效率和韧性，努力实现高质量发展。当前，实体经济数字化转型、政府治理数字化提升、社会活动数字化应用，已经成为创新发展的时代潮流、治理效能的最大变量和社会进步的大趋势。能否准确把握数字化时代规律和趋势，释放数字化巨大红利，不仅关系当下发展的质量变革、效率变革和动力变革，更决定着未来发展的创新力和竞争力。

近些年来，南京市围绕数字时代的要求重点打造了秦淮硅巷、雨花软件园、建邺高新区、江北新区新金融创新中心、国家下一代互联网发展中心等数字经济发展的重要片区，为区域数字经济的发展打下了良好的基础。建邺区乘着这股数字经济发展的东风，着力实施数字强区战略，推动数字经济、数字政府、数字社会互动并进、协调发展，引发经济社会焕发巨大生机活力，成为南京都市圈和全省数字经济发展高地。

一、困 境

建邺区位于南京市主城西南部，西临长江，东依外秦淮河，自河西新城启动建设以来，建邺积极抢抓重大机遇，深刻践行新型城市建设理念，历经了多个发展阶段，新城面貌发生翻天覆地的变化。建邺是省、市重点打造的现代化国际性城市中心和“城市客厅”，也是世界了解南京的窗口、南京接轨国际的前沿。

建邺以往的发展模式极大程度依赖房地产开发，地产的开发迅速提升了建邺的城市面貌，同时也给建邺带来了大量的财政收入。房地产业在建邺新城开发伊始，一度占到了整个 GDP 的 70%。过去很多年，南京人都会吐槽河西只建邺只有楼市最值钱，产业结构单一，靠房地产支撑 GDP。然而，一座新城的诞生，需要 10 年、20 年，房地产开发是第一阶段，用地产撬动城市发展，用楼市拿

第一桶金，然后才能带来产业、商业、人气与创新，这是区域发展的共识。随着区域内开发土地的减少、国家对于房地产的调控力度加大、建邺结合自身的发展需要开始了产业的转型。产业结构实现“一降双增”的实质性优化，金融业、软件和信息技术服务业增加值占GDP比重持续增长，房地产业增加值占GDP比重趋向合理区间。为了发展新的支柱产业，增强经济的活力和韧性，建邺将发展的方向定位在了数字经济。由于起步晚，建邺的数字经济的发展面临着一些先天不足。

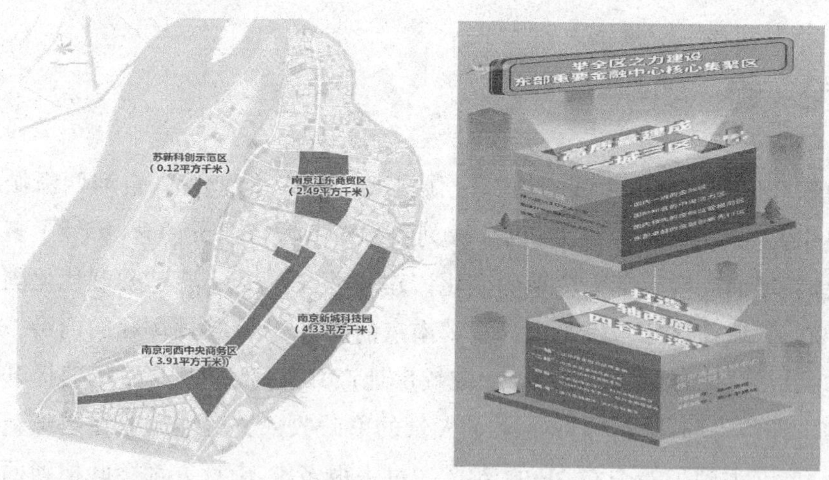

一方面与国内先进城区差距明显，国内部分城区数字经济发展明显走在了建邺前面，如杭州高新区（滨江），早已基本形成了以数字经济为核心的现代产业

体系和数字经济全产业链，培养和集聚了阿里巴巴、海康威视、新华三等一大批优秀企业，全区数字经济主营业务的收入增加值占 GDP 比重接近 80%，建邺区后经追赶，比重也只占 50%。另一方面建邺区针对科技服务业的界定划分、管理体制、运行机制等仍需进一步明确，金融业对于区域实体经济的支持不够，缺少与科技创新产业的良性互动，政策支持力度有待进一步加大。

虽然建邺数字经济发展存在先天不足，但建邺发展数字经济，却有其特殊基因。在江苏 96 个县(市、区)中，建邺是一个“特别”的存在—南京是省会城市，建邺是省会的“城市中心”。江苏要实现传统制造业的转型升级，南京要提高首位度、建设创新名城，建邺是责无旁贷的主阵地和主战场。因此建邺区委区政府立足数字经济发展前沿，聚焦国家数字经济的发展需求，就数字经济发展的实施路径作出了一些创新探索。

二、探　索

有经济学家说，“南京和杭州的差距，就是少了一个阿里巴巴”。言下之意，南京长期以来缺乏新经济和互联网的“基因”。近年来建邺区厚植数字经济土壤，紧紧抓住南京“创新名城”建设机遇，着力集聚高端创新资源，高起点布局和培育人工智能、大数据、生物技术等数字产业集群，不断做多做强数字产业发展主体，以产业数字化和数字产业化为抓手，助力经济高质量发展，促进区域治理体系和治理能力现代化，为打造国际化城市中心提供了有力支撑。随着招商引资的力度加大，围绕数字经济的发展需求，建邺引进了一批头部企业、催生了一批生态链企业、培育了一批上市企业，互联网产业总部集聚区建设取得实质性进展，使数字经济成为建邺的“金字招牌”。长期以来的“短板”被强力拉长。

建邺区数字经济发展的标志性事件，是 2017 年 6 月阿里巴巴江苏总部(以下简称“阿里”)落户建邺，这是阿里在杭州和北京之外的第一个省级总部。阿里落户之后，当年 10 月，小米科技华东总部签约建邺。两家头部企业的落户产生了巨大的“虹吸效应”，科大讯飞南京区域中心来了，腾讯云启(南京)创新基地来了，小米有品全国总部、网易有道江苏总部、腾讯云启产业基地、字节跳动江苏公

司、滴滴华东总部、360 智慧科技区域总部、优必选江苏总部、京东集团区域总部等一批产业带动力强、行业影响力高、区域辐射力大的数字经济头部企业都来了。目前全国互联网企业 20 强中已有 13 家落户建邺，阿里、小米、京东、网易等头部企业的落子布局，带动建邺互联网产业和数字经济高速发展，长三角数字经济总部高地初步形成，“做数字经济，到建邺来”成为鲜明标识。

随着区域内数字经济的实力增强，建邺结合数字经济的发展需要不断地采取相应的发展举措提升配套服务：首先是高度重视数字化载体建设。积极构建以河西南部数字经济总部集聚区、金鱼嘴金融科技产业基地为牵引，以河西中部

5G 等硬科技产业基地、中国(南京)游戏谷、人力资源服务产业基地、法律服务产业基地为支撑的数字产业体系,打造南京创新密度最高的创新名城展示区。大力推进高端软件和信息服务、工业互联网、5G 产业发展,促进传统产业转型升级,推动实体经济与数字经济深度融合。

其次是打造优势产业创新平台。积极推进与南京工业大学合作的“合成生物产业创新中心”建设,努力打造具有全国影响力的前沿性、颠覆性产业重大创新平台。加快推进南邮王永进团队“同质集成光电子芯片”项目和南理工陈钱副校长团队“计算光学显微成像”项目。建立国际创新顾问制度,发挥德国、以色列、新加坡海外创新中心、中以技术转移中心桥梁作用,对接“生根国”重点创新组织、创新城区和创新企业。

再次是积极构建多元化科技金融支撑体系。数字经济自然离不开金融的支持,金鱼嘴基金街区 2019 年 7 月 15 日正式揭牌,规划总规模超 30 万平方米,是“金融企业的一站式服务中心”和“南京市创新企业金融服务中心”,构筑资本培训、会议路演、银行结算、企业金融支持四大中心。实施“建邺合伙人”计划,通过配资跟投、优化服务等多种方式,实现扶持政策优先享受、生产要素重点保障、重大项目优先安排,促进实体经济的高质量发展。同为了更好地解决企业的融资,围绕数字金融,建邺还同时打造了“建邺高新进园保”系列融资服务,为科技型企业提供低息无担保特色金融产品,解决企业全生命周期的贷款问题。

最后是打造良好的服务品牌。只有好的产品没有好的服务保障是无法吸引更多的企业加入到建邺的数字经济建设中来,建邺区围绕数字化着力打造“到此莫愁”的服务品牌。一方面优化企业服务渠道,改“企业找部门”为“服务送上门”,组建“小莫”服务团队,主动对接、在线辅导,确保惠企政策高效落实到企业。依托互联网平台,打造线上服务企业平台——建邺企业联盟。另一方面坚持共建共治共享,以应用场景开放推动智慧城市可持续发展和智慧产业生态体系形成,促进服务能力提升和服务结构变革。全力推行“就近办、网上办、自助办”,实现 24 小时自助政务服务全覆盖,以“智能化”定硬件,“节约化”定空间,“一体化”强功能,“标准化”提水平,推进大数据、人工智能、区块链、5G 等新技术的智能场景应用,在区级大厅、各街道、社区规划建设 24 小时自助政务服务区,提升群众和企业办事便利度。

创新名城风起云涌，城市中心活力无限。巨头大鳄头部引领，中小企业协同发展，创新生态系统生生不息。随着数字经济的起势，建邺踏上高质量发展新赛道，置身南京创新名城建设新坐标，站上数字经济发展的“风口”，建邺区“创新引擎”持续轰鸣，建邺通过后发的优势扛起了数字经济发展大旗。

三、成　效

2019 年，建邺地区生产总值首次跨过 1000 亿元大关，达到 1055.9 亿元，增长 8.2%，列全省 96 个县(市、区)第 28 位，比 2010 年的 97 亿元增长 10 倍多。

其中,数字经济达到531亿元,占GDP比重为50.3%,超过全国约15个百分点、全省10个百分点。一般公共预算收入在2017年突破100亿元基础上跃升到143.7亿元,较上年增长22.8%,数字经济成为建邺经济快速增长的重要支撑。经过全区上下共同努力,2018年、2019年建邺区连续两年被省委省政府授予"全省推进高质量发展先进区"称号,2019年建邺高新区管委会被南京市表彰为"培育工作优秀载体",获评"南京市科技创新突破奖"。建邺经济取得历史性突破。

企业数字化转型步伐加快,全社会创新创业动能有效释放。2020年建邺区数字经济发展更上台阶。相关产业增加值占经济总量的半数以上,超过全国约15个百分点,总量已达到600亿元以上,占GDP比重过半,成为经济增长最大变量。数字经济头部企业40余家,全国互联网公司10强中有8家相继落户在建邺。2020年,新增科技企业410多家,几乎全部都是数字经济企业。连尚文学、福佑卡车成为新兴独角兽企业。

数字化促进精细化管理,创造了高颜值宜居环境。互联网、大数据、人工智能等技术应用快速发展。社会治理方式持续优化,科学化、高效化水平显著提升,提升了城区服务功能,建邺现代化、国际化形象日趋显现。建邺先后获得"国家绿色生态示范城区"、全国"法治创建活动先进单位"、全国"文化先进区"等称号。

这些亮眼成绩单的取得,得益于建邺区委区政府对数字化发展大势的前瞻把握和超前部署,得益于大量数字化高端要素的加速集聚,得益于数字化创新生态的不断优化,得益于数字化治理能力的持续提升。

四、经　验

建邺区数字化转型的成绩来之不易,经验弥足珍贵,为数字化时代如何有效推动高质量发展带来许多有益启示。

首先我们要意识到推动数字化时代高质量发展,必须把握发展大势,科学谋划发展路径。天下事、识为先。当今世界,科技革命和产业变革日新月异,加快经济社会发展数字化转型已经成为必然选择,以数字化培育新动能、以新动能推动高质量发展成为大势所趋。应清醒地认识到谁在数字化转型中占据制高点,谁就拥有打开高质量发展的“金钥匙”。

其次要意识到必须促进产业、技术、服务的深度融合，积极培育创新模式。当今世界，万物皆可数字化。数据连接万物，变革万物。建邺区推动数字产业化、产业数字化、城市治理数字化，开拓了高质量发展新境界。必须充分利用宝贵的数据资源，积极拓展数据应用的新业态、新模式、新路径，深化业务关联、链条延伸、技术渗透，以深度融合催生高质量发展新动能。

接下来我们还应意识到要充分集聚资源，着力激发要素活力。建邺区站在一定高度，开放配置高端生产要素，力促各类要素充分开放、流动、共享，提升发展质量和竞争力影响力。这启示我们推动高质量发展，必须以全球化眼光打造创新资源集聚高地，形成数字化时代创新发展新局面。

最后还要持续优化创新生态，不断增强创新动力。数字化时代，竞争的关键越来越体现为创新生态系统的构建。必须着力破除一切制约创新的体制性障碍、结构性矛盾、政策性问题，推动政府、市场、企业、人才、资本等多方协同发力，营造融合、协调、共享的创新生态系统，让各类创新主体和资源要素充分流动、活力充分释放。

五、尾　声

建邺区以产业链相关企业为“轴承”，以平台型企业为“润滑剂”，正加速成为一台高速运转的“产业机器”，整合全国优质资源，为城市、为产业、为企业打造更广阔的发展空间。但是也要注意到在现阶段的数字经济产业集聚过程中，建邺政府的推动仍占主导地位，资源、要素更多处于“被动集聚状态”，而由市场内在驱动所形成的“主动集聚”不足，市场无形之手的作用发挥还不够充分。下游企业成本不断增加，企业的负担过重，部分中小数字经济企业还出现外迁现象。并且建邺区数字经济头部企业总部大多数仍在建设中，对产业链企业的吸引和带动作用仍然有限。这些问题可能在建邺数字经济发展的未来较长一段时间里仍然存在。

2021 年 9 月召开的建邺区第十二次党代会明确提出，未来五年，建邺将聚焦“更高水平建成现代化国际性城市中心，基本建成东部重要金融中心核心集聚区”，在“强富美高”现代化新征程中奋力走在前列。如何才能实现这样宏伟的发展蓝图，毫无疑问数字经济发展将成为最重要的支撑点。当前，建邺区作为现代化国际性城市中心，将进一步高度重视发展数字经济，在创新、协调、绿色、开放、共享的新发展理念指引下，积极推进数字产业化、产业数字化，引导数字经济和实体经济深度融合，全面推动建邺区经济高质量发展。

研讨题

1. 大力发展数字经济促进就业应以什么为重点？

一是推动数字产业发展壮大，拓展就业新空间。抓住数字经济发展机遇，深入推进创新驱动发展战略，加快数字基础设施建设，着力发展壮大互联网、物联网、大数据、云计算、人工智能等信息技术产业，做大做强平台企业，在带动经济转型提质过程中创造更多更高质量的新兴就业创业增长点。鼓励数据资源高效利用、开放共享，进一步扩大和升级信息消费，促进电子商务、共享经济等新业态蓬勃发展，培育更多新就业形态，吸纳更多就业。二是促进传统产业数字化转型，带动更多劳动者转岗提质就业。推动互联网、大数据、人工智能和实体经济深度融合，培育新增长点、形成新动能。深入推进数字技术与制造业融通发展，建立健全工业互联网基础设施体系，大力发展核心工业软件，推动传统制造业加快数字化转型，在提升国际竞争力、拓展产业链条中带动更多劳动力转岗就业。加速传统服务业数字化、网络化转型，提升精准服务、高效服务、智能服务能力，带动更多数字经济领域就业创业。三是激发数字经济创新创业活力，厚植就业增长沃土。加大融资政策支持力度，切实落实支持新产业新业态发展、促进大众创业万众创新用地意见，支持互联网龙头企业、各类开发区建设开放平台，建设一批数字产业承接能力强的返乡创业示范基地，营造富有活力的数字经济创新创业环境。进一步深化新三板改革，稳步扩大创新创业公司债试点规模，支持私募股权和创业投资基金投资数字经济领域，增强资本市场支持数字经济创新创业能力。积极引进掌握先进数字技术知识的外国高层次人才，培育推动数字经济创新发展的国际化专家团队。

2. 发展数字经济，打造先进数字产业集群，需要重点关注哪些方面？

一是关注消费者需求变化趋势。利用云计算、大数据、物联网等先进技术，整合现代信息技术资源，实现海量信息共享，打破消费者和生产者之间的信息壁垒，满足消费者最为迫切的消费需求。二是大力支持互联网平台健康发展。互联网平台是数字经济时代推动经济持续健康发展的新动力。支持互联网平台健康发展，需要持续推进信息基础设施建设和技术升级，提高信息网络服务水平，推进先进的无线宽带网络建设，夯实互联网平台发展的物质技术基础。三是加强数字经济重点领域专项制度建设。立足商业模式和行业特点，加快完善相关领域法律规范。四是鼓励对数据要素的开发利用。持续培育数据要素，加强数据资源保护和开放共享，提升数据要素的流通效率和市场活力，使数据要素成为推动经济高质量发展的新动能。

建设人民满意的服务型政府

——栖霞区政务服务“一件事”改革的探索与实践

玄冬冬　陈冰玉　编写

中共南京市栖霞区委党校

【引言】习近平总书记在中央全面深化改革委员会第一次会议上强调:“推动审批服务理念、制度、作风全方位深层次变革,不断优化办事创业和营商环境,切实解决企业群众办事难、办事慢、多头跑、来回跑等问题。”党的十九届四中全会公报强调:“深入推进简政放权、放管结合、优化服务,深化行政审批制度改革。”以此为指导,栖霞区于2020年4月正式启动“一件事”改革,作为“放管服”改革的“升级版”“补丁包”和政府便民利民的一项重要创新举措。

【摘要】从各地实践看,行政审批工作中存在材料重复提交、跑动次数多、办结时限长等共性问题,栖霞区也不例外,政务服务面临着两对突出矛盾,即业务整合与体制割裂之间的矛盾以及人民群众日益增长的高质量政务服务需要同现有政务服务能力之间的矛盾。出现矛盾的主要原因在于,政务服务“信息孤岛”现象明显,线上政务服务平台功能发挥不够,政务服务宣传力度有待加大。

针对上述问题,栖霞区围绕自然人和企业法人的“全生命周期”,共梳理出“一件事一次办”清单166件。栖霞区“一件事”改革从“减材料、减跑动、减时间”三个角度精准发力,实行一次告知、一表申报,分类设置、一窗受理,压缩时限、一次办成,线上线下融合办理,推动政务服务机构从审批“一个事项”转变为服务企业群众眼中的“一件事”全流程办理。通过改革,政务服务标准化建设得到加强,办事效率有所提高,公众满意度有所上升,营商环境也有所优化。

栖霞区以新思想为指导,践行为民理念,为行政审批制度改革提供了有益启示:政务服务需换位思考,变供给主导为需求主导;行政审批需部门协同,变条块分割为整体政府;优化服务需技术加持,变线下服务为线上线下融合。

【关键词】一件事一次办　放管服改革　政务服务　服务型政府

一、栖霞区“一件事”改革的背景情况

（一）栖霞区政务服务面临的问题与矛盾

栖霞区位于南京市中北部，总面积 395.44 平方公里，接近江南其他五个主城区的总和，而且地形东西狭长，驾车从最东边的龙潭街道马渡村到最西边的迈皋桥街道十字街耗时近 70 分钟，企业和群众办事面临着来回跑、停车难、排队长等难题。

2017 年，栖霞区首创“不见面审批”服务模式，得到李克强总理的专门批示肯定，且审批事项逐步下放街道，但“不见面审批”侧重点在于实现单个事项的线上办理，而不是跨部门的关联事项打包办理，企业和群众办事仍然存在进了一扇门要排多次队，甚至要在几个窗口之间“折返跑”的情况。

2018 年，为提高政务服务效能，栖霞区政务服务中心搬迁至新址，办公面积达 3500 多平方米，设有民生服务、税务服务、商事登记和公安服务四个大厅，目前已进驻 32 个部门，集代办洽谈、宣传展示、“互联网 + 政务服务”体验等多个功能于一体，但政务服务中心主要是各部门办事窗口的物理集中，对业务流程优化再造的力度不大，材料重复提交、跑动次数多、办结时限长等问题没有得到根本解决。具体来看，政务服务中存在两对突出矛盾，已成为持续深化“放管服”改革的“难点”“堵点”“痛点”。

1. 业务整合与体制割裂之间的矛盾

在传统模式下，各级政务服务中心实行“前台受理、后台审批”的工作模式，企业、个人全生命周期所涉及的众多服务事项由各个业务部门分散受理和审批，再加上部门工作业务性较强，因此部门审批呈现出专业性、单一性的特点，彼此间难以相互联系协调。以退休为例，群众认为提取个人档案、结清社保、结清公积金、领取老年人优待证和优惠乘车卡等事项都是与退休有关的“一件事”，但居民办理事项平均多达 6 个，涉及市、区、街道、社区 4 级，部分情况复杂的还包含省级事项，其中仅办理个人退休一个事项就涉及区人社、市人社两个审批部

门，收到退休证后还需要去银行开户、去居住地社区登记，耗时至少 90 天，若再遇上材料递交不完整、费用补缴就更加费时费力费心了，难免产生落差感。此外，省、市针对老年人出台了一系列的福利、优惠政策，部分群众对此并不了解，了解的也很少能够精准说出在哪里办、怎么办，势必影响办事效率和满意度。

2. 人民群众日益增长的高质量政务服务需要同现有政务服务能力之间的矛盾

近年来，随着经济社会的全面转型、社会主要矛盾的转变以及服务型政府的建设，人民群众呼唤着更高质量的政务服务，这就对政府的政务服务水平提出了更高要求。“一件事”改革之前，栖霞区取消和下放的审批权很多，但简政放权的“含金量”还不够，行政审批效率也有提升空间，对群众办事和企业生产经营产生了一些束缚。例如，仙林大学城汇集了南京大学等 12 所高校，在校师生超过 20 万人，大学生创业是行政审批高频事项。大学生创业作为企业设立的细分事项，办事人员办理手续需要辗转区行政审批局、区人社局、区税务局、区公安分局和驻点银行 5 家单位，跑动 8 个窗口，办理企业营业执照办理、企业公章刻制备案、大学生创业证办理、青年大学生开业补贴办理、银行开户办理、企业社保开户办理、企业社保扣费关联办理和人才落户（户口准予迁入证明）8 个事项，提交 27 份材料。大学生是创新创业的主力军，而制度性交易成本已对营商环境产生了不利影响，成为创业初期的主要成本之一，抑制了大学生的创业积极性。

（二）栖霞区政务服务中矛盾产生的原因分析

栖霞区政务服务中存在的矛盾，其实是各地政府或多或少都在面临的共性问题，究其原因主要有以下三点。

1. 政务服务“信息孤岛”现象明显

“信息孤岛”是指各个政府部门的信息来源彼此独立、信息平台相互排斥、信息处理难以关联互助、信息运用不能互换共享的现象，是行政审批上下联动、部门配合的最大障碍之一。一是政务信息资源库尚不完善。服务窗口超过 80% 的办件仍需收集纸质材料，主要用于存档，这些档案大多变成了尘封在库的“死材料”，难以提取、流转和利用。二是统一的政务信息平台尚未建成。公民户籍、就业、医疗、婚姻等信息资源分散在各个部门的信息库中，目前还不能实现关联信息综合查询，而且各部门的信息标准不统一、信息质量良莠不齐，可共享程度不高。三是信息获取需要更高层面统筹。在行政级别上，区行政审批局（区政务办）与其他协办部门是平级关系，不具备领导权，政务服务协调难度大。

2. 线上政务服务平台功能发挥不够

从栖霞区政务服务的实践来看，线下办事是多数群众的首选，线上服务仅起到补充作用。一是线上政务服务易用性不足，需要办事人完成扫描文件、拷贝进电脑、上传到网站等操作，对部分中老年人来说比较吃力。二是线上服务水平有待提升。线上平台服务功能不全面、容错率低、系统不稳定等问题亟待解决，目前更多地停留在信息公开层面，与线下相比还有差距。三是线上服务不能实现完整闭环。区行权系统主要由部分不具备自有业务系统的部门使用，具备自有业务系统特别是专网的部门对其使用程度不高，导致横向的区平台多个系统相互隔离，纵向的区、街道、社区三级政务中心系统也没有实现互联互通，没有为跨部门事项整合办理提供很好的条件。

3. 政务服务宣传力度仍需加大

一是政务公开不够到位。政府和公众之间存在信息不对称，政府对于所办事项相关政策、哪些项目需要审批、完成审批需要走哪些流程、办理每项业务需要哪些材料等信息没有提前公示或一次性告知，企业和群众常常要跑几次路才能办理完成。二是宣传渠道比较有限。线下宣传以各级政务服务中心里的小册子、电子屏等为主，受众群体小；审批窗口工作人员忙事务性工作多，主动宣传服务少。线上宣传存在更新同步不及时和“门难找”的问题，搜索引擎上的关键词与政策内容关联度不够高，线上服务可及性大打折扣。另外，对于本地媒体平台运用较少，在辖区内宣传广度不够。

二、栖霞区“一件事”改革的主要做法

“一件事一次办”指的是从自然人和企业法人的“全生命周期”出发，对原本需要跑多个部门、经多个环节办理的关联事项进行流程再造，梳理形成自然人出

生、就业、婚育、退休、殡葬以及企业设立、准入、经营、注销等“一件事一次办”清单，前台一窗受理，后台通过并联审批、数据流转、服务代办等方式实现部门间无缝对接，推动政务服务机构从审批“一个事项”转变为服务企业群众眼中的“一件事”全流程办理。

（一）栖霞区“一件事”改革的实施过程

习近平总书记在党的十九大报告中指出，要转变政府职能，深化简政放权，创新监管方式，增强政府公信力和执行力，建设人民满意的服务型政府。2018年，中办、国办印发《关于深入推进审批服务便民化的指导意见》，要求在全国全面推行“马上办、网上办、就近办、一次办”审批服务。2019年，江苏省明确提出将“一件事一次办”纳入“放管服”改革重点任务。

2019年5月，南京市围绕加快一体化政务平台建设、深化“互联网+政务服务”改革、做大做强“不见面审批”服务品牌，正式启动实施“宁满意”工程。实施方案提出：到2020年底，深度“一网通办”的事项数翻两番；到2021年，重点领域和高频事项全部实现“十个一”，即一网通、一门通、一证通、一指通、一城通、一机通、一照通、一链通、一栏通和一事通（如图1所示）。

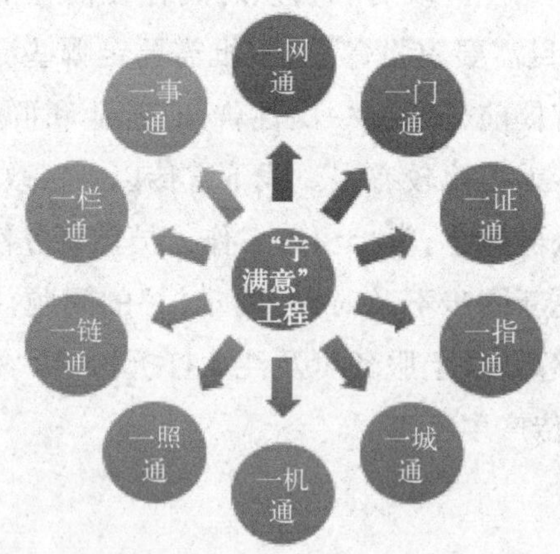

图1 “宁满意”工程“十个一”内容事项

基于现实问题和矛盾，在中央和省市相关审批服务改革精神的指导下，栖霞区积极响应、主动探索，2019年共开发及配置市级标准“一链通”事项98项，2020年进一步整合区内已实现的“一链通”“一证通”“一照通”等成果，围绕自然人从出生到离世、企业法人从设立到注销两个生命周期，正式启动了"一件事"改革，作为"放管服"改革的"升级版""补丁包"，并将其纳入年度重点改革任务。

2020年4月上旬，栖霞区行政审批局前往尧化街道及栖霞街道开展调研。在市政务办和"宁满意"工作组的指导和帮助下，4月22日，栖霞区首个个人生命周期一件事——"退休一件事"正式在区政务服务中心A厅进行线下办理；5月14日，首个企业生命周期一件事——"大学生创业一件事"正式在区政务服务中心B厅进行线下办理。在5月底召开的街道为民服务中心主任月度会上，"一件事"办理模式被正式将推广至街道。从第二季度开始，栖霞区对照区内依申请行政权力事项和公共服务事项，立足企业和群众视角，围绕"我要开店""我要办证""我要办事"，梳理涉及多部门、多事项、跨层级联合办理的"一件事"场景，"一件事一次办"事项呈井喷式增长，"一件事"改革步入正轨。

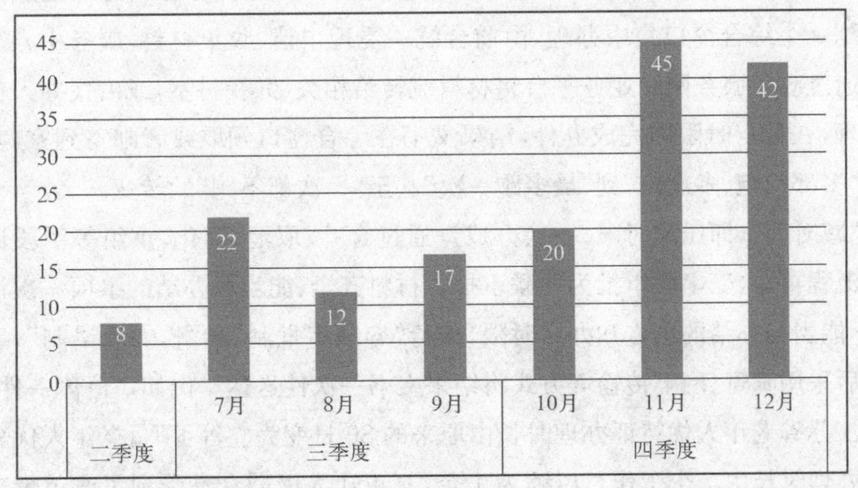

图2　2020年各季度栖霞区"一件事一次办"事项推出量

截至2021年4月，栖霞区共梳理形成"一件事一次办"清单166项，其中"个人生命周期一件事"68项，"企业生命周期一件事"98项；"退休一件事""大学生创业一件事""来宁务工人员一件事""住房保障一件事"4件事项作为省级标准推广，"来宁务工人员一件事"被省市推荐上报至国办，开创了全区政务服务新局面。

（二）栖霞区“一件事”改革的经验做法

栖霞区政务服务“一件事”改革采取“三减一融合”举措，从“减材料、减跑动、减时间”三个角度精准发力，并实现线上线下融合办理，切实提升审批服务质效。

“减材料”，即一次告知、一表申报。广泛收集“一件事一次办”链条上的各种申报表单，对表单信息进行精简、优化、合并，企业和群众到窗口办事只需填写一张工作交接表，相关事项和所需材料一次列清，接收部门和办理进度一目了然，变“多次告知”为“一次告知”，变“多张表格”为“一张表格”、“一张清单”，变“多次填表、多次提交”为“一次提交、多次复用”。栖霞区还开通了网络核验材料和从政务服务窗口获取材料的绿色通道，并将持续推动部门业务系统对接和跨部门证件、证照、证明互认共享，力求实现基于企业营业执照和公民身份证的“一证办、一号办”服务。

“减跑动”，即分类设置、一窗受理。将分散在各部门、各窗口的审批服务事项归到一个综合窗口集中办理，由前台统一受理申请、收集材料，服务中心工作人员通过政务服务网和业务平台将材料流转给相关部门、科室，或由代办人员协助办理，在规定时限内完成办件，结果文书在综合窗口领取或者邮寄到家，实现了从“多部门跑、多次跑”到“最多跑一次”甚至“一次都不跑”的转变。

“减时间”，即压缩时限、一次办成。通过合并、取消、简化、重组等手段进行审批流程再造，变串联审批为并联审批。材料齐全、能当场办结的事项一次性办好，不能当场办结的则告知办结时限，推行“容缺审批制”和“告知承诺制”，事项办结后采用邮寄、网上传输等方式将结果文书一次性送达。例如，“退休一件事”中的江苏省老年人优待证办理时长由原来的30日变为立等可取，老年人优惠乘车卡办理时长由7个工作日压缩为1个，真正让人民群众享受到了改革带来的便利。

线上线下融合办理。线下提供接触式服务，在区政务服务中心、街道为民服务中心设置“一件事”专窗；线上提供非接触式服务，以江苏政务服务网上的“一件事”服务专区为主要依托，力求达到线上线下服务同一标准、同一流程、同一质量。其中，企业开办还可使用“企业开办掌上通”3.0系统，实现注册登记、刻章备案、银行开户、税票申领和社保登记5个环节网上通办。

（三）栖霞区“一件事”改革的特色亮点

从区、街道、社区三级服务体系来看，栖霞区政务服务“一件事”改革呈现出以下三大特色亮点。

1. 突出高效，区级层面实现从“单打独斗”到“联合作战”转变

“一件事”改革推行后，由区行政审批局牵头，事项涉及相关部门协助配合，各部门间数据共享、流程再造、业务协同，变“分散办理”为“一窗办结”，群众由“跑多窗”到“跑专窗”，真正实现了从“单打独斗”到“联合作战”的转变。例如，“大学生创业一件事”由区行政审批局、区人社局、区税务局、区公安分局、厅内驻点银行5家单位通办，办事人原来需要跑8个窗口，现在只需要跑1个窗口，既方便了群众办事，又提高了政务服务效率。

2. 突出民本，街道层面实现从“点单式”服务到“套餐式”服务转变

推行政务服务“一件事一次办”既是民生工程又是民心工程，是改革中的新举措。区级层面曾对街道开展过专题培训，但街道在具体操作层面经验不足，起初是等待群众按需求“点单”，“群众反映什么，街道就解决什么”，主动性有所欠缺。后经区工作小组指导和反复论证，九大街道主动换位思考，精准掌握属地居民的高频需求，梳理出了具有自身特色的“一件事一次办”事项清单，如迈皋桥街道的“流动人口服务一件事”、仙林街道的“大学生毕业留宁一件事”、西岗街道的

图3　栖霞区各街道“一件事一次办”事项主题

“贫困失独老人一件事”、八卦洲街道的“农村产权交易服务一件事”、龙潭街道的“来宁务工人员一件事”等，为属地居民和企业送上了一份政务服务“豪华套餐”“人民至上”的服务理念得到了突出体现。

以龙潭街道为例，其位于市域交界处，区域面积 108 平方公里，总人口 80681 人，其中外来务工人口 10730 人，占 13.3%。街道为民服务中心梳理了近两年来房屋租赁备案、居住证及医保卡等办件的特点，发现有不少事项是同一申办人在不同时间段的办件，办件人多是外来务工人员。针对这一特点，服务中心站在群众的角度思考要办哪些证件、需要什么样的服务，通过走访调查，梳理出了与来宁务工人员息息相关的 12 个高频事项，经过环节整合和流程优化，打包推出了“来宁务工人员一件事”，使“异乡人”们只进一扇门、最多跑一次即可在栖霞安心地就业创业。

3. 突出智能，社区层面实现从线下单一服务到线上综合服务转变

栖霞区共有 121 个居(村)委会，过去政务服务形式比较单一，以线下跑腿代办为主，服务能力也比较有限。近年来，尤其是推行政务服务“一件事”改革以来，社区政务服务更多地用上了省、市、区、街道延伸下来的十多个线上系统(如省劳动保障、市民政社区管理、街道网格化管理平台等)，直接面向属地居民和企业提供优质快捷的政务服务项目，真正实现了从线下单一服务到线上综合服务的转变。例如，栖霞区“掌上云社区”全域治理平台已升级至 3.0 版本，具备信息交流、工单流转、不见面审批等综合操作功能。在“线上 + 线下”和“网络 + 网格”的创新机制下，社区真正实现了让数据多跑路、让群众和社工少跑腿，综合服务能力显著增强。

三、栖霞区“一件事”改革的实施成效

经过一年多的实践与探索，栖霞区“一件事”改革成效显著。在市政务牵头的“重点改革任务”考核中，栖霞区连续 4 季度获得满分，政务服务整体水平位居全市第一方阵。“一件事一次办”荣获全区 2020 年“工作创新奖”一等奖，栖霞区行政审批局作为江苏省唯一一家入选全国一体化政务服务平台建设工作联系点

的区级行政审批局，全区政务服务标准化水平建设、办事效率、公众满意度和营商环境等方面均有提升。

（一）政务服务标准化建设得到加强

栖霞区高度重视政务服务标准化建设，抓住“一件事”改革契机，对区、街道、社区（村）三级政务服务工作进行规范化管理，对职责划分、办理流程、办理方式、办结时限等进行标准化界定，编制印发“一件事一次办”办事指南和事项办理流程清单，可在全区甚至更高层面复制推广。区行政审批局还组织窗口人员开展培训，提高对关联事项的熟悉程度，并进一步规范服务质量和服务礼仪，向群众提供更加严谨高效的服务，塑造了政务服务新面貌。

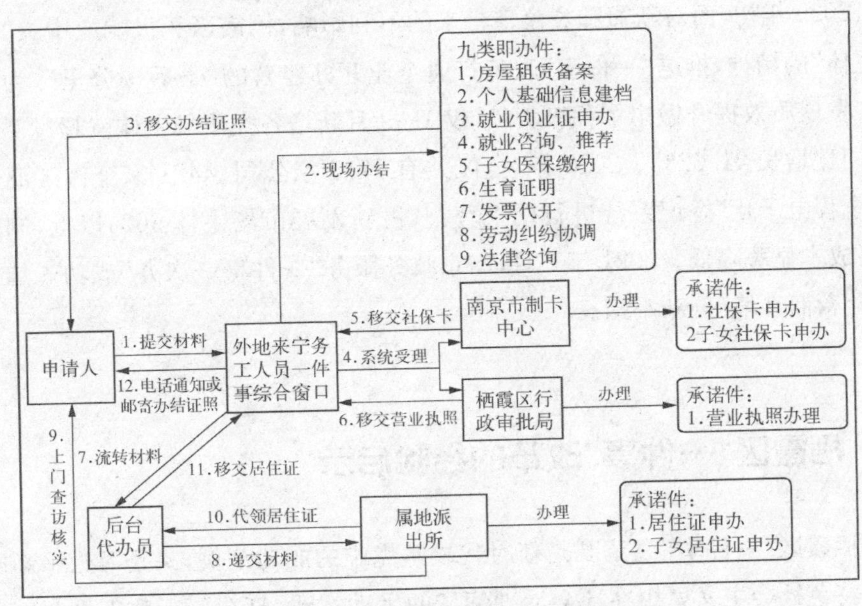

图3 “来宁务工一件事”办理流程

（二）办事效率有所提高

通过改革，既定的“减材料”“减跑动”“减时间”目标得到充分实现。例如，“来宁务工一件事”将申请材料从原来的32份精简到现在的7份，材料缩减比达78%；“退休一件事”将原本要跑区人社1次、街道1次、社区2次、智汇服务厅2次的退休办理流程，变为只需要到区政务服务中心1次，减跑动5次；“企业开办一件事”将企业开办的法定审批时限 17 天缩短为最快 2.5 小时，比江苏省“3550”改革目标(开办企业 3 个工作日内完成、不动产登记 5 个工作日内完成、工业建设项目施工许可 50 个工作日内完成)的“3”提速 80%，办理营业执照最快只要 0.5 小时，跑出了政务服务的“栖霞速度”。

（三）公众满意度有所上升

随着栖霞区“一件事一次办”服务事项逐步建设完善，政务服务水平提高，公众的满意度也有提升。2020 年，栖霞区共受理 12345 热线服务工单 8.6 万件，对工单完成情况进行回访，全年公众满意度为 79%，其中 7 个月份满意度超过八成。

（四）营商环境有所优化

2020 年初，面对新冠肺炎疫情带来的不利影响，栖霞区积极响应中央“保市场主体”的精神，推进“一件事”改革打通企业开办经营的“最后一公里”，为全区经济发展质效提升做出了积极贡献，仅 1—9 月新增各类市场主体就超过 1.7 万家，同比增长 21.62%。2020 年，全区共有 7715 家公司、4491 家个体工商户通过“全程电子化”登记系统进行网上登记，占新发展市场主体 90% 以上，制度性交易成本显著降低。2021 年 3 月，南京政务服务“一件事一次办”成功入选全国“优化营商环境”创新举措。

四、栖霞区“一件事”改革的经验启示

栖霞区“一件事”改革既是新时代攻坚克难的成功范例，又是习近平新时代中国特色社会主义思想在社会治理领域的生动实践，打造了行政审批制度改革的“栖霞样板”，形成了可学习、可复制、可推广的经验。

（一）政务服务需换位思考，变供给主导为需求主导

行政审批制度改革既是民生工程又是民心工程，是对政府与市场和社会关系的重塑，也是建设服务型政府的有力抓手。栖霞区“一件事”改革是典型的“需求侧”改革，从企业和群众的需求出发，倒逼政务服务供给完善，其过程就是“民本位、社会本位、权利本位”思想的生动体现。

改革之初，部门和街道聚焦百姓所需所急所盼，从企业和群众的高频需求出发，涉及面广、办件量大的高频事项进行流程再造，梳理出一批有区域特色的“一件事一次办”事项清单。服务事项实施推广之前，区行政审批局组织部门工作人员和服务对象进行现场体验，以用户视角对政务服务相关细节提出优化意见，事后逐一整改，并更新同步在服务指南中。服务实施一段时间后，仍然采用模拟办件和暗访等形式及时查找问题，结合改革进程进行动态调整。通过改革，栖霞区把多次跑、来回跑的审批“外循环”变为部门协同、窗口人员代办的服务“内循环”，用政府的“辛苦指数”换取了企业和群众的“幸福指数”。

（二）行政审批需部门协同，变条块分割为整体政府

“整体政府”是一种以提供优质公共服务为目的的新型政府改革治理模式，指的是在公共政策与公共服务中采用交互的、协作的和一体化的管理方式与技术，促使各种公共管理主体在共同的管理活动中协调一致，达到功能整合，消除排斥的政策情境，有效利用稀缺资源，为公民提供无缝隙服务的思想和行动的总和。* 在“整体政府”理念的引领下，栖霞区于 2016 年设立了政务服务管理办公室（简称“区政务办”），依托政务服务中心开展工作，建立“二办三中心”（区政务公开领导小组办公室、区政务办、政务服务中心、12345 政府服务中心、政府公共资源交易监管中心）的一体化管理模式，给企业和群众办事带来了极大便利。

栖霞区“一件事”改革是对“整体政府”理念的再次践行，在市政务办的部署下，由区行政审批局（区政务办）牵头，事项涉及相关部门、街道和社区通力协作、高效配合，避免了部门主义、各自为政的问题。改革中尤其注重用好考核这根“指挥棒”，对协助部门“一件事”改革工作的考核包含在由区政务办牵头的窗口单位季度考评中，对街道的考核包含在由区发改委牵头的街道月度考核中，对社区的考核则由街道进行并纳入年度考核，调动了协助单位的积极性。通过改革，增强了应对新情况、新问题的能力，让企业和群众办事实现了从“跑部门”到“跑政府”的转变。

（三）优化服务需技术加持，变线下服务为线上线下融合

2016 年，李克强总理在政府工作报告中指出，“要大力推进‘互联网 + 政务

---

* 曾维和：《西方“整体政府”改革：理论、实践及启示》，《公共管理学报》，2008 年第 4 期。

服务'，实现部门间数据共享，让居民和企业少跑腿、好办事、不添堵"，这是我国政府从"重管理"向"重服务"转变的一个重要体现。

线上服务具有标准化、透明度高、不受时间空间限制等优势，栖霞区着力完善线上政务服务平台，以江苏政务服务网的"一件事"服务专区为主要依托，将全部"一件事一次办"事项上线开放办理，实现全区政务服务"一张网、一体化"。社区层面使用省、市、区、街道延伸下来的线上系统和"掌上云社区"3.0 原创系统，提升了基层社会治理现代化水平。栖霞区"一件事"改革还实现了线上线下两个平台深度融合、联动服务，以"来宁务工人员一件事"为例，申请人线下递交材料提出申请后，窗口人员将即办件现场办结，并从线上将办理居住证等承诺件所需要的材料流转到后台。代办员接收材料后将其流转到属地派出所，派出所安排特勤上门查档核实，核实确认后 15 个工作日发放居住证。

实践证明，在技术的加持下，线上政务服务不仅能办成事，而且能办好事，为办事人员和工作人员都提供了便利，对于其他地区的行政审批制度改革具有借鉴意义。

研讨题

1. 你认为栖霞区"一件事"改革取得成功的关键是什么？
2. 在行政审批制度改革中，如何调动各个部门的积极性？
3. 栖霞区"一件事"改革实践对建设服务型政府有何启示？

以人民为中心的高质量网格化治理

——以南京市雨花台区孙家社区为例

孙丽莎　编写

中共南京市雨花台区委党校

贺俊　编写

民盟南京市委

【引言】习近平总书记说:“人民对美好生活的向往,就是我们奋斗的目标。”进入新时代以来,以习近同志为核心的党中央以实际行动听民生、察民情、汇民智、解民忧,不断满足人民日益增长的美好生活需要。加强和创新社会治理,是推进国家治理体系和治理能力现代化的重要内容,能有效提升广大人民群众的幸福感、获得感、安全感,是满足人民日益增长的美好生活需要的重要方面。习近平总书记高度重视社会治理问题,提出要打造共建共治共享的社会治理格局,推动社会治理重心向基层下移,把人力物力财力技术等投入到社区,把社会治理新方法新手段运用到基层,加强社区治理体系建设。以人民为中心打造共建共治共享的社会治理格局,共建的力量来自人民、共治的智慧出自人民、共享的成果为了人民。产生自人民群众家门口的孙家社区“一体三翼”全要素智慧网格治理模式,正是南京市雨花台区以人民为中心的高质量网格化治理的典型案例之一。

【摘要】

2018年孙家社区践行“以人民为中心”思想,以构建基层社区共建共治共享社会治理新格局为主线,拓展网格化治理范畴,优化网格化治理模式,提出筑牢社会稳定根基、做优民生服务、做精城市管理“三翼融合一网治理”的网格化治理目标,初步探索出了一条以人民为中心的“一体三翼”高质量网格化社会治理之路。“一体”就是以网格民情坊为载体,打造知民情、解民意的网格化治理信息平台,通过加强基层党组织建设,调动相关人员入户走访,引导社区居民主动上报,掌握辖区内居民矛盾纠纷、舆情动态。“三翼”:一是民情坊链接司法资源,编织网格巡回法庭、网格法律服务驿站、网格法学堂同频共振的社会稳定之翼。二是民情坊链接服务资源,编织精准扶贫、助学助教、就业创业、生活服务多维一体的民生服务之翼。三是民情坊链接管理资源,编织城市行政管理职能、资源整合下沉的城市管理之翼。同时以智慧城市赋能全要素网格,发挥党政合力和居民之力,实现自上而下的管理和自下而上的自治合力,打造以人民为中心的高质量网格化治理体系。

【关键词】以人民为中心　高质量　网格化　治理

一、背景情况

场景一：

急促地敲门声响起："柏书记，不好了！一群村民冲进社区大厅了……"

柏林"腾"地一下从座椅上弹射起来，旋即，她又稳住声调，微笑着说："小李，不要急！慢慢说！"

"书记，是这样的，二十几个居民嚷嚷着说要见新来的书记。"说到这里，小李压低了些声音，继续说："您今天到任，也不知道这些人是怎么知道的，听说今天来社区闹事，是背后有人指使。书记，您要注意哦！"

听到这里，柏林回想接到调令那会，被赵书记叫到办公室，关起门来说的一段话了。原来，孙家社区 1995 年区划调整从江宁整建制划至雨花台区板桥街道，2000 年孙家村和邵庄村合并，成立了孙家社区，但虽为社区，实则两个村庄各有村民委员会，名义上合并了，实际生产和生活过程中一直没有很好融合，两个村的村民常常为诸如菜地分割轻则吵架、重则械斗，直到 2012 年雨花台区政府才正式批复成立"村居合一"社区居民委员会，对原先的"两套人马"进行了整合，但实际运行效果并不理想，特别是老主任因是原住民且担任村主任 20 多年，凭着较深的"族缘"、"地缘"，群众基础"深厚"，"霸权"思想浓重，拉拢关系排挤主要领导，甚至在民主选举中出现"一张选票现金兑付"的贿选现象，直接导致 2016 年 12 月社区选举失败的情况发生……。

"柏书记，现在怎么办呢？"小李的问话把柏林的思绪拉了回来。

"走，我们看看去！"刚走进五楼的大会议室，柏林就被一大群居民团团围住。

"你是新来的书记吧？我们有话说。"

"大家先请坐！"柏林顿了顿神，"各位大爷大妈，请大家安静。我是柏林，社区新来的书记。今天是我来孙家工作的第一天，很多情况不是太了解，请你们选出代表一个一个地说，有不同意见的再补充。"

"我先说。我是史山头的党员褚光映。柏书记你没来之前，我们五个村庄村民的诉求书已经递上去了，我们有三点诉求：一是梅钢公司的噪声太大，严重影响我们睡眠和身心健康，为了子孙后代，我们要拆迁，远离污染；二是政府出租金，我们要求集中搬到江宁美丽乡村去住；三是污染导致村里每年生大病的人很多，我们要求政府出钱为村民体检。”

“我是合面组的陈大龙。你一个年纪轻轻的女同志，相信组织派你来，说明你是有能力的。请你到我们村庄里看看，每天那么多大车子在我们门口的这条路上跑，有安全隐患。这条老205国道被这些重载的车子压的不成样子了，什么时候能修一修？到晚上觉简直没办法睡。”

“还有民工市场，我们村子里住着这么多民工，到处撒尿拉屎，晒的东西经常被偷，没有一点安全感，这日子怎么过？”

听着村民一个接一个的诉说，柏林的眉头渐渐紧锁。

“我们种的菜都卖不出去，没人敢买，我们这里污染严重，我们不想得癌症，我们要拆迁。”

“对，赶快拆迁！要不然，我们就上访，去市政府告你们去！”

“柏书记，我叫陈大虎。大家提出来的问题你看几天给我们回复？我们看你能不能干？我们孙家不是什么人都能干的？不能干趁早回你的城建科去。”

虽说在来之前柏林已经做了一些思想准备，但第一天就面临这样针锋相对的场合，不免心情紧张。她理了理思绪，微笑着对大家说：“各位大爷大妈，我今年37岁，组织安排我过来，是来干事的，不是来养老的。今天你们说的我都认真记下来了，接下来我会召集两委成员到村子里去了解实际情况，想办法解决实际问题。”

突然有一人站起来，举起拳头，高喊：“拒绝污染，要求拆迁！”

众人跟着齐声高呼，整齐划一，如一浪高过一浪的海啸。

“据我所知，拆迁是多数人的愿望，但是拆迁这样的事情也不是我们社区能做主的，我会将大家的想法带上去，为大家积极争取。希望大家可以理解，今天先回去，给我们一点时间！”

或许是村民听多了“争取啊”、“先回去”、“给点时间”等等类似的话，七八个妇女紧紧跟着柏林寸步不离，将她堵在办公室5个小时，不给上厕所，非要给出拆迁时间。无奈之下，最终在3个民警护送下才得以脱身。

场景二：

社区网格员李鹏程给新上任的柏林书记介绍了一下孙家社区的基本情况："孙家社区总面积3.5平方公里，下辖3个居民小区（永安花苑1224户、新建雅苑902户、梅苑新村453户，其中新建雅苑和梅苑新村是小产权房，2015年街道将两个小区的社会事务管辖权交由孙家社区代管），原有22个村民小组，经过3次征地拆迁后，目前还剩余5个未拆迁村民小组（李山头、史山头、王村、合面、西家），村组户籍总户数353户。此外，社区集体土地上还建有包括汪海集团在内的27家民营企业及54个厂中厂，年缴纳社区土地租金280万；还有2家种植规模30亩左右的种植大户。"

"人员结构决定了矛盾的复杂程度。根据两年多来我与社区群众面对面接触的经验分析，我们社区属地管理人员10000人左右，主要分为四种类型人群：一是农民，有户籍931人。他们没有享受到拆迁红利，有土地，但已经不以种地为生，有的外出打工，有的到本社区工矿企业工作，有的做小生意，只有老年人种点菜，年轻人去市区或周边买了商品房，宅基地上的农民房大都用于出租；二是村转居民，有户籍2012人。他们主要是原孙家村和邵庄村的村民，拆迁后"被上楼"成为居民。2006年以来梅山钢铁集团3次征地拆迁后，大部分劳力进入梅山钢铁厂和梅山钢渣公司；三是新居民，有户籍4026人。主要是通过购买商品房、保障房或小产权房进入我们社区；四是外来流动人口。因我们社区地处城市边缘又是行政区划交界处，租金便宜，民工市场又设在我社区，大约有3000人左右主要租住在社区内部小区及村组中，其中村组租住外来人员大约1248人，有约400人租住时间超过一年；另外有约1750名外来人员租住在辖区小区内部。"

"因农民和村转居民基本属于原住民，对社区认同感和归属感明显较另外两类人群强烈，但也存在农民因眼红村转居民的拆迁福利，并且对比原属江宁区的拆迁待遇和生活环境，责怪政府不应该把他们从江宁区划归雨花台区，但又不给拆迁，亏待了他们，心中积怨已久，在去年就已经爆发了冲突；村转居民虽拿到了拆迁款，住了楼房，但是生活习惯积习难改，在小区里毁绿种菜、抢占空间、拒缴物管和公摊水电费等等，招致新居民的鄙夷和投诉；南京人虽不排外，但面对外来人口，特别是随着2017年务工人员交流市场迁入，外来流动人员随地大小便、聚众赌博、酒后斗殴、偷盗抢劫、职业碰瓷等治安事件时有发生。社区群众避之不及、恨之入骨。”

“我们社区因地处两区、两省交界处，又是城市边缘地带，宁芜铁路、205国道、338省道、106县道穿境而过，交通虽然便利，但也带来重重问题。重型渣土车早晚横行，扬尘严重，村民住宅临路而建，容易导致交通事故频发。此外，社区毗邻梅钢公司、十七冶搅拌站，河边还有沙场，噪音、空气污染已成为社区群众用来攻击和诋毁居委会及政府的一把利剑，频频以此为由或发生堵路、堵门等群体事件或反复要挟企业和政府，谋求个人利益。”

“我们社区基础设施还特别薄弱，断头路很多。每天看着仅一河之隔的江宁区江宁镇的社区建设，对比之下，社区群众都在后悔埋怨政府为什么把他们从江宁区剥离。”

场景三：

行驶在205国道上，不时呼啸而过的渣土车、罐装货车溅起的灰尘也屡屡让人忍不住单手脱把掩鼻。按建设标准本应45米双向八车道的国道，在孙家社区因拥挤的村民住房硬生生给压挤成22米双向四车道。

进入永安花苑小区，在刺骨、清洌的北风中时不时夹杂着粪便的臭味。

转眼来到小区广场，小李和小孟习惯性地与居民打起了招呼，刚介绍这是新来的柏书记时，有居民没好气地说：“哟，大冷天，领导不在办公室吹空调，跑这视察来啦。”旁边的人哄堂大笑。

接着有的开始冷嘲热讽：“做做样子就行了哎，哪能指望他们办事啊。”

早前到社区居委会参加维权的村民接口说道：“这不是夸口要干事的书记嘛，喏，你看……”一边说，一边用手指着广场旁边的一片菜地，“这就是你们社区干部带头搞的，你要能把这解决了，我就服你。”

“地没了，工作也不好找，安排我上班，我就支持你。”

“社保太低、房子太小……”一位村转居民话没讲完，就被旁边的村民给呛了回去：“你还有社保呢，拆迁了又有房又有钱，我们村天天闻着臭河沟、吸着粉尘灰，田地都被污染了。”

柏林知道此时的解释和辩解是苍白无力的，对大伙笑着欠了欠身。

拐下广场，就是一个半地下的停车场，里面同样散发出阵阵臭味，远处的墙角甚至还散落着用过的手纸；汽车、电瓶车、自行车混杂在一起，还有几处用油毡盖着的大堆杂物。

走出停车场，便是居民楼之间的空地，有的绿化带上“人走多了，便成了路”，有的绿化带俨然被分割成几块“自留地”，还有的草坪上竖起了高矮不等的晾衣竿，各色被子、衣服迎风招展。

刚走进楼道，只见楼道长正下楼，赶忙迎上前，连声打招呼：“柏书记刚上任就来走访小区啦！我和几个楼道长还打算去居委会拜访您呢！”

“谁来看谁不都一样嘛！”柏林笑着，伸出手跟楼道长握了一下，“你来得正好，带我们看一下楼道的情况吧。”

四人一边上楼，楼道长一边就开始倒起了苦水：“书记，您看这家，自家门口倒搞得很干净，但是把一些不用的杂物就堆放在三、四楼的拐弯处，讲了多少次，都不听，我们也不敢扔；六楼这两家就更自私了，直接把半截楼梯给封闭了，我们就只能走到这里，上不去了。楼下的居民要上楼顶装个太阳能，或者检查、维修屋顶，还得先联系这两户……”

“像这样的情况多不多？”

“非常普遍！我们没有执法权，苦口婆心地劝只能对素质高、讲道理的人管用，时间一长，看着侵犯公共空间的人没有被处罚，就更没什么人理会我们了。谁有便宜不去占啊，您说是吧？！”

柏林点了点头，说道：“走，我们去物管处了解情况。”

物业管理处张经理指着墙上的物业管理规定，说道：“有规定，难执行啊！每次上门收缴，要么不开门，要么就找各种理由，如房屋质量有问题、地下室没有分到等等，水厂、电厂也不愿意惹他们，干脆纳入损耗值处理了。再看公共空间毁绿种菜问题，有社区干部家属带头搞，我们也不敢讲，群众一看，不乐意啦，跟风做。

与张经理和楼道长分开后，三人又骑车赶往5个村组。村里道路更是坑洼、巷道更窄，路灯更暗，群租现象更为突出，在山头、荒地上甚至还支起了用于赌博的帐篷，暗娼潜藏于民房内，也难怪村民为拆迁不惜闹事……

场景四：

在对社区情况基本掌握后，孙家社区党委（扩大）会议如期召开。9 名社区党委委员，还有永安花苑党支部、李山头党支部等 4 个二级党支部书记参加会议。

“柏书记刚到任，虽说外来的和尚好念经，但毕竟不是孙家人，这次会议主题很好，大家都给书记介绍介绍我们孙家社区的情况，也好让书记尽快熟悉、认识我们孙家社区嘛。”老主任说完，拧开茶杯盖，抿了一口水。

“那我先来说两句吧。”龚副主任率先开启了“反问”模式，“孙家社区是一个典型的‘混合型’社区……前面的班子不是看不到这些问题，也不是不想管、不想做，但是又有什么办法呢？”说完，直摇头。

老主任满意地点了点头，脸上露出了胜利的笑容。

“对呀，我们又不是孙悟空，又不能一下把环境变好了，让群众都满意了。”好几个同志接过了“接力棒”。

“上头千根线，我们社区就一根针，人少事又多，考核还头上悬，干得越多，错得越多。”

耐心地等这一波牢骚渐趋平静后，柏林看了一眼黄副书记。

“大家刚刚讲的也是实情，孙家的不少居民确实不讲理，邻里关系特别差，社区搞什么都跟我们作对。”黄副书记咳嗽了两声，继续说道，“但问题已经在这了，总归要想办法解决的。柏书记，我们支持你！建议我们党员带头，分片包干，多下去走访，了解居民的诉求，听听他们的真实心声，简单的我们先做、先整改。万事开头难，干起来再说！”

“我同意！办法总比困难多！”又有几位同志给出了积极的表态。

最后几位同志也跟着发言：“书记，你是街道下派下来的，区里也熟悉，钱的事虽然我们解决不了，但事情你安排了，我们正常干。”……

此刻的柏林，内心可谓五味杂陈。群众的奚落声、班子内部不和谐声，还有“理不清、管还乱”的各类利益纠纷与社会矛盾……，从哪里下手好呢？

场景五：向不正之风啊“亮剑”

永安花苑小区两户村转居民为争公共绿地中的一分菜地大打出手。柏林一边向社区民警请求警力协助，一边指示分管社区公共设施及邻里关系的责任组长迅速赶到现场,同时让该组通知已事先摸底的在各小区内“毁绿种菜”的家庭派出代表到现场。

社区民警迅速平息了打斗,对领头闹事的两人给予治安处罚。柏林首先当着群众对责任组给予严厉批评,接着趁势对围观群众开展了现场教育,最后,当场宣布:“即日起,凡参与毁绿种菜的社区居民,一律在2日内主动退耕还绿,社区给予20元/棵青苗补偿,逾期不退,将由城管强制执行。”话音刚落,群众中响起了一些掌声。

第二天,“退耕还绿”的通知及相关规定,对责任组的处罚决定就张贴在辖区内各小区及村组公共场所。

当天,有社区工作人员参与种菜的行为基本得到了纠正。

第三天,十几名城管队员携带工具在辖区内开展了巡查。

第四天,物业组织的种绿队对开垦的地块开始了绿化恢复。

2018年3月,社区拆除望遥山庄内部2户居民违建;4月中旬,又出手严厉打击了一起在205国道旁原孙四村空地上,由社区工作人员参与其中的偷倒渣土行为。治乱须铁腕!面对不正之风,社区党委态度坚决,不姑息、不纵容,清理违建18处1013平方米、渣土约2500立方米。

场景六:内联外引,向基础建设要环境

向不正当乱象成功出手后,柏林又对脏乱差的环境挥起了手术刀。虽然居民的素养提高非一夕之功,但整洁优美的生活环境可以起到约束、改造人的作用。社区居委会很快列出了十项重点整治工程,并挂图作战。

此时,社区年收自有资金仅280余万,而这些项目启动预算就需2000万。

咬定青山不放松,先盘家底!

社区启动对辖区内三资管理问题的核查,发现汪海、贝斯特、金时川等三家企业合同年限均超20年,不符合规范要求,并且地租水平仍停留在十几年前。社区立即召开专题会议研究制定整改方案,多次与企业协调沟通,最终在8月份完成金时川、贝斯特两家公司合同整改,一次性追缴金时川公司自2005年以来的142.58万元欠款,并按照现市场水平调整两家企业的土地租金,由4000元/亩调整到7000元/亩。合同期限均调到20年以内。

寻求外援!既向街道争取建设专项资金,又发挥“大党委”作用,与相关职能部门和单位共联共建。如获得区交通局投资 600 余万元推进辖区内 X106 县道维修工程；区环保局及驻地环保企业负责整治水系工程；联合城建对小区楼宇及村组道路进行出新，改造村庄旱厕和排水设施。出新社区广场，增加便民设施基础设施的投资建设，让社区面貌焕然一新，也让社区群众开始产生了保护环境，共同维护美好家园的想法，特别是村转居民中的老党员以及知识层次高一些的新居民，自发地对乱丢垃圾、随地大小便等不文明现象进行制止和劝导。

场景七：诉求“多元性”矛盾“遭激化”，群体事件再次爆发

“书记，不好了！李山头几个村组派出 70 多个村民堵门堵路了”……

只见一群村民（以中老年居多）搬着小马扎坐在马路中间，有的身上还穿着印有“子孙要生存”的白色 T 恤。黄副书记把柏书记拉到一边，说：“这次事件主要分为两批，一批堵国道、县道，一批堵宝钢公司和钢渣公司大门。表面理由都是环境污染，实际都是要求政府拆迁，获取高额补偿款。值得注意的是，这次堵企业门的村民明显更具有组织性，背后可能有人挑唆，也不乏恶势力参与，怂恿村民闹事，扰乱企业生产秩序，达到要挟企业现金私了的目的。”

“正当诉求必须维护，无理要求想都别想！”柏林攥紧拳头，斩钉截铁地说。

本着这一原则，柏林紧急成立了 4 个临时工作组，由班子主要成员分别带队，迅速摸清情况，严格区分对待。

顶着地面近 40 度高温，工作组白天现场蹲点缓解堵路村民的情绪，晚上又挨家挨户上门了解并记录真实诉求，不停地做“交心”工作。

经过连续三天不分白天黑夜的紧张工作，村民情绪得到了有效释放，特别是区别对待的工作方针，快速迫使一致的堵路行为从内部瓦解了。

考虑到实际的环境污染对村民的影响，社区居委会决定给予村民每人每年 1000 元的补助，同时将 X106 县道两侧的村庄环境存在脏乱差破现象，与群众对美好生活的向往还存在较大差距如实向街道和区里进行反映，争取棚户区改造政策，将该地区纳入板桥新城总体规划，实现整体搬迁。

然而，一波未平，一波又起……

5 个村组的村民刚刚安抚下来，村转居民群体又开始了蠢蠢欲动——

场景八：上访与截访的“竞赛”

“小柏啊，刚接到市信访局反馈，你们社区有群众到市里上访了。你给我赶紧去把人带回来,迅速查明事情缘由……矛盾不上交,懂吗?"赵书记急切地说道。

在信访接待办,柏林了解到这次上访的是3户村转居民因为预留土地的利益诉求。原来2007至2008年大规模拆迁后,有些村转居民的拆迁土地没有完全用上,但当时操作的时候不完善,这3户村转居民因拆迁后无固定工作,抓住漏洞,要求再次补偿。

回到社区调查发现,持同样诉求的远不止这3户,但大多数暂时在观望,作为先头兵的3户已经连续几晚走家串户,准备将预留土地问题和要求拆迁问题混合起来,开始酝酿更大规模的集中上访了。

这些村转居民原先基本都是同村村民,有些还是同一宗世家族,这不同于单纯的城市社区邻里间"鸡犬不相往来",更便于串联。

这些矛盾并非社区能解决,但维稳工作又是社区分内职责。面对同事们的牢骚和怨言,柏林虽也很无奈。

一边是社区工作人员的殚心竭虑、严阵以待,一边是村转居民的暗中串联,双方矛盾最终爆发及终结是柏林开车拦在上访群众乘坐的2辆金龙大巴前——

"要么你们从我身上轧过去,要么相信居委会、相信区政府,走正常渠道反映问题。"最后说,"给我两年时间,我们全体工作人员还大家一个幸福家园!"

上访事件暂时平息了,更大的疑问反复回荡在柏林脑海中:为什么居委会不能提前掌握群众的诉求?不信任甚至敌对的干群关系能叫"治理"吗?矛盾不上交,但群众的合理诉求又该如何较好地、快速地解决?

场景九:因中求解,首推"网格化"再创"社区庭"

系列的矛盾冲突集中指向了两个问题:居民在想什么?社区发挥什么作用?"管理"和"治理"一字之差到底有什么区别?

一场探索社区治理创新路的破局会议召开了——

"同志们,把孙家社区建设好,是我们在座每一位心中的梦想!街道党工委要求我们学习贯彻党中央'打造'共建共治共享社会治理格局的精神,那么如何落实到基层社区治理上呢?说实话,我认为当前我们社区依然采取的是行政化管理,一旦发生事情,大家到处'救火',疲于奔命,效果却差强人意。怎么办?我想听听大家的意见。"

“确实，我们人手少，上面考核的工作量又大，是得改变工作方法了。”

“群众反映给我们的诉求，我们又不能解决，也不能怪人家会越级上访啊。”

“对呢，经济学上讲资源对等与交换，我们社区手中并无行政权，所以我们遇到困难，反复吹哨，职能部门也不理睬啊。”

“当前，我觉得迫在眉睫的有两件事；一是快速准确掌握群众诉求，让群众感觉到社区懂他们；二是加强群众法制观念，解决辖区治安问题，既可对违法人员起到震慑作用，又能打造平安社区，提高群众满意度。”黄副书记说。

从外来人员流窜作案到邻里吵架斗殴，从霸占公共空间到破坏社区环境，从无理取闹到越级上访，无一不是社会不稳定因素，无一不体现社区法治的滞后及干群法制观念的淡薄。

二、主要做法

综合性、体系化、全要素参与的社区治理先从引入警网、加强法治开始。

第一步：启动网格，摸清诉求

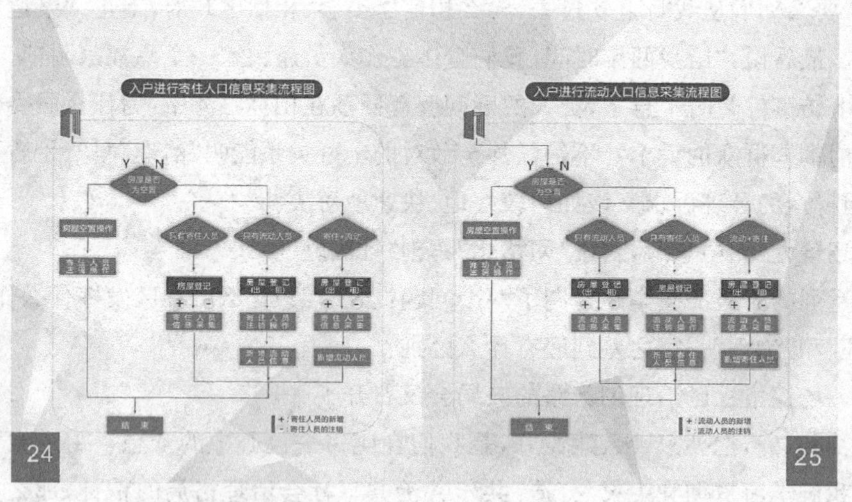

柏林从有限经费中划拨 40 万打造了孙家社区网格化管理中心，以摸清民情、掌握民意为目标，将辖区划分 11 个网格，组建由兼职网格员 11 人，兼职网格长 11 人，街道下派网格指导员 11 人组成的网格化管理队伍。

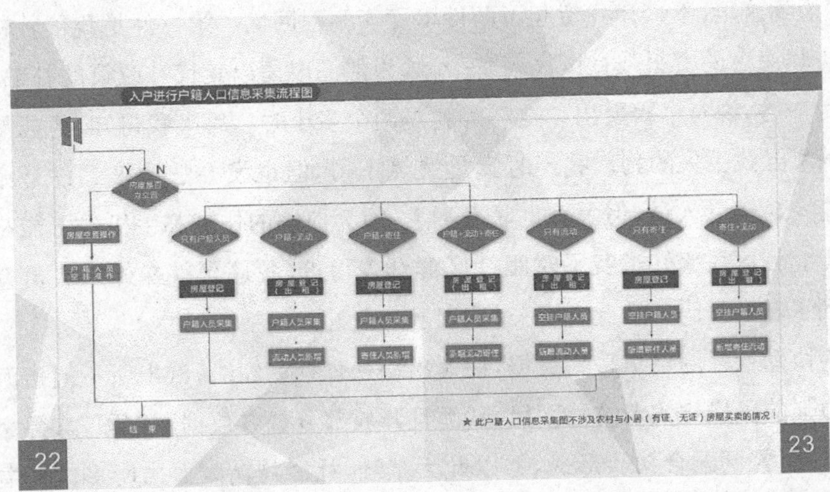

因为实行网格化治理的目标明确，网格队伍不论刮风下雨、暴晒与寒冷，凭借一双双“大脚板”走巷串户，不但在不到半年时间内建立起了详尽的社区民情数据库，而且积累了宝贵的工作经验。

第二步：警网融合，示范效应显现

随着行政改革职权下放，出于城市管理和社会稳定的需要，街道层面成立了综治办。而综治办对基层社区更多的是任务考核，服务意识和合作能力却显滞后。之前，社区在遇到事情需要多次请示，或者在联合大执法、大检查中才能享受到服务；自从孙家社区启动网格化并建立了居民大数据库以来，局面开始打破。

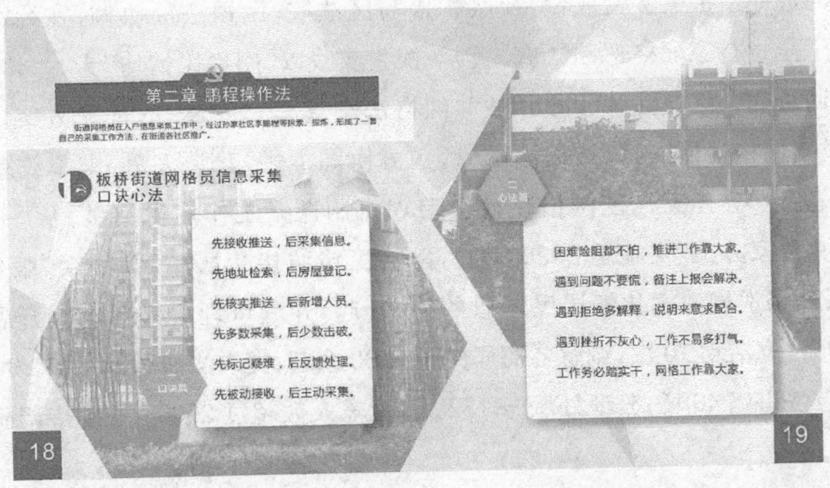

“谈到这里，不禁让我想起了两件事。”李鹏程回忆，“第一件是我带着辖区所有精神病患者的资料找社区民警盖个章，为他们申请以奖代补政策的补贴，民警让我等一等，说有个警要出。这一等就是两个多小时。后来我得知，他居然是去帮XXX寻找丢失的狗。我当时真是哭笑不得，但也没办法。第二件是派出所要排查一位流动人员，但怎么也联系不上，因为他们的住址和手机号可能都会经常变更。社区民警知道我平时跟社区群众走得近，我还真就在外来人员登记簿上找到了新的号码。从此，他们对我客客气气。”

为协助社区网格员采集数据，快速出警处理社区纠纷，派出所不但指派1位年富力强的民警替代老的社区民警，而且开放部分警方数据库权限，与孙家社区网格对接，警网融合初步形成，并以此为基础，社区与辖区派出所多次开展联合治理，如不定期对辖区内进城务工人员人力资源市场周边等重点部位开展流动人口清查、出租房屋安全隐患整治等专项执法行动，两年共开展联合执法行动280余次，新登记流动人口220人，查处非法出租户2户。

警网的融合，不但让社区治安明显好转，社区群众满意度开始提高，而且对综治办的市场监督、安监等职能部门产生了吸引力，仅2018年与社区共开展联合执法行动100余次，整改违规经营户5户、企业安全隐患241处。经过多轮清查和整治，社区群众满意度开始提高。

第三步：“一体三翼”显“治理”雏形

为进一步扩大法治成效，社区积极与区法院、区司法局协调，在社区层面成立了全省首家网格巡回法庭。创新探索实践以“网格民情坊”为“一体”、“网格巡回法庭”“网格法律服务驿站”“网格法学堂”为“三翼”的孙家方案。网格民情坊、网格巡回法庭、网格法学堂，三方协同推进，互为表里，牢牢织就社区社会稳定网。孙家社区网格化社会治理机制探索工作取得突破，从“一体三翼”的“孙家方案”实施至2020年底，网格民情坊接待居民75批次，服务380余人；网格巡回法庭化解居民矛盾纠纷25起，开庭审理案件43起，开展庭审及模拟法庭活动10次，调解各类居民矛盾30余起；提供法律咨询服务20余次；开展普法讲座40场；公证处服务132人，覆盖人数超过2500人；接待调研参观21次。

第四步:汇聚资源　服务民生

“一体三翼”的孙家方案将法治观念植入了社区群众的言行中,联手司法、公安等力量,在依法治区、建设平安社区方面取得了明显成效。柏林心中明白,解决“网格民情坊”中汇集的民意,服务民生才是社区有效治理的目标。

根据“网格民情坊”收集的社区民情及反映出的民意,柏林带领社区工作人员,联合相关单位开展了补齐民生短板工程:

“网格民情坊”数据统计,截至2019年底,社区共有农村低保7户12人,居民低保8户8人,低保边缘户12户22人,残疾人133人,当年1—10月份新增12人申领80岁以上老人尊老金。区民政局、社保局、区残联对孙家社区采集的翔实数据给予高度肯定,并将15户20人全部录入全国最低生活保障信息系统平台;社区还联合社会组织南京携才居家养老对辖区内60周岁的老年人上门服务320人次,上门服务率达35%以上。社区网格员每月对36名困难人员进行跟踪服务,了解其有无保险情况,对无任何保险人员免费让其参加城乡居民养老保险。

南京市公证处在孙家社区设点,上门为社区居民提供公证服务。

社区与区妇联合力打造孙家社区妇女服务站,根据辖区流动妇女多及辖区妇女生活技能薄弱、个人技能缺失、就业压力大等特点,做好妇女服务站及妇女微家为一体的阵地建设。组织社区内失业人员参加家政培训、西式面点创业培训和GYB创业指导培训。

三、经验启示

与现有的网格化管理模式相比,“孙家方案”是一种以智慧化赋能的、更加注重以人民为中心的自下而上的“治理”的网格化治理模式,是在传统的管控型网格化管理模式转向积极的服务型网格化治理模式后,持续从单向性服务转向双向性互动的一种尝试。

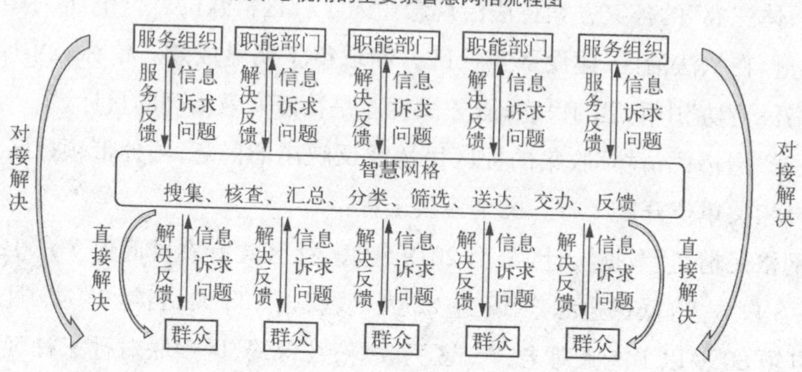

1. “智慧网格”赋能网格民情坊，打造网格信息集散平台

网格民情坊是孙家社区的网格信息集散平台。一方面靠社区居民自主上报信息诉求，另一方面靠社区网格员、网格党小组成员及网格党员的“铁脚板”采集信息。网格平台则进行数据搜集、核查、汇总、分类、筛选、送达和交办，相关组织和部门在“网格吹哨 资源报到”的机制作用下，与网格居民对接解决问题和诉求，并给予及时反馈，最终在网格民情坊完成问题解决的闭环。

2. 司法资源链接网格民情坊，实现网格安全稳定需求

司法资源率先完成与孙家社区网格化治理的无缝对接。网格民情网链接司法资源，通过“矛盾发现—介入梳理—多方调解—庭前谈话—开庭审理—跟踪回访—案例普法”的“网聚民情七步走”工作机制，以群众司法诉求为中心，充分调动网格法律服务驿站、网格巡回法庭、网格法学堂的诸项资源，对群众司法诉求及时介入梳理，通过追溯纠纷源头、多元化解形成“网格＋诉源治理”的工作闭环，将问题解决在萌芽状态，维护社区安全安定和邻里和谐。

3. 民生服务链接网格民情坊，满足网格群众服务诉求

结合社区工作实际，社区充分发挥网格民情坊功能，一方面实时掌握低保、残疾、大病等弱势群体信息，另一方面链接包括奖学金助学金申请、牛羊肉补贴、生育建卡、房屋修缮、大病救助、社保服务、参军报名、公证服务等事项在内的政务服务、社区服务、生活服务资源。居民可通过“智慧网格”一键点击，寻求民生服务支持。网格员和社区则以平台反馈的群众服务需求为导向，及时介入，主动对接帮扶，让群众不出社区一站式解决民生服务需求。

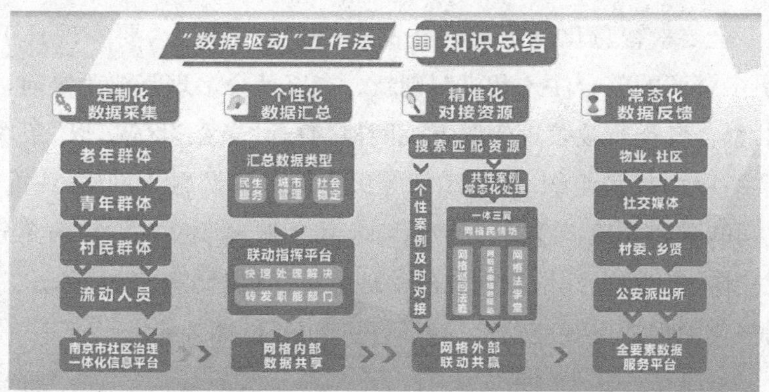

在全要素智慧网格化治理愿景中，是民生服务网、城市管理网与社会稳定网"三翼融合"，统一于网格化治理之内的。社会稳定网目前发展比较充分，效果显著，民生服务网目前在精准帮扶、助学助教、就业创业、生活服务等方面有了初步尝试和探索，城市管理网目前处于起步阶段。我们希望后续能够以社会治理需要为导向，整合各类行政管理资源下沉至网格，在网格内打通"条条"间的区隔，以"条块协同"的方式整合组织资源；进一步吸引经济组织、社会组织等民生服务资源融入网格，注重行政与社会力量之间的融合共建，使城市行政管理和民生服务职能在网格内充分融合，有效提升社区治理的专业化水平和能力，以实现多元一体、资源整合、治权同和的治理目标。

四、尾声

习近平总书记指出，加强和创新社会治理，必须创新社会治理方式，持续提高社会治理社会化、法治化、智能化、专业化水平。全要素智慧网格探索的关键词包括全要素、智慧、网格，但最本质的是通过全要素和智慧赋能，实现对网格化"治理"路径的探索。"网格"是基础，这是全要素和智慧赋能的载体平台，目前平台搭建已经完成；"智慧"是信息化、智慧化赋能，给网格化治理提供技术支撑，提高网格化治理效率，目前已经拥有网格化治理一体化信息平台、智慧网格小程序等信息化系统；"全要素"是各种政治、行政、社会资源要素的注入，给网格化治理带来资源加持，提升社会治理的社会化、法治化、专业化水平，目前实现了部分资源的注入。全要素智慧化网格治理在前期探索的基础上，要实现真正的“强治理”还需更多资源的整合注入和机制创新。在以社会治理需要为导向，用既有平台和机制，整合各类行政管理资源下沉网格，打通“条条”区隔，以“条块协同”整合组织资源；吸引经济组织、社会组织等民生服务资源融入网格；注重行政与社会力量之间的融合共建，使城市行政管理和民生服务职能在网格内充分融合，以实现多元一体、资源整合、治权同和的治理目标；赋权增能，充分调动广大社区居民参与网格化治理的主观能动性等方面还有很长的路要走。

研讨题

1. 孙家社区的全要素智慧网格尝试让社区居民主动将信息诉求上传，会不会导致短时期内问题蜂拥而至的阵痛？如何面对这一阵痛？

2. 孙家社区的全要素智慧网格该如何以有限的基层力量吸纳广泛的网格化治理资源？

3. 孙家社区的全要素智慧网格作为网格化治理自下而上的基层探索，该如何融入自上而下的顶层布局？

小书房做好商量大文章

——南京市江宁区政协商量书房工作案例介绍

杜春泉　胡倩　过宁江　编写

中共南京市江宁区委党校

周家虎　编写

江宁区政协工委

【摘要】商量书房是政协组织发挥专门协商机构作用，将“有事好商量”的理念践行在基层一线的重要平台。依托商量书房平台，让政协委员走进人民群众，让人民群众更顺畅通过政协渠道畅通利益表达，汇聚各方面力量努力为群众办好实事；在其中不断锤炼、壮大“有事好商量”协商议事队伍，实现了更广泛的政治有序参与；让更多的党政干部、企事业单位、各界群众切身感受到，用平等理性、协商对话的方式解决问题、开展治理更加科学、更加有效，不断在基层形成“有事多商量、遇事多商量、做事多商量”协商文化，从而推动“请你来商量”逐步向“我要来商量”演变。这种演变是个长期的过程，正如习近平总书记所说：“不能做快餐，而是要做佛跳墙这样的功夫菜。”广大政协人要以中央政协工作会议精神为指引，在发挥专门协商机构作用，加强思想政治引领、广泛凝聚共识，发挥委员责任担当上久久为功、持续发力，以“有事好商量”的生动实践在社会治理中发挥更大作用。

【关键词】商量书房　有事好商量　政协　社会治理

“有事好商量”的理念如何在基层一线得到广泛认同，让更多群众愿意用商量的方式解决问题，“有事好商量”的机制如何在基层一线得到广泛运用，让协商民主在基层社会治理中发挥更大作用，政协协商如何融入基层一线发挥更大作用。出于对这些问题的回答，南京市江宁区政协依托商量书房平台，让政协走进群众，也让群众走进政协，把“有事好商量”实践在基层一线。相关做法收到各级各界关注，先后作为南京市政协主席会议、全省市县政协工作座谈会、省委政协工作会议观摩点。2019 年 11 月 4 日，中央政治局常委、全国政协主席汪洋视察江宁商量书房相关工作后，指出江宁开展协商民主有很多创造、创意，做出了积极探索；全国政协副主席张庆黎、刘奇葆、刘新成等先后来江宁视察商量书房并予以高度评价；《人民政协报》头版和人民政协报微信公众号分别以《让协商文化滋养每个人》、《赶快上“车”，商量事儿啦！》为题，报道相关案例。

一、商量书房是一线的商量平台

2014 年 9 月 21 日，习近平总书记在庆祝中国人民政治协商会议成立 65 周年大会上首次系统性指出：“在中国社会主义制度下，有事好商量，众人的事情由众人商量，找到全社会意愿和要求的最大公约数，是人民民主的真谛。”2017 年 10 月 18 日，习近平总书记在十九大报告中再次指出：“有事好商量，众人的事情由众人商量，是人民民主的真谛。”2019 年 9 月 20 日召开的中央政协工作会议上，习近平总书记强调：“在中国社会主义制度下，有事好商量、众人的事情由众人商量，找到全社会意愿和要求的最大公约数，是人民民主的真谛。”党的十九届四中全会《决定》提出，必须加强和创新社会治理，完善党委领导、政府负责、民主协商、社会协同、公众参与、法治保障、科技支撑的社会治理体系，建设人人有责、人人尽责、人人享有的社会治理共同体，确保人民安居乐业、社会安定有序，建设更高水平的平安中国。

当前，我国社会大局稳定、人民安居乐业，但社会治理面临的形势和环境仍然比较复杂，迫切需要在社会各领域进一步协调关系、理顺情绪、化解矛盾、凝聚共识，实现共建共治共享，确保社会安定有序。民主协商是在人民内部围绕共同问题进行广泛商量的过程，具有推动人民有序政治参与、促进决策科学化民主化、密切党同人民群众的血肉联系等独特优势。把民主协商纳入社会治理体系，充分发挥民主协商在社会治理中的独特优势，丰富了社会治理的渠道和方式，体现了在中国共产党领导下多方参与、共同治理的社会治理理念，能够增强社会各方参与社会治理的积极性，是加强和创新社会治理的必然要求，有利于提高社会治理现代化水平。

龙乡双范 · 商量书房

商量云书房二维码

九龙湖 · 商量书房

人民政协作为社会主义协商民主的重要渠道和专门协商机构，是“有事好商量”的重要践行者，在“中国式民主”、社会治理“中国方案”中发挥着重要作用。如何将习近平总书记对“有事好商量”这一重大论断贯彻到基层一线，将政协协商和社会治理相融合，是各级政协发挥专门协商机构作用，推动基层善治的关键所在。

2018 年以来，江宁区政协以“不求所有、但求所用”的原则，和多个部门合作探索建立商量书房，使协商议事载体走出机关、走进群众。自 2019 年 4 月“龙乡双范 · 商量书房”建成以来，按照选址在一线、建设在一线、发挥作用在一线的要求，江宁区已建成龙乡双范、徐家院、东山、大学城、睦邻、九龙湖 6 家线下商量书房，同时在“商量书房”品牌的基础上延伸出了“商量书角”“商量快车”等子品牌，将“有事好商量”的理念以润物细无声的方式传递出去，在全区形成了浓厚的协商文化氛围。为顺应移动互联网时代走向，突出党史学习教育，深化书香政协建设，在中国文史出版社、凤凰出版传媒等支持下，2021 年 2 月 26 日，江宁区政协又独立开发上线商量书房云空间，实现线上线下商量书房资源共享。

二、商量书房的建设理念

（一）建在一线的商量书房

商量书房是一个开放共享的公益书房，通过深入挖掘协商文化，精心植入政协元素，充分融入信息技术，打造集服务政协履职、宣传政协工作、展示委员风采、收集民情民意等功能为一体的基层政协工作平台，为政协组织贴近群众架起桥梁，为深入推进政协协商与基层协商有效衔接打好基础。商量书房在建设过程中坚持存量资源整合，不另起炉灶搞圈地，只对存量资源进行不改变原功能的改造和政协元素注入，既节约了建设成本，还赢得其他单位和社会各界的欢迎和好评。比如龙乡双范商量书房在游客服务中心的基础上，只增设书架、书籍、标语等，不改动基础设施，建成之后实现商量书房与游客中心空间、资源共享。在使用过程中坚持开放体系共享，所有商量书房对社会公众完全开放，担负社会服务功能，既是委员履职阵地，也是群众文化休闲场所，让政协走进群众，也让群众走进政协，比如九龙湖商量书房在大众点评上了热评，成网红打卡点，成周边的白领、学生的学习场地。在线下实体运作取得良好成效的基础上，商量书房开拓了网络空间，在商量书房配备的商量邮箱和政协委员联系卡上，印制了商量快车的二维码，可通过微信扫描，将意见建议直通政协机关或政协委员。二维码也印成小卡片，发给界别群众，方便随时联系反馈意见。商量快车还可用于在线精准定向征集意见。无需安装APP和复杂操作，只要有手机、微信，关注一个微信服务号后人人皆可参与。经审核同意后形成的二维码图文，在微信群、朋友圈快速实现扩散，识别二维码后，很方便直接将意见建议反馈到发起话题者，为有关议题的研究提供第一手资料。同时配套建设商量云书房，将书房功能搬到线上，先在云书房上交流、阅读、分享，再到书房座谈协商，成为显著特征。

（二）商量书房里的商量队伍

书房里议事、协商解决实际问题，需要团结凝聚起一支践行、传播“有事好商量”的商量队伍。这支队伍特色鲜明，精准发力，促进商量书房的发展与协商的开展。发挥委员专长，服务协商议事。依托各具特色的商量书房，尽量围绕委员的专业特长、界别特色、履职兴趣，结合党政中心和群众关切开展协商选题，让专业的委员尽量在自己熟悉的领域开展反复协商、长期发挥作用。江宁区政协以委员履职意向为出发点，让委员从协商议事的参与者，转变为“有事好商量”协商议事的发起者，促进越来越多的委员从满足于参加一场活动，转变为深耕一项议题，从跑一次会场，转变成研究一个课题。如江宁区申新军委员长期关注中小企业发展，李荣平委员长期关注乡村振兴，在政协组织支持下，主动开展选题荐题，联系界别群众开展自主调研，落实协商成果的整理报送，有的还担当协商议事活动的主持人，承担成果转化的跟踪监督，持续地投入到履职全过程。多级联动、力量下沉。江宁区通过强化全国省市区四级政协委员联动，把常态联系和靶向邀请相结合，将下沉江宁的4名全国政协委员、10名省政协委员、40名市政协委员分别挂钩联系街道、园区的商量书房“有事好商量”协商议事室，同时根据议题靶向邀请全国、省市政协委员常态化参加协商议事活动，较好地形成了政协系统的合力。每次邀请多级政协委员参加协商，会提前发送前期调研情况及学习资料，方便委员有备而来、有的放矢，真正把多级委员的专业力量更好发挥出来，做到精准联动。广泛联系、凝聚各界。把服务委员和服务委员联系界别群众结合起来，为委员联系群众特别是联系代表人士搭台，通过委员的联系形成一支界别特色明显、专业力量突出的协商议事力量。比如鼓励委员“带人来参会”，注重让一部分履职能力强、参政热情高的代表人士成为政协的“常客”，在协商民主的实践中考察遴选委员建议人选。如江宁政协届中增补的部分委员就是之前在协商议事活动中有突出表现和代表人士。同时通过商量快车网络留言的分析，有效筛选一批参政热情高、参政能力强的网络留言者参加线下协商议事活动，进一步扩大协商朋友圈。

（三）商量书房里的商量文化

习近平总书记指出：“文化认同是最深层次的认同。”真正将“有事好商量”长期充分运用到基层一线，需要在全社会形成对协商文化的更广泛认同，让“有事好商量”成为习惯，让协商民主深入人心。在商量书房中融入协商文化，坚持润物无声。一方面通过植入美丽乡村、居民社区、科技园区，打造各具特色的“商量书房”；另一方面，在“商量书房”中布置了展现江宁政协协商文化的电子屏、陈列关于人民政协协商历程的宣传画、精选了各类书籍等，同时在商量泥塑、商量书签、七巧桌等创意设计中体味“有事好商量”的协商文化，潜移默化中让群众更加了解人民政协、熟悉政协委员，认同“有事好商量”的协商理念，切实以“有事好商量”的氛围，让说理说服、增信释疑更加有效，让解开界别群众的“思想疙瘩”，理顺情绪、化解矛盾的工作更加高效，让思想政治引领更加富有成效。商量书房接了“地气”，也就聚了“人气”，越来越得到周边企业和居民的认同，为实现众人的事情由众人商量打下了良好的群众基础。

三、商量书房里的商量机制

书房聚了人气，关键还在于怎么开展协商。江宁区商量书房捋顺思路、明确制度，确保协商有效开展。对委员、群众反映的问题，通过精心筛选，对具体问题转送相关部门和单位进行解决；对有价值的建议进行归纳汇总，作为提案、议案的素材来源；对特别有价值的议题作为选题来源。确定选题后，按照协商议事流程，明确选题协商、调研协商、集中协商、形成成果、循环提升5个协商具体环节，设计议题申报清单、学习清单、问题清单、建议清单、共识清单、反馈清单6项清单，出台专门文件形成具体操作规范。在选题协商阶段坚持了符不符合政策方向、符不符合工作实际、符不符合群众期盼、具不具备办理条件、具不具备协商价值“三符合两具备”的选题原则，形成议题申报清单，同级党组织审批后实施；在调研协商阶段坚持“先学习再协商、不调研不协商”，形成学习清单、问题清单。在集中协商和形成成果阶段，带着问题和学习体会来参会，“不打无准备之仗”，积极形成建议清单和共识清单，如江宁区政协“大学生创业就业政策落地”协商议事中，原来初步协商确定的协商重点是创业就业政策能否更加优惠和申请便利，在调研协商中形成共识发现，难点其实在于见习政策和校企对接平台上，于是及时调整议政建言的小切口，确保集中协商中有的放矢。在“建议清单”基础上设计“共识清单”，一些没有具体可操作性，但起到解疑释惑、引起共鸣、明确方向作用的内容，纳入“共识清单”，进一步丰富了各界参与人士对政协协商成果的认识。以2020年江宁政协开展的协商议事月活动为例，一个月间25个重点协商的议题共向当地党组织及有关部门反馈意见建议238条，并通过政策解读、信息交流、经验分享等多种方法，与会各方增信释疑，解开协商过程中的“思想疙瘩”，形成了包含164项具体内容的“共识清单”。在循环提升阶段，根据“建议清单”落实情况，形成“反馈清单”，以适当方式向社会公开，并向利益相关方协商参与者反馈；对协商建议中的重点、难点问题，组织委员开展民主监督、调研视察、民主评议跟踪办理情况；暂时无法落实的建言，结合变化的客观条件，视情进一步深化议题，让上一轮的协商终点成为下一轮的协商起点，

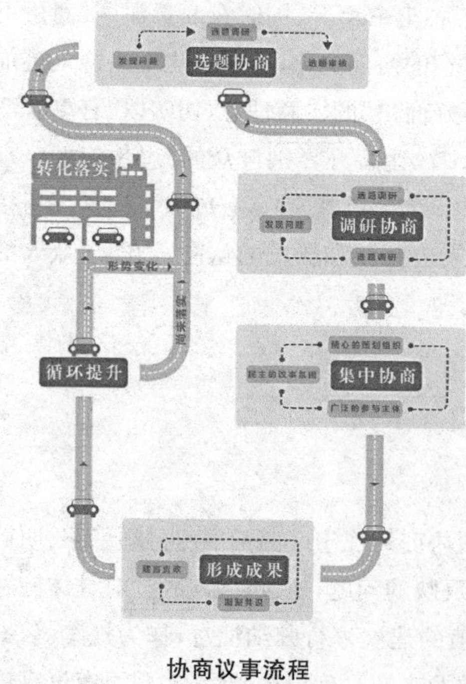

协商议事流程

通过反复协商的方式、螺旋上升的韧劲,持续推动问题解决。如根据“厨余垃圾处理”议事中群众代表反映的“我们议一议生意怎么多起来,再没有生意,垃圾都没有了”(案例见附件),开展了“老乡村旅游点如何吸引回头客”议事,根据议事成果的转化情况,又在下一年度再度发起“老金花村如何实现二次发展”协商议事。

以一场社区协商活动为例,比如江宁区东山街道骆村社区“智能消防物联网安全平台推广”(案例见附件)协商议事,对各利益方提出的相关方案两次否定、三次协商,最终在群众诉求、政策规划、企业意愿当中找到与会人员的思想共识。

四、启　示

从商量书房的工作案例中,也得到几点落实“有事好商量”协商民主要求,推进社会治理模式创新方面的启示。

一是运用政协协商牵线搭桥。政协协商的突出优势,在于“一头连着人民群众、一头连着党委政府”。协商不仅要充分反映民情民意,更要解决实际问题。各级党委政府要主动把基层政协协商工作纳入工作全局,发挥好政协的民主协商优势,积极参与议事协商活动,推动协商成果转化为治理效能。进一步加强协商文化建设,通过更接地气的宣传教育、社会公益、技能培训、文艺活动,让群众更加了解“有事好商量”、认同“有事好商量”,让更多的人遇事想到用协商的方式去解决问题。

二是聚焦群众核心诉求。商量书房之所以能“火”,就因为它始终和人民群众想在一起、干在一起,议的都是群众迫切需要解决的问题,寻的都是群众能接受、行得通的办法。协商的效果如何,关键就看是否把工作做到群众心坎上。每一个议题,都要经由线上线下广泛征集梳理,力求找准群众反映最强烈的共性问题;每一次讨论,都要提前深入群众,反复了解实情,摸清问题症结所在;每一项对策,都要“千锤百炼”,努力凝聚各方群众意愿和要求的最大公约数。

三是发挥各方资源优势。基层协商本来就是开放共享的体系、资源整合的过程。要在“嫁”上继续做文章,不求所有、但求所用,依托社会资源、公共服务搭建议事协商平台,润物细无声地在满足群众需求中推进工作。要在“家”上继续做文章，充分发挥系统优势，组织区域内的各级委员依托议事平台发挥作用，跨区域协调具有专业优势的委员参与提升协商水平。要在“加”继续上做文章，运用微信平台低成本地不断扩大委员朋友圈，吸引关心社会事务的热心群众有序参与，邀请更多专业人士提升议事能力。

四是创新群众工作方法。协商议事实质上是群众工作，商量书房就是运用群众工作方法的实践探索。要把协商议题选得准、协商过程议得透、协商建议落得实，就要用群众最习惯的沟通方式征集议题，用群众最省心的交流方式倾听想法，用群众最接受的讨论方式集思广益，用群众最在意的结果导向持续跟踪。总之，整个协商的过程就是要让群众愿意来、待得住、还想来，用商量绘出最大的同心圆。

研讨题

1. 如何进一步拓展“有事好商量”平台功能，更好促进基层民主作用的发挥？

2. “商量书房”如何进一步推广？

附件

《智慧消防物联网安全平台推广应用协商议事活动》

《农家乐厨余垃圾处理协商议事案例》

智慧消防物联网安全平台推广应用协商议事活动

协商平台：江宁区东山街道“有事好商量”协商议事室

召集人：东山街道骆村社区书记刘宁

协商议题：智慧消防物联网安全平台推广应用

选题背景：东山街道骆村社区网格员在日常工作的走访中发现辖区内小区多、人员居住密集，特别是电瓶车进楼道、飞线充电存在安全隐患困扰辖区群众。前期跟群众收集意见后,向社区负责人进行汇报,并咨询街道相关部门,经区政协委工委审核后确定议题。

调研协商:在“先学习再协商”方面,形成了“学习清单”,共10条,主要包括:《关于全面推进“智慧消防”建设的指导意见》《江宁区电动自行车集中整治工作方案》,在集中协商之前利用临时协商微信群发给每位参加协商人员提前学习了解。在“不调研不协商”方面,形成了“问题清单”。调研主要从三个方面开展:一是开展了“商量快车”线上征集。骆村社区副书记潘永骏在“商量江宁”微信服务号上发起话题讨论,经区政协委工委审核后,生成带有二维码的“商量快车”图片。他将图片在微信朋友圈等网络平台分享,在所联系的网格群众中予以扩散,有兴趣的人士点击二维码即可搭乘“商量快车”将意见告知江宁区政协,最终收到有效意见建议十余条。二是开展调研座谈会。东山街道政协工委、骆村社区党委在骆村新寓走访了部分群众代表网格员后,结合在网上征集意见建议10条,于9月14日开展了调研座谈会,社区两委班子成员、党员楼栋长、群众代表等参加。通过乐恒物业PPT了解电动自行车飞线充电事故危害、“智慧消防”建设相关政策及规划安排。增强与会居民的安全意识,了解居民相关诉求。本轮学习,重点围绕电动自行车充电事故安全警示教育片、学习“智慧消防”物联网安全平台推广应用相关政策、产品业务知识等,达到了议事共商的良好效果。三是实地查看。9月18日,再次召开协商议事会。通过实地查看骆村新寓A10栋负一楼“智慧消防”物联网安全平台试点,组织江宁区房产局、市场监督管理局、城建局、应急管理局、政协委工委、消防大队、城建集团、乐恒物业等相关部门,从技术角度对当前工作进展情况进行协商议事。达到推广应用的实际效果。

协商人员:区政协副主席吴德厚;部分市、区政协委员;区应急管理局、消防大队、公安分局、房产局、市场监督局、城建局、行政审批局;骆村社区书记刘宁;南京乐恒物业管理有限公司;部分群众代表。

集中协商:9月22日在骆村社区服务中心二楼会议室,由刘宁主持召开专题协商议事会,邀请了江宁区政协副主席吴德厚、南京市政协委员赵净、江宁区政协委员张强、区消防大队、应急管理局、市场监督管理局、公安分局、行政审批局、房产局;骆村社区部分网格员、群众代表参加。会上,骆村社区对前两次议事会商讨的问题和建议进行了通报,在场与会部门对问题清单中的部分问题和建议进行了回应。

形成成果:凝聚共识方面,与会人员对智慧消防物联网安全平台推广应用达成了广泛共识,经整理形成共识清单共8条,主要包括要把群众生命安全放在第一位,重视小区安全问题;各部门都应以积极支持的态度来推进工作,用创新的办法来指导、实施好工作;学习其他街道优秀的经验做法,各部门配合支持,将良好的建议纳入进来,全心全意推进这项工作。建言资政方面,通过汇聚各方面意见围绕"智慧消防"物联网安全平台推广应用这一工作,社区和物业公司将相关方案完善好,在实施过程中做好宣传,考虑有无相关充电奖励办法,此外还要与公安系统做好联动。政策和支持既要合情,又要合理,也要科学。

循环提升:东山街道政协工委于10月16日将相关建议落实情况,形成"反馈清单",及时反馈给参加协商人员。与会委员和代表们纷纷认为,协商议事活动有效推动了实际问题的解决,形成了更广泛的共识,参加政协协商议事活动的积极性更加强了。下一步,东山街道政协工委将在省市区政协的指导下,运用好"立体式协商全程式履职"模式,就智慧消防物联网安全平台推广应用,发挥好委员和相关界别群众的作用,用达成共识的方式持续推动问题解决,形成螺旋上升的议事形态,不断画好更大"同心圆"。

案例报送单位:东山街道政协工委

工作指导部门:区政协委工委

农家乐厨余垃圾处理协商议事案例
（2019年）

2019年10月以来，依托溪山居政协委员工作室、龙乡双范商量书房·“有事好商量”协商议事室，江宁区政协委员许红艳在区政协委工委和横溪街道政协工委的支持下，围绕“农家乐厨余垃圾处理”开展了专题协商议事活动。2019年全国政协汪洋主席来宁视察期间，实地了解相关案例，勉励参与协商的政协委员、群众代表：“你们做的事小，但和国家制度设计有关，丰富和完善人民民主，你们做了积极探索。”

选题协商：区政协委员许红艳在政协委员工作室收到农家乐经营户反映，当前厨余垃圾处理成为难题。委员在走访调研后逐步明晰议题。许红艳委员走访部分石塘村农家乐经营户，仔细了解厨余垃圾处理的基本情况以及存在的问题，听取大家意见，发现厨余垃圾处理是普遍问题，解决迫在眉睫。经横溪街道政协工委、区政协委工委审核后确定议题。

调研协商：一是开展了“商量快车”线上征集。许红艳委员在“商量江宁”微信服务号上发起话题讨论，经区政协委工委审核后，生成带有二维码的“商量快车”图片。她将图片在微信朋友圈等网络平台分享，在所联系的界别群众中予以扩散，有兴趣的人士点击二维码即可搭乘“商量快车”将意见告知江宁区政协和许红艳本人，收到有效意见建议十余条。二是开展议事前学习调研。10月15日在溪山居政协委员工作室，在政协组织支持下许红艳委员邀请街道垃圾清运站、社区、农家乐经营户代表，先行开展了协商前调研，针对厨余垃圾何处投放、何人回收、经营户代表倾倒厨余垃圾不便利、用什么清运车、用什么垃圾桶装运、具体回收时间等问题与街道清管所和社区负责人展开充分讨论，取得初步共识，为召开专题议事会做好准备。三是开展议事前对口协商。区政协办专门发函邀请区有关职能部门参加议事，并和相关部门负责人做好议事前沟通。

集中协商:10 月 17 日在龙乡双范商量书房召开专题协商议事会,邀请共同关注这个话题的蒋华、蔡辉等区政协委员,在协商前调研中提出建议最有价值的吴其芳、胡学珍等石塘人家农家乐经营户,在线上留言比较有代表性的纪习尚、郑小平,街道政协工委邀请街道清管所所长吴春根、石塘社区主任潘福林等,同时由区政协办邀请区城管局、生态环境局等职能单位业务科室负责人参加。会前,大家一起参观商量书房,感悟协商文化,共同学习中央政协工作会议精神。会上,与会人员紧紧围绕厨余垃圾处理问题,围绕经营户如何加强自律、提高垃圾分类意识、社区设点派车归集、清管所定时清运,加大地区厨余垃圾处理设施建设、垃圾处理后污水排放等方面问题进行深入探讨。

形成成果:凝聚共识方面,与会人员听取了区、街主管部门的政策宣讲,通过协商表达成了进一步解决好厨余垃圾处理的共识。建言资政方面,一些具体的意见建议,现场得到认可和采纳。综合协商意见,许红艳委员形成了一份平时提案,从技术、资金、社会环境等角度提出具体建议。

循环提升:当前,各经营户在倡议呼吁下,已经自行安排好了厨余垃圾桶,社区每天安排电瓶车上门收集,送到新建的厨余垃圾集中点,由街道清管所定时安排专门的厨余垃圾清运车上门收走。相关提案已经区城管局办理落实。针对提案答复意见中提出的“制定符合我区实际的餐厨垃圾专项规划”,持续进行跟踪,2020 年以和区城管局进行对口协商的形式,为规划制定落地提出意见建议。针对协商过程中,群众提出的“与其说垃圾怎么处理,不如说说生意怎么好起来”,于 2020 年开展“金花村二次发展”协商议事。

党建引领“三治融合”　走好乡村善治之路

——基层社会治理的古泉探索

徐先友　赵艳华　王诗露　韩若雨　编写

中共南京市江宁区委党校

【引言】治国安邦，重在基层。一个国家治理体系和治理能力的现代化水平很大程度上体现在基层。党的十九届五中全会强调:“健全党组织领导的自治、法治、德治相结合的城乡基层治理体系”。“要加强和创新基层社会治理，使每个社会细胞都健康活跃，将矛盾纠纷化解在基层，将和谐稳定创建在基层”。这是以习近平同志为核心的党中央就加强和创新社会治理作出的重要部署、提出的明确要求，为进一步完善社会治理体系提供了根本遵循。

【摘要】随着我国城镇化的快速推进，社会治理面临的形势和环境更为复杂，社会矛盾风险增多，给社会治理提出了一系列新挑战新要求。新形势新任务迫切要求我们进一步加强和创新社会治理，努力打造共建共治共享的社会治理格局。

古泉社区基层社会治理的探索是江宁走好基层善治之路的缩影。古泉社区曾因征地拆迁等问题引发诸多矛盾冲突，村民集体堵高速路、百名村民围堵居委会等。社区积极破解困境，探索出党建引领三治融合的基层善治路径。以党建强引领。党委创建“泉心印”党建工作品牌，建立“党建微家”、党群联组、党员“1＋N”联户模式，基层党组织成为社区治理的“桥头堡”。以自治强活力。设立党群议事堂，成立乡贤工作站，培育本土化社会公益组织。以法治强保障。通过探索网格、警格、安全格、环保格、12345.法律公共服务平台“1＋N”多网全要素融合智能联处模式，推行“警务助理＋法律顾问＋网格员＋调解员”的联合调解模式，实现“零上访”。以德治强教化。深化新时代文明实践，设立道德评议会、党群家风墙等，以德育民、以文化人。近三年来，先后获得全国文明村、全国三八红旗集体、全国4个100最美志愿服务社区、全国民主法治示范社区等荣誉。

江宁区作为全国首批乡村治理体系建设试点，聚焦治理有效，初步形成了以党建为引领、自治为基础、法治为保障、德治为根本、信息技术为手段的乡村治理体系，打造了基层善治的典型样本。

【关键词】党建引领三治融合　矛盾化解

江宁区汤山街道古泉社区是南京的"东大门",国家级温泉旅游度假区、世界著名温泉小镇"汤山"的"北大营",S122. X307、沪宁高速三条主干道贯穿社区,面积16.5平方公里,下辖9个自然村,25个村民小组,户籍人口4000余人,流动人口7000多人,下设7个党支部,现有党员132名。

一、乡村治理中的古泉困境

"中山门外侯家塘",是过去江宁县汤山镇古泉大队的代名词。改革开放之初,古泉依托区位优势及山水资源,开办注册村办企业46家,涉及建材、塑料、养殖、医药、运输、建筑等多个行业,是远近闻名的亿元村。十八大以来,随着新发展理念的逐步深入,"三高两低"(三高两低:高污染、高能耗、高排放、低效益、低产出)企业逐渐关停,"靠山吃山"的时代一去不复返,大部分劳动力分流到其他新兴行业和附近的工业园区,居民对居委会的依赖性越来越弱。加之,城市化进程的加速推进,S122、南京S6号线地铁、沪宁高速黄栗墅服务区、阳山互通等一批重大交通项目在古泉境内陆续开工建设;南京阳山碑材明文化村、南京市公卫中心、江苏省园博园、紫清湖温泉度假区等一批省市重点文旅、民生项目也落户古泉;绿城桃花源、巴黎原墅等房地产开发项目也分布在社区腹地,征地拆迁矛盾日益凸显复杂。2012年前后的古泉,既有传统农村的一般矛盾,又面临转型发展的矛盾,日渐成为干群矛盾的多发地、市区登记在案的重点上访村,连续十年在区街考核中排名倒数。

面对诸多矛盾,社区也一直在寻求基层善治的路径,但始终没有实质性突破。面对不孝敬父母、不尊重老人、兄弟不睦、邻里不和等传统农村面临的一般性矛盾,仅仅依赖社区两委干部调解,没有德治的深耕与涵养,矛盾只能在表面化解,难以有实质性转变。面对秸秆禁烧、垃圾分类等社区重点工作,社区两委积极推进，但群众仍然不理解，态度淡漠。比如，黄栗墅侯门塘多年来，因各种生活垃圾、建筑垃圾丢弃其中，淤积严重，杂草丛生，恶臭难当，变成了名副其实的“垃圾塘”、“臭泥塘”，严重影响居民的生产生活。早在2009年，整治工作就被列为社区工作的重点，社区两委也多次到现场勘查，并决定对其进行改造，但因涉及到的矛盾较多、施工难度较大而搁浅。社区党组织作用发挥可以用两个形象的词语来形容：“不够走心”、“有点夹生”，党组织实事做了不少，但群众感到“给的不一定想要，想要的身边不一定有”。主观感受的背后，折射出的是基层组织建设的短板，以及基层党建创新需要突破的困境。面临改制遗留矛盾，2000年改制后，许多村集体企业厂房、土地等转由个人承包经营，在项目入驻时，少数经营者拒不承认是集体资产，甚至还拿出个体经营执照等证明，集体资产受损。面临征地拆迁矛盾，动员难度高、压力大，利益分配难协调。黄栗墅村是市区集体上访备案重点村，自1995年以后，宁沪高速服务区、紫清湖温泉度假区、欢乐水魔方等大型项目陆续在该村落户，项目多、征地多、矛盾多，陆续发生村民集体堵高速公路、100余名村民围堵居委会等恶性事件。2016年，村民集体上访要求将征地租金按照人口平均发放给黄栗墅居民，居委会协调未果的情况下，有的村民破坏社区公务、砸毁社区告示栏等违法行为，导致公安机关介入，矛盾不断升级。S122工程2000年动工，涉及古泉段近3公里，由于该路段在当初设计时没有设置上跨、下穿，若封路，造成古泉社区外圩村约200余户、近700名居民出行不便，尤其是学生的接送问题，村民多次集中到社区要求设置上跨、下穿；该路段坡长路陡，常年来是事故多发地段，加之由于还没有正式通行，故交警部门没有采取曝光设置，导致该路段对附近村民造成较大的安全隐患，自2020年以来，交通部门多次要求社区协调封路，社区干部多次下村做工作，群众不答应，甚至多次采取集体堵路的行为阻止封路，矛盾不断升级，在社会上造成了极坏的影响，干群关系也一度降到冰点。

古泉社区面临的矛盾是江宁在改革发展中普遍遇到诸多新问题的一个缩影，也是新时代基层各类社会矛盾的集中体现。如何让群众进一步转变思想？如何把矛盾纠纷化解在基层？如何增强村级党组织的凝聚力，改善党群关系？这些都成为现实的挑战、棘手的难题。

二、党建引领“三治融合”的古泉探索

改革发展中遇到的难题，必须用改革创新的思路来破解。实践一再证明，矛盾的化解仅靠单一的手段难以根本解决，有时还会出现“摁下葫芦起来瓢”的怪象。古泉社区认真领会贯彻习近平总书记关于基层社会治理的相关论述，探索基层善治路径，坚持党建引领三治融合，自治、德治、法治联合作战。

（一）以党建为引领，筑牢基层社会治理“主心骨”

党的坚强领导是贯穿乡村社会治理和基层建设的红线，是乡村治理现代化的根本保证。古泉社区党组织班子清醒地认识到，要解决问题必须首先从自身做起，从党组织建设抓起，只有党组织强，才能有凝聚力，才能发挥“定盘星”的作用。古泉社区不断提高党的建设质量，推动全面从严治党向纵深发展，以高质量党建引领基层社会治理。

1. 以“泉心印”党建品牌建强红色阵地，泉心印寓意每个古泉党员干部都牢记初心使命，为民服务。建设“1 + X”红色服务阵地，构建“社区大党委—网格党支部-庭院（楼栋）党小组—党员中心户”区域化组织体系。坚持“把党支部建在网格上”，确保“每个网格都有党组织、每名党员都在网格中”，保证每名党员都能在网络中发挥作用坚持“把党支部建在网格上”，实现党组织全覆盖。

2. 建立“党建微家”。古泉社区调动和发挥有威望的老党员、乡贤人士、社会组织等多方力量和资源，在各自然村、居民安置小区等场所，打造“5 分钟组织生活圈、红色服务圈、协商议事圈”，搭建集学习、服务、议事为一体的“党建微家”，将党组织和工作延伸到基层“一线”、群众家门口。“老马党群微家”就是典型代表。社区退休党员马孝信，利用自家庭院出资建设了党群微家，陈列了自己入党多年来的学习摘录、老旧物件、照片书籍等，以小见大见证了祖国“站起来”“富起来”的过程，以及对党和国家“强起来”的期盼。如今的“老马党群微家”已经发展成了集“微乡愁馆、微学堂、微服务、微议事”于一体的暖心阵地，既服务党员又服务群众，想民众所想，供百姓所需。

3. 发挥党员示范引领作用。实施党员亮化工程。推行党员姓名、电话、照片、工作单位、行为准则“五公开”，对党员户进行挂牌，设立党员示范岗、党员先

锋榜，签订公开承诺书，主动接受群众监督。营造了党建“就在群众身边、看在群众眼里、记在群众心中、根在群众得实惠”的“四个在”氛围。尤其是在控违方面，党员做出了样子，在全村形成了“要致富走正路、沾外块是耻辱”的带动效应，实现了社区全域“零违建”。建立“580”党员志愿服务队。充分发挥党员干部的示范引领作用，根据党员的特长和专业服务技能，组成若干具有专业性的志愿服务小组，通过热线电话提供纠纷调解、敬老助残、便利维修等志愿服务。同时，建立党群联组、党员“1+N”联户模式，发放群众联系卡，依托“三会一课、主题党日”活动，宣传党的方针政策、理论知识，收集意见诉求等，各支部书记每星期至少公开接待党员和群众2次，每次不少于半天，做好民情搜集、建言献策等工作。党员成为基层党组织联系服务群众的桥梁和纽带。

我们常说，对人生而言，健康是“1”，名誉、财富等都是后面的“0”；对社区而言，古泉的实践证明，党建就是“1”，富裕、和谐等都是后面的“0”。党建强了，一切都随之而来；党建弱了，一切都荡然无存。

（二）以自治为基础，激发基层社会治理"新活力"

1. 设立党员群众"议事堂"。在从严落实党务、村务公开和"四议一报告两公开"等制度的基础上，将社区土地流转、民生工程、扶贫帮困，信访矛盾等群众关注度高的多项事务纳入到议事堂讨论，让群众参与协商，充分发挥民主自治作用。面对2016年，黄栗墅村民集体堵高速公路、百余名村民围堵居委会等恶性事件。实施"议事堂"工作模式，将社区公共事务交由居民评议表决，按照"一调查，二立项，三公示，四监督"要求，经议事堂合议构建调查矛盾—分析诉求—确立事项—征求意见—集中评议—科学实施—监督反馈的化解矛盾工作链条，不仅解决了拆迁征地纠纷，而且极大改善了村居环境，受到群众欢迎和认可，现在已经"零上访"，真正实现了"矛盾不出村、解决在基层、化解在源头"，目前该方法已在汤山街道全面推广。

2. 设立"乡贤志愿工作站"。按照品行优、威望高、群众公认等标准，通过群众推荐、个人申请，党总支审查，群众代表大会表决选配乡贤12人成立乡贤参事会。由道德模范邓弥尔坐镇乡贤志愿工作站，群众有纠纷、矛盾，随时可以到"老邓工作室"反映情况，第一时间解决问题矛盾，不能解决的提交乡贤参事会集体讨论，每周五的下午是乡贤参事会的集体讨论时间。并邀请乡贤代表参加社区两委会，对社区的建设发展出谋划策。在坟头村，征迁安置方面的矛盾突出，群众与政府及物业公司矛盾不断。为了有效化解这一矛盾，社区党委在安置房楼栋设立第三党支部，选配德高望重的同志担任书记，邀请乡贤、"草根领袖"参与研究制定多种安置方案，经党委审查后提交给村民，最终选择由村民投票决定，这种方法将涉及群众切身利益事项的决策权还给群众。有村民反映社区离大医院比较远，看病不太方便，经工作站协调，南京市中西医结合医院进驻社区建立医联体；还有村民向工作站反映，晚上出来锻炼身体没有场地，现在社区服务大楼旁专门建了一个塑胶跑道的运动场。邓弥尔、侯国平、马孝信等乡贤的加入对社区矛盾的化解达到事半功倍的效果，起到了缓冲、媒介、疏导作用，减轻了社区人员工作压力。2019年开展综合环境整治，X307侯家塘沿线成为重点整治路段，原古泉大队集体资产老油面坊成为整治对象，该油面坊在20世纪90年代已经改制，被侯姓村民个人承包经营，后因技术落后等问题出租给了外来人员收购废品，也自然成为整治对象。当工作人员与承包人交涉收回集体资产时，该承包人拒不承认该处资产是集体资产，并拿出 90 年代的营业执照作为证明。乡贤邓弥尔、王义珍等原大队两委作证且上门做工作，顺利收回该处集体资产。同时还发挥了“智囊团”作用，农村居民 IC 卡充值要到十几公里以外的马群街道，非常不方便。社区两委扩大会议上，乡贤孙良炎提出社区服务中心设立 IC 卡便民充值点，建议被社区采纳。

3. 培育本土化社会公益组织“泉欣萤火虫”。“泉欣萤火虫”便民服务社，满足群众日益多元化、多样化的诉求，让居民共享服务资源。“萤火虫”取自鲁迅先生五四时期的《热风》一文，秉承“聚能、奉献、理想”的精神，整合三支队伍，“政工、社工、义工”，凝聚四股力量，党员、青年、老年、企业家志愿者队伍形成服务合力，通过项目化、社会化、市场化运作，传递“团结、互助、友爱”正能量，引领“人人为我，我为人人”的社会风尚，以社区购买服务的方式，广泛开展多种形式的为民服务，推动志愿服务常态化。针对弱势群体，建立特殊人群信息库，开展“一帮一、多帮一”的结对帮扶活动，社区书记、两委坚持带头结对，辖区企业参与每周

必访,党群干群关系逐渐密切;与专业社会组织合作开展为老为少服务。整合原简陋的社区老年学校建设“为老为少”活动基地,与专业社会组织南京“青竹林”的合作,为辖区老人开展书画、棋牌、居家服务、动态养老等服务,与专业少儿服务组织“舞乐花”合作开展少儿舞蹈、绘画、语音、“4:30”课堂等综合素质的提升服务。同时发挥社区妇联、团委群众优势,引导思想素质高、热心公益的离退休干部、教师、全职妈妈、居民代表组成巾帼七彩志愿者队伍,常态化为低保、五保、重残等弱势群体家庭青少年开展“爱在古泉行”系列活动。

(三)以法治为保障,织密基层社会治理“安全网”

1. 建章立制。依据《中华人民共和国城市居民委员会自治法》的相关规定,结合实际,修订完善《村民自治章程》和《村规民约》,以及重大决策法律咨询制度等一系列制度。同时,建立了以居民代表大会为决策机构,以居委会为执行机构的组织机构,并在社区党委、居民代表和德高望重的居民中推选产生居民监督委员会,作为议事监督机构。形成凡涉及居委会工作的大事,均由议事机构进行讨论,拿出实施方案,经决策机构研究决定后再由执行机构组织落实的工作程序,保证治理有理有据,实行“依法建制、以制治村”,确保班子运行规范,各项工作有章可循,进一步强化了党员干部提高法治思维和依法办事的能力。同时,紧盯发展不充分不均衡的问题,先后研究出台“助学补助、医疗补助、老年生活补助”等十大民生礼包,环保之星、志愿之星、举报有奖等十项奖励制度,针对不文明现象,制定《古泉社区关于不文明现象十项惩处制度》,形成党群互促、比学赶超的良好氛围。

2. 多元联动化解。以打造“无讼社区”为目标,构建集“法律咨询、法律援助、警网融合、法律顾问”等为一体的公共法律服务体系,探索网格、警格、安全格、环保格、12345、法律公共服务平台“1+N”多网融合、多元联动模式。推行“警务助理+法律顾问+网格员+调解员”的联合调解模式,人民调解员、司法助理员、基层法律服务工作者等“第一道防线”力量下沉,积极开展送法进村、法律明白人宣讲等面向外来务工人员、妇女、青少年等重点人群的普法活动。同时,通过建立1+N党员联户制度为群众“送法上门”,包干到户,使原来以中共党员为骨干的普法宣传队伍成员有了“法律明白人”这一明确的身份,他们更是奋勇一线、争当先锋，化解各类矛盾 200 余起，努力实现小事不出网格，大事不出村，为创建工作奠定了坚实的基础。

3. 创设法治阵地。依托新时代文明实践法律服务平台，定期开展“学法中心户”评选、法治周周行活动，截至目前 1300 余户参加“学法中心户”星级评定活动，重点突出青少年群体，带动整个家庭的学法、用法，168 户家庭获此称号；卫生环保平台重点开展《环保法》《南京市垃圾分类惩处条例》等活动；同时从村民最关切的“反家暴、防诈骗、子女义务、文明交通”等法律知识入手，聘请专业老师、法律顾问，设立法治宣讲台、杜老师法律板凳课堂等借助身边人、身边事现身说法、以案说法，将法制宣讲向田间地头延伸。借力农村“应急广播”、网格智能手机终端、法润民生群、抖音等智能化手段大力开展普法宣传，定期开展法律知识讲座、放映法治电影、开展法治文艺节目巡回表演等方式，推动法治宣传教育全村覆盖，进一步引导广大居民参与、提高居民法治意识。

（四）以德治为根本，增强基层社会治理“源动力”

1. 坚持以德育民。深入村民征集村规民约，让群众自己说“什么事情应该做、什么不能做”，共收集群众意见 100 余条，经整理、归纳后形成 22 条。为便于传唱，深入人心，“萤火虫”们细心整合成古泉社区“民约七字歌”，共十二条并制成书签 1200 分，逐户发放。搭建诚信互动平台。一头连着广大热心公益居民的爱心，捐出多余的物品，认领微心愿；一头接着困难群体的需求，随时取走所需要的物品，留下微心愿，并引导青少年参与其中传递爱心、传播文明、弘扬奉献精神，倡导环保、节约。经南京日报等媒体报道后，引起青少年强烈共鸣。截至目前，共收到捐赠 3000 余件，认领 1500 余件。大力开展家风建设，在全社区 1211 户、4000 多名居民中广泛开展选树“党员先锋、道德模范”等活动大力挖掘群众身边的好人好事，评比出“同心同德”的 8 口之家王拴柱家庭、“勤俭持家、自力更生”尹开文家庭、20 年不离不弃顾学敏家庭等一批好家风示范家庭，同时建设党群家风墙，将身边的好人好事晒出来，让群众看得见、摸得着，进一步引导家庭树立好家风、传承好家风。在课余和节假日开展幸福家庭活动，通过举办“祝福祖国”书画创作、春节灯笼制作、“温馨家庭齐步走”登山比赛，“社区是我家”家庭摄影作品展等活动，让家庭成员在亲情体验中促进感情的融合，引导家长以德育人，营造民主和谐氛围。

2. 坚持典型带动。设立道德评议会、红白理事会等，公开选树道德模范、议事能人，好坏大家评，挖掘身边党员的闪光点，老年志愿者邓弥尔、退休老干部马孝信、社区多面手周峰等感人事迹广为人知；扎实开展家庭角色推选，先后评选出侯玉梅、汪远道、张其军等一批市区级模范家庭，周巧云、孙月霞、陈丽华等一批好婆婆、好媳妇、好妯娌等“最美家庭人物”。同时，将“五位一体”总体布局和农村家庭文明建设紧密结合，从经济建设、政治建设、文化建设、社会建设、生态文明建设五个方面，分别对应制定了“爱党爱国、勤俭致富、书香文明、诚信友善、环境整洁”五个维度的评价标准，每一标准最高等级为五颗星，“五型五星级”是五星文明家庭的最高标准。为保证评定工作的公平、公正，社区不大包大揽，积极引导广大居民参与文明户星级的评定，让群众来评判。评定过程中，采取“自评、互评、集中评、综合评定”的方式逐一评定。首先是自评，逐户发放自评表格，让居民对照五个方面给自己打分；然后是互评，以村民小组为单位，发放互评表格，让左邻右舍互相打分；接着是集中评定，以自然村为单位，一户一代表，召开集中评定大会，发放居民评定表格，代表们对所有居民逐户集中打分；最后是综合评定，社区居委会综合前三个阶段的评比情况，最终分值取平均值得出并提交社区党委审核。社区党委公开授牌，在群众家门口公示，让每个家庭的荣誉感、归属感不断增强，形成了“谁家好不好，数数星星就知道”的创文氛围。悬挂在家门口的五星文明户牌匾既是一种荣誉、更是又是鞭策，星星多的家庭努力保持不掉队，星星少的家庭对照自身的不足，主动改进，争取在下一年度加星；甚至有的村民打趣地说：“家门口星星少，媳妇都不好讨”。

3. 坚持以文化人。设立道德讲堂，不定期安排模范典型，宣讲先进事迹，让群众时常听到“道德之音”，学有目标、做有遵循。比如老邓的事迹，通过新华日报等多家媒体宣传后，在群众中引导了强烈的反响，在他典型事迹的带动下，今年已新增服务志愿者 20 余人，参与到社区公益事业中来，持续传递着社会的正能量。历时一年半，逐村走访群众 200 余人共话乡愁，深入挖掘古泉人民在不同时间段的政治生活、文化底蕴，完成 20 篇章 20 万字的古泉村史，同时设立村史馆，尤其是日军暴行篇章，更是激发了青少年的爱国主义情怀；采取以村组为单位，家家参与的运作模式，积极启动以“记住乡愁，感恩发展”“同心向党”等为主题的道德课堂专场，使青少年常怀感恩意识，归属感、自豪感和荣誉感得到了不断增强。

三、江宁区党建引领“三治融合”的实践

古泉社区通过党建引领“三治融合”实现了党群干群“零距离”、社区居民“零上访”、党群互动“零障碍”。近年来，江宁作为全国首批乡村治理体系建设试点，涌现出了古泉、龙尚、牌坊等一批乡村治理的典型，初步形成了以党建为引领、自治为基础、法治为保证、德治为根本、信息技术为手段的乡村治理体系，为全国的乡村治理提供了经验借鉴。

（一）坚持党建引领，以“新思想”领航乡村治理

坚持把学习贯彻习近平新时代中国特色社会主义思想作为主线，以深入落实新时代党的建设总要求为根本，自觉用新思想定向领航。筑牢乡村治理“桥头堡”，提升基层党组织组织力，每年滚动倒排 20 个软弱后进村（社区）党组织，建

立软弱后进村(社区)党组织整顿提升工作区领导联系点制度。强化村级运转经费保障,对自有收入不足200万的村(社区)补足200万。培育基层党建“领头雁”。建立村(社区)书记跟踪管理机制,全区所有街道建立了村(社区)书记后备干部储备库,“80后”村(社区)书记比例达23.4%。区级层面制定出台了“村书记八条”政策,强化政治激励、待遇保障、心理关怀,对干满15年的村(社区)书记给予每月2000元补助。形成党群服务“强磁场”。按照“一心多站”架构,推动街道、村(社区)党群服务中心提档升级,深化村(涉农社区)党群微家、城市社区党群微工作站建设,构建以党群服务中心为支点,“两微”阵地为触角的党群服务联动网,打造五分钟“组织生活圈”。深化新时代文明实践中心建设,编织“1+10+201+891”新时代文明实践中心(所、站、点)阵地网络。

(二)注重自治提升,以“新机制”发展基层民主

健全民主决策机制。在村(社区)建立村“两委”联席会议、村民代表会议、村民代表联系户等制度,推行“四议一报告两公开”民主决策机制。每年打造10个以上的基层协商民主示范点,涌现出“和事佬工作室会”、“民主议事堂”等一批社区协商典型。优化民主管理机制。制定出台《南京市江宁区村务公开目录》、《关于进一步做好全区农村村务公开工作的实施意见》等规范性文件,按照村务类、财务类、服务类和事务类等四项公开内容,统一印制17张村务公开表,并对公开位置、公开程序、公开时间等作出了明确规定。开展修订完善村规民约和居民公约工作,评选出10个优秀村规民约和居民公约,指导街道、村(社区)成立红白理事会,全区193个村、涉农社区全部成立红白理事会,初步建立了红白理事会组织架构和规章制度。完善民主监督体系。先后在城乡社区建立“社区民主监督委员会”和“村(居)务监督委员会”,明确村务监督机构的组织架构、人员组成、工作职责、管理考核等内容,健全村民自治体系和村务监督工作机制。另外,为切实加强对村干部的监督管理,各村(社区)“两委会”每年向党员会议、代表会议报告工作1—2次,由党员和村民代表对村干部进行民主评议,评议结果与年度考核挂钩;村干部任期届满或换届前,由街道农经、审计等部门对其进行审计,有力促进了基层组织的党风廉政建设,切实保障了广大群众的合法权益。

（三）强化法治护航，以“新模式”保障乡村稳定

建立法律顾问制度，做好依法治理保障。全力提升基层依法行政水平，在全区普遍建立法律顾问制度，实现街道、村居法律顾问聘请率达 100%，规范村居法律顾问管理，落实备案制度。深入开展普法宣传，强化法治信仰培育。围绕“三治融合”理念，深入乡村开展模拟法庭、法治文艺演出、微视频、有奖竞答、互动游戏等多种形式的普法活动。创新公共法律服务模式，改善保障基层民生。建成覆盖全区 201 个村（社区）的“法润民生”微信群，由专职律师在群内定期发布法律知识、案件答疑解惑，成为群众“口袋里的法律顾问”。创新形成江宁“1 + 3 + N”公共法律服务团队特色模式，即街道层面 1 个“12348 法律服务队”，企业、基层村组和驻区高校等 3 类不同服务对象的法律服务队，以及“法企同行”、“及时雨”普法志愿者、“社会组织 + 协会”等其他 N 个专业法律服务队。2018 年以来，该团队累计帮助困难弱势群体办理法律援助案件 4021 件，每年为群众办理公证数量超过 8000 件，总量位居全省前列。坚持发展“枫桥经验”，做好矛盾纠纷化解工作。在全区新建专业性调解组织、企业调委会、居民小区调解室、法律诊所、个人调解工作室 190 个，切实推动调解组织在基层特别是广大农村地区全覆盖”。积极探索非诉讼纠纷解决机制建设，构建区街村三级非诉讼纠纷解决综合平台，不断强化对基层矛盾纠纷的化解吸附能力。

（四）深化德治涵养，以“新风尚”重塑乡村文化

画好凝聚思想共识“同心圆”。依托新时代文明实践中心理论宣讲平台，组织“红喇叭”宣讲团、“百姓名嘴”宣讲队等志愿队伍，深入基层一线宣讲。利用楼栋、好人广场等载体，将党的创新理论有机植入公共文化场所，现已建成宣传栏、文化墙等载体 179 个。开展“我心中的核心价值观”“我们的村规民约”等评选活动，近年来，共征集“农言农语”1400 余条，转化形成村规民约 32 个、家风家训 300 余条。打造深化文明实践“共同体”。在全市率先启动区级文明示范村（社区）创建活动，截至目前，区级文明示范村（社区）166 家，覆盖占比达 82.6%。强化乡村文化生活“新载体”。持续推动街道文体中心、村（社区）文化服务中心、农家书屋等基层文化设施提档升级，公共文化覆盖率达 100%，每万人拥有公共文化设施面积超 3000 平方米。有序统筹古建筑的保护修缮，

鼓励建设村史馆，每年开展非遗特色展示展演活动 10 余场次。大力发展乡村特色文艺团队，挖掘整理民俗项目，活化乡村民俗。构建区街村乡贤文化工作组织体系，高质量打造江宁乡贤名人馆，大力引导在外乡贤“落叶归根”返乡建乡，激活乡贤文化。

（五）创新融合信息手段，以“新科技”提升治理效能

在全省网格化工作试点工作中，江宁区建设形成“一个终端采集、一个中心共享、一个平台联动、一张地图指挥、一个后台管理”的网格化社会治理信息平台，在民生事项服务、矛盾纠纷化解、社会治安防控、安全隐患排查、特殊人群服务等方面展示出显著的社会效益。科学划分网格。按照“全域覆盖、无缝衔接、规模适度、边界清晰、因地制宜、便于服务、统一编码、动态调整”的要求，将全区 1561 平方公里区域内 201 个社区（村）划分为 2446 个网格单元，其中综合网格 2021 个、专属网格 478 个。网格的精确划分为江宁社会治理的标准化和信息化提供了基础框架。实施“网格 + ”工程。推动多部门联动联处，在全区各街道部署联处平台，以街道综治中心（网格化管理服务中心）规范化建设为牵引，实现信息资源共享共用，工作一个平台指挥调度。目前，参与网格化联动的部门逐渐增多，尤其是公安、城管、市场监管、环保等部门联动工作量增幅明显，联动方式多元化、联动层级全覆盖，切实提升了社会治理事件的源头发现和联动处置水平。建立闭环工作机制。网格员将信息采集后，重点要解决信息“怎么用”、矛盾“谁解决”、效果“怎么评”的问题。建立网格工作运行机制，依托智慧化信息平台，统一做好源头发现、采集建档、交流分办、检查督促、结果反馈、考核评价等工作，形成专群联动、部门联动、区街村联动、线上线下联动为主体的闭环工作机制，有效提升了工单处置效率。

四、党建引领“三治融合”的现实成效

自治、法治、德治形成体系化合力，为改变基层自治领域“行政化”问题、法治领域“不尊法”问题、德治领域“失范”问题提供综合性有效解决途径。“三治融

合”从源头提升防范化解社会风险能力，有助于形成基层善治良好局面。

（一）党群关系更趋紧密

“三治融合”的实践探索使党群关系更加密切。党员干部群众观得到洗礼，群众工作能力得到提升。正如古泉社区党委书记所讲的“只有真正走进群众心里，才能解群众之急、群众之难，基层组织才能深扎群众，将服务群众之路走得更长、更远。”不怕提出问题，就怕不提问题。“古泉的工地扬尘多，噪音大，影响日常生活”“社区外来人口多，统一管理难度大，居民没有安全感”“古泉拆迁户多且分散，拆迁户子女入学难”……群众纷纷提出了自己在工作或生活上遇到的问题，针对问题做到“事事有回应，件件有着落”，在第一时间解决群众大小事。一件件小事的解决，拉进了党员干部与群众的距离，群众对社区党组织、党员干部信任度提高。“现在我遇到什么困难第一时间想到的就是身边的党员和党组织。”社区居民的心声正是党群关系密切的真实写照。

（二）社会活力有效激发

群众既是基层社会治理的主要参与者，也是基层社会治理的受益者，必须充分发挥群众在基层社会治理中的主体作用，不断激发其内生动力。在“三治融合”的路径下，凡事都“商量着办”，突出了群众的主体地位，拓宽了群众参与社会治理的渠道，形成了以党组织为引领，自治为主要手段，社会组织、网格员、社工、志愿者等多主体协同发力的基层治理局面。如，古泉社区培育的本土化社会公益组织“泉欣萤火虫”，志愿者有 416 名，人均年服务达 15 次，全年服务超 6000 人次，直接长期受益对象 1889 人，社区居民 50%以上均接受过其服务。乡贤志愿工作站自开展工作以来，调解各类纠纷 30 余件，并发挥了“智囊团”作用，提出合理化建议 10 多条。

（三）乡风民风日趋和谐

古泉社区被评为全国民主法治示范社区，不仅实现信访存量全化解，更实现信访事件零增加。办事依法、遇事找法、解决问题用法、化解矛盾靠法，已成为群众共识。模范评比、道德讲堂、先进典型带动，为基层社会治理赢得更多情感支持和社会认同，全区 96%以上的矛盾纠纷被及时化解在街道以下层面，有效实现“小事不出村、大事不出街、矛盾不上交”，和谐的乡风民风日渐形成。正如村民所讲“现在不管是生活水平还是人居环境，都比以前好多了，大伙儿家庭和睦、邻里和顺，生活在这里很舒心。”

无论是古泉社区的微观实践还是江宁区域“三治融合”乡村治理体系的构建，都有效整合了多元治理主体的资源，对促进形成“共建共治共享”的乡村共同体，为基层社区“善治”提供了诸多有益借鉴。但从基层治理实际看，各地发展客观存在不平衡的状况，村集体经济有强有弱，分为涉农型、城市型、过渡型等多种社区类型，针对这些基础不同的社区，在乡村治理资源输入路径就有“自上而下”和“自下而上”的差异，在不同社区社会治理成效的侧重点也存在“活力”和“秩序”的差异。如何根据本地乡村治理的基础、治理需求和治理优势进行选择和组合，用最佳治理成本发挥出不同治理主体和治理资源协同作用，从而构建“三治融合”的长效机制，探索基层善治的独特路径，这仍是值得探讨的关键问题。

研讨题

1. 基层党建如何在乡村治理过程中提升引领力，发挥“定盘星”作用？

2. “三治融合”是一种系统治理模式，不是简单叠加。各地如何因地制宜，优化“三治融合”的发展路径？

乡村振兴地方实践

——美丽乡村水墨大埝

修楠　编写

中共南京市浦口区委党校

【引言】党的十九大报告首次正式提出实施乡村振兴战略，要求“加快推进农业农村现代化”。实施乡村振兴战略，全面推进乡村振兴，是全面建设社会主义现代化强国的必然要求，也是“五位一体”总体布局在乡村领域的具体落实。近年来，浦口区不断创新实践，依托滁河、老山等特色自然资源，加快建设大都市近郊美丽乡村，着力推动美丽乡村高质量发展，打造了水墨大埝、盘城葡萄、知青故里、西埂莲乡、楚韵花香、九华茶坊、山贡里人家、桃园静谷、康郢文苑、芳香草甸等“十颗珍珠”。水墨大埝作为“十颗珍珠”之一，是浦口区近年来推动乡村振兴的一个缩影。

【摘要】实施乡村振兴战略，是党的十九大作出的重大决策部署，是决胜全面建成小康社会、全面建设社会主义现代化强国的重大历史任务，是新时代“三农”工作的总抓手。南京市浦口区水墨大埝在建设的过程中，以结合内外优势为重点，破解项目带动的问题；以资本来源多元为重点，破解建设资金不足的问题；以土地合规流转为重点，破解土地紧缺的问题；以创新置换方式为重点，破解民宿资源不足的问题；以扩大就业岗位为重点，破解增收渠道狭窄的问题，最终达到环境增优、资源增值、农户增收、企业增效、政府增誉的成效。

【关键词】乡村振兴　美丽乡村　水墨大埝

一、浦口区大埝社区的历史背景

浦口区大埝社区，曾名为大堰村，地处老山深处，四面环山，因境内有大堰水库而得名。位于老山林场东部，北与高丽社区毗邻，西与永宁社区、侯冲社区接壤。距浦口珍珠泉、老山森林公园均相距 3 公里，境内一条 5.7 公里的岔琥柏油路贯穿其中，距南京主城区仅 30 多公里，距禄口机场 45 公里，401 公交车沿途站点停靠，村民出行非常便利。

大埝社区自然资源比较丰富，境内丘陵、岗、冲、洼地为主，地貌多样，地层出露较全，地质结构清楚，非金属矿储量丰富，山区宜种五谷杂粮及各种苗木花卉，原先以水稻、小麦、水产为主，桃园是大部分村民的主要经济来源。气候温和，四季分明，雨量充沛，属北亚热带气候区，是明显的季风性气候，具有冬干冷、春温凉、夏炎热、秋干暖的特征，有利于林业、农业的生产。

大埝社区历史悠久，春秋时，地属吴、楚，秦属棠邑。明永乐 6 年(1408)自县城至东葛“开黄悦领为驿道”在境内 4 公里。2014 年国际青年奥林匹克运动会自行车赛道就在大埝境内。1958 年前属高丽乡永宁乡，建有初级社和高级社。1958 年划归老山林场，性质为集体所有制。2007 年 8 月划归永宁镇。2012 年 5 月撤销大堰村民委员会建制，在原村区域内成立大堰社区居民委员会。2014 年，大堰社区居民委员会更名为大埝社区居民委员会。全境区域面积 8080.79 亩，其中居住面积 1093.69 亩；荒山面积 2219.08 亩；交通面积 579.26 亩。人均拥有耕地面积 0.79 亩。全境内共有 10 个自然村庄 6 个村民小组。总户数 574 户，总人口 1655 人，全部为汉族。

2014 年以前的大埝社区，主要以农业为主，1800 位村民过半数以上外出打工；基础设施、公共服务落后，用老百姓一句谚语，叫“村内出行无好路，污水靠蒸发，垃圾靠风刮”；居民生活品质不高，村集体收入只有 120 万元，农民人均收入只有 1.4 万元，是一个贫穷的小乡村。

二、水墨大埝发展的机遇与困境

2014 年国际青年奥林匹克运动会在南京举办，自行车赛道从大埝社区穿境而过，赛后这个小山村又恢复了平静。但是 10 公里的青奥自行车赛道和 5 公里的环形自行车体验道路给大埝留下了宝贵的青奥赛道资源。当时全国美丽乡村建设如火如荼，浦口抢抓机遇，决定打破其他美丽乡村千篇一律的建设风格，兴建一个有体育特色的乡村体育综合体。

2014 年始建"水墨大埝"。按照市区美丽乡村建设总体规划，大埝社区与城建集团"联姻"，在六组(黎家营)打造建设具有当代特色的"水墨大埝"。东靠珍珠泉，南抵老山国家级森林公园，东临琥珀泉、珍珠泉，南靠老山，西邻汤泉，北枕滁河，为典型丘陵地貌，山林资源丰富，空气清新，堪称"天然氧吧"。环境优美，就像一幅水墨画一样。因境内有大堰水库而得名大堰，后改为大埝，因此得名水墨大埝。

水墨大埝地处南京老山现代文化旅游区的核心区域，占地 60000 多平方米，其中水面面积 9000 多平方米，环形自行车骑行道全长约 13 公里，宽 6 米，绿化面积约 3000 平方米。依托独特的自然资源，借助南京世界青年奥林匹克运动会自行车赛场的地理优势和青奥时代的文化传承，着力打造"金陵自行车休闲运动第一村"。

但是在发展的过程中，水墨大埝也遇到一些困境，比如项目带动不足、建设资金不足、土地紧缺、民宿资源不足、增收渠道狭窄等问题亟需解决。

三、水墨大埝破解困境的主要做法

(一) 以结合内外优势为重点，破解项目带动的问题

水墨大埝建设之初，面临项目带动不足的问题。针对这一问题，大埝深入挖掘利用自身特色和资源禀赋，通过做大做强既有优势，将资源要素转化为发展动

能。水墨大埝拥有天然的自然风景，典型的丘陵山林地貌特征，亿万年黑石、千年银杏、百年古井、琥珀温泉、大埝水库等丰富的自然资源，水蜜桃、葛根粉、野生蜂蜜、党参、灵芝等丰富的农特产品，为发展民宿业以及休闲旅游创造了得天独厚的条件。社区充分利用该优势，制定了贴近实际的民宿业、农家乐、现代农业等产业发展规划。

同时借助后青奥资源基础，兴建一个有体育特色的乡村体育综合体。围绕"水墨骑行、乐游大埝"主题，通过在赛道周围融入水墨元素和运动休闲元素，对原有赛道加以修饰完善，有效整合山河、道路、民居、骑行等要素，让民居与山河相互映衬、骑行与环境完美融合，让骑行文化在大埝落地生根，构筑起带动片区发展的产业根基。

水墨大埝打造的自行车文化体验馆，是江苏第一家规模最大、功能齐全、设施完善、全面展示自行车文化的综合性展馆。历史上第一辆自行车是什么样的？自行车是什么时候传入中国的？可以躺着骑的自行车跟普通自行车有什么区别？水墨大埝正是抓住青奥文化传承，融入自行车骑行文化，将时下流行的自行车运动与旅游度假区建设相结合，将大型体育赛事与开展休闲骑游活动相结合，让不同社会群体、不同年龄层次的人都能体验到自行车文化带来的乐趣，从而快速成倍的放大水墨大埝的市场影响力，提高经济效益。

此外，借力借势江北新区的高速发展，依托大都市近郊美丽乡村这一优势，水墨大埝努力打造成为江北新区居民、周边市民节假日休闲度假的好去处，助力浦口区打造成为特色鲜明、产业发达、生态宜居、现代开放的"江北明珠"。

因此，发展乡村旅游，打造美丽乡村，实施乡村振兴，要善于借势、善于顺势、善于造势，从而实现客观条件与主观创造相结合。

（二）以资本来源多元为重点，破解建设资金不足的问题

针对初期建设资金不足问题，大埝充分运用"国资 + 社会资本 + 农户"运作模式，积极发挥国资的带动作用。国企参与开发建设的开发模式是水墨大埝大埝建设的一大亮点，这种模式能够有效缓解项目前期对民间资本吸引力不足的问题。在区城建集团的帮助下，先期获得 2.14 亿元资金投入，打造"一街三馆五园"的格局，推动九曲水街、自行车文化体验馆、中华虎凤蝶自然博物馆等一批特

色项目建设。

在此基础上，积极吸收民营资本，先后引进华泰科技农业集团、赛城国际集团等民营企业，发展民宿业、现代农业。景区内滑草场、树上探险、渔乐苑水上项目、水上拓展桥、童乐水上乐园等项目均引入专业的运营团队，借助社会资本运作，采用分成合作的形式为景区创造收入，依托景区的品牌价值及影响力实现双方的互利共赢。

此外，积极调动村民的参与积极性，形成多元化的投资渠道。以项目带动农户创业，鼓励农民投资民宿业、农家乐等产业，发挥农户的主体作用。成立南京黎家营乡村旅游专业发展合作社，吸纳农户参与合作社。南京黎家营乡村旅游发展合作社于 2021 年 3 月 26 日成立，是一家农民专业合作社。经营范围包含旅游业务、住宿服务、餐饮服务、食品经营等。合作社由南京浦口云水涧建设发展有限公司、南京大埝旅游开发有限公司及 9 名村民代表三方成员出资入股，成员出资总额 100 万元，云水涧建设发展有限公司占比 23%、大埝旅游公司占比 23%、村民代表占比 54%。在建设上，按照"送疗养客源、送装修设计、送经营标准、送改造补贴"模式，保障基础客源，免费改造设计，统一装修标准，装修费用按上限 30%给予示范性补贴，解决村民后顾之忧。目前当地村民利用自家庭院开办农家乐、民宿 20 多家，平均每户每年纯收入约 10 万元，让农民闲置的资源变资产，资产变收益。

（三）以土地合规流转为重点，破解土地紧缺的问题

水墨大埝在建设的过程中，坚持运动、休闲、健康发展方向，保留原住民的生产生活方式，不大拆大建，保持和利用原有优越的地形地貌，加强村道硬化、亮化，垃圾分类处理、卫生改厕污水处理、村庄绿化等系列民生工程建设，着力改善村居环境。面对土地紧缺问题，大埝想方设法地盘活闲置农房、土地资源。根据土地法律法规相关规定，在不改变土地性质及用途的前提下，鼓励农民通过入股、租赁等形式进行流转，将各种类型土地向专业化组织集中，鼓励农业专业化、集中化、规模化经营，让广大村民获取租金收入，促进农民增收。近年来，大埝共流转土地 2000 多亩，农民一次性青苗补偿近 5000 万元，净收益达 200 多万元。

（四）以创新置换方式为重点，破解民宿资源不足的问题

大埝社区社区共有 6 个村民小组（不规则排列），其中 7 组为规划保留点，原先可用于发展的建设用地不足，房屋资源较为紧张。对此，大埝坚持自愿的原则，通过前期宣传发动，引导景区规划区内 128 户农民，自由选择位于社区规划保留点或街道城区的安置点进行房屋置换，让农民从居住环境、交通出行等相对落后区域，搬入生活设施、交通出行相对便利的区域，既方便了群众生活，又满足了农民子女选择街道城区入学的诉求，还带动了房产的增值、家庭财富的增加，让资源变资产，资产变收益，增加村民收入。

针对不愿意滕退置换的农户，大埝在集体建设用地上建设可用于居住的经营性用房，作为集体资产，引导农户以较低价格租赁上述房屋用于居住，同时将农户景区内的房屋由社区按照高于前者的价格租赁过来，一方面社区获得了发展民宿业等产业的房屋资源，另一方面农民既改善了生活环境，又通过租赁差价获得了经济收益，促进了收入的递增，实现了双赢，获得了农民的广泛支持。

（五）以扩大就业岗位为重点，破解增收渠道狭窄的问题

水墨大埝建设运营过程中，需要较多的岗位维持日常运作，如保洁、保安、园林绿化和养护等。大埝积极与城建集团对接，将部分基础性、技术要求不高的岗位留给附近村民就业，增加农民收入。近年来，水墨大埝现有的员工，85%以上都是周边的村民，直接带动村民就业 200 余人，30 多名失地农民实现就业，每年创造工资性收入 400 多万元。此外，以项目带动农户创业，鼓励农户投资民宿业、农家乐等产业。成立南京黎家营乡村旅游专业发展合作社，吸纳农户参与合作社。

同时，深挖周边农产品、旅游资源，拓宽展销渠道。对村民的粮食、土特产、农产品进行收购、包装，提高产品附加值。利用日趋完善的电子商务平台，如“水墨大埝”微信公众号、为民服务群、党员群等，加强大埝农特产品、农家乐、民宿等营销宣传，实现线上线下同步销售，让农产品变商品成为旅游产品，让农村变公园成为景区，让农家变商家在家门口致富。近年来全村 588 户近一半人吃上“美丽饭”，村庄的“面子”换新颜的同时，让村庄的“里子”光鲜起来。

四、水墨大埝建设的成效

水墨大埝在建设过程中，瞄准生态休闲农业旅游发展模式，立足自身特色，结合区位优势，破解困境难题，着力打造五星级乡村旅游度假区。自 2015 年开工建设，2016 年 4 月正式开园，经过短短几年的建设经营，水墨大埝各个方面都得到很大改善和提升。

从景区环境看，今天在水墨大埝可以放风筝、拍照留念、与景共舞；可以体验攀岩、树上探险、拓展桥，感受勇敢与刺激；可以感受户外骑行，身临其境翩翩起舞的中华虎凤蝶中；可以品农家特色小吃，尝乡野淳朴风味；可以垂钓休闲比技艺，喝茶打牌度闲暇；既有红花绿柳的柔情，又有松竹柏的坚韧挺拔；诸此种种，仿佛身处“水墨大埝”，又现“采菊东南下，悠然见老山”。

从产业结构来看，水墨大埝景区开放后，村内第三产业得到了迅速发展，农家乐、民宿等服务业成为新的经济增长极，实现了从农业向旅游业的转变。如水墨大埝打造的民宿之一“碟梦三秋”，巨大的落地窗外，映入眼帘的是无边翠色，满目花海。《人民的名义》的作者周梅森，当时接受北京某节目组的专访，全南京那么多酒店，最终选择了水墨大埝的“碟梦三秋”民宿。

从收入情况来看，大埝社区集体收入和农民人均收入从 2013 年的 120 万元、1.4 万元增长到 2020 年的 266 万元、3.2 万元，村集体收入增长 2.21 倍，人均收入增长 128%。有调研显示，和苏州、无锡农民的收入相比，南京农民收入差距主要表现在工资性收入、经营净收入、财产净收入上。三项收入差距的背后，反映了南京农村地区的非农产业基础相对薄弱。而基于乡村旅游发展的美丽乡村建设，正在逐步补齐拉长这一短板。在 2018 年年底全国精准扶贫精准脱贫暨美丽乡村建设成果交流会上，公布了一批在脱贫攻坚、乡村振兴进程中的优秀城市和品牌企业，“首批全国美丽乡村建设优秀城市”南京市榜上有名。所以美丽乡村建设说到底，还是要给当地老百姓带来真正的实惠。

从村民幸福感来看，今天走进水墨大埝，已经能够感受到浓郁的“爱、敬、诚、善”氛围，村民获得感、幸福感大大提升。各项社会事业随着经济发展同步推进，基础设施投入不断提高，100%的村民都住上了瓦房和楼房，村庄面貌日新月异，卫生整洁，老年人老有所乐，文化生活丰富多彩。

从社会影响力来看，水墨大埝成功举办各类大中小型活动，其中具有典型代表的如国际攀联攀岩世界杯、中国山地自行车公开赛、亚洲户外运动节、8小时自行车团队接力赛等大型体育赛事活动。水墨大埝多次被评为“优秀赛区”、“江苏省最具影响力和品牌价值体育赛事”等，国家体育总局副局长赵勇在2018年4月到水墨大埝调研时指出，“水墨大埝乡村体育综合体具有一定的示范意义”。开园几年来，

累计接待游客突破300万人次，成功创建了“国家3A级旅游景区”“全国乡村旅游重点村”“江苏省美丽乡村示范村”“江苏省休闲农业观光示范村”“江苏省水利风景区”“江苏省特色景观旅游名村”“江苏省卫生村”“江苏省五星级乡村旅游区”“南京市城市管理示范社区”“南京最美乡村”“南京市最具原生态乡村旅游景点”等。2021年8月，大埝社区成功入选第三批全国乡村旅游重点村。

可以说，水墨大埝打造几年来，真正实现了环境增优、资源增值、农户增收、企业增效、政府增誉的成效。

五、水墨大埝建设发展的经验启示

（一）立足自身特色，找准项目带动

水墨大埝的发展经验，是立足自身特色，找到发展美丽乡村的切入点和突破口，在特色优势上做文章，找准和形成带动片区发展的支柱产业。通过梳理挖掘地方特色资源，制定符合实际的产业规划，放大做强特色优势，避免“千村一面”或内容同质。浦口其他较为成功的地方也大多坚持了这一原则，如星甸街道立足于地理自然特色优势，大力发展螃蟹养殖、茶叶种植；永宁侯冲社区借助历史文化资源，打造知青故里特色品牌；还有的街道社区在独有的资源上做文章，如汤泉的温泉小镇。这些地方都是通过梳理挖掘地方特色资源，制定符合实际的产业规划，放大做强特色优势，让农业与旅游业等其他产业相结合，形成带动农

民增收致富的支柱产业。

同时,利用有限的实体资源,创造出无限的品牌文化价值,借助自身优势走出一条不同寻常的发展道路,是水墨大埝带给我们的启示。挖掘利用本地丰富的历史文化资源,将文化元素融入美丽乡村建设之中,打响文化品牌至关重要。

(二)吸纳多元投资,破解资金制约

水墨大埝的运作模式,是由国有资本先期投入,过程中不断吸收社会资本进入,待发展成熟后国有资本逐渐退出,由社会资本运营,这种模式能够有效解决项目前期对社会资本吸引力不足的问题。一方面,发挥国有资本的带动作用。在条件允许的情况下,借助区内外国有资本的实力,发挥其在项目前期的带动引导作用,通过加强经营管理,实施绩效考核,促进国有资本的保值增值。另一方面,积极吸引社会资本。在项目建设中,不断吸引农民资金、社会资本进驻,引导开设民宿、餐饮、农事体验、交通等辅助产业,让农民从经营中获取收益。

(三)坚持依法依规,创新办法路径

在建设美丽乡村、推进乡村振兴的过程中,土地、房屋等是制约发展的关键要素,在解决思路上,建议借鉴大埝社区经验。

针对土地资源缺乏问题,一是开展土地重整。在相关部门批准下,通过开展土地增减挂钩,进行土地综合整治,获取更多的用地指标,为项目建设提供条件。二是开展集约化建设。针对村集体建设用地偏少、难以支撑项目建设的问题,可以在控详规划内,通过改变房屋内部空间、推进建筑多层建设、提高建筑利用效率等方式,不断增强房屋的使用效能,破解土地紧缺造成的弊端。

针对房屋资源短缺问题,依法采取置换的方式,将农民从老旧房屋腾退置换到生活条件较好的集中区生活。针对不愿腾退置换的农民,建议通过房屋租赁的形式,由社区租赁景区内的房屋,在规划保留区内为农民提供廉价租赁房,既尊重了农民不愿腾退的意愿,促进了房屋增值,又改善了农民生活的条件,增加了租赁差价收入,形成多方共赢的良好局面。

(四)加强行业监管,做好服务保障

建议充分运用现代行业管理理念,在强化政府行政管理的基础上,综合发挥

社会组织管理、行业自律、群众自治作用。一是成立全区美丽乡村统一营销运营的市场主体。以企业为主体，运用市场机制，统一打包全区美丽乡村的策划、运营及管理，同时在街道层面成立乡村旅游分支机构，突出地域特色和个性特点，发挥街道的统筹协调作用。二是构建全区性的行业自治组织。成立全区层面的民宿、农家乐行业协会，专门负责全区行业的市场调研、发展指导、市场宣传、行业管理，出台发展政策，推进标准化运作，加强自我监管，引导行业规范化发展。

（五）坚持人民至上，共建共治共享

美丽乡村建设的落脚点在“农村”，重点在“农民”，初心在“农民”。获得村民的信任、支持与参与尤为重要。

开眼界、转观念，水墨大埝在建设之初，多次深入居民家中开座谈会，组织村民外出参观，让村民直观感受共建美丽乡村带来的实惠，赢得百姓支持。建制度、立规矩，建章立制、规范财务，做好“三资”管理，主动接受群众监督，赢得百姓信任。促就业、保民生，扩大就业岗位，拓宽展销渠道，增加村民收入，赢得百姓拥护。同时通过新乡贤群体、文化能人、民间艺人引领示范作用，运用好新联会、诗书画院、民宿协会、农家乐协会等民间组织，让老百姓实实在在参与到美丽乡村建设中，真正实现共建共治共享。

因此，只有坚持人民至上，把人民高兴不高兴、满意不满意、答应不答应作为检验工作的标准，才能够赢得百姓支持、赢得百姓信任、赢得百姓拥护，才能建设好美丽乡村。只有每一位村民发自内心的认可并积极主动参与，才能够激发广大农民积极性、主动性、创造性，激活乡村振兴的内生动力。只有充分发挥市场的决定性作用，构建多元主体共建共管机制，引导更多的群众和部门参与到美丽乡村建设中来，实现由政府主导向政府引导转变，才能真正推动乡村振兴。

六、结语

中国要强，农业必须强；中国要美，农村必须美；中国要富，农民必须富。党的十九大提出乡村振兴战略后，习近平总书记始终强调要把实施乡村振兴战略

摆在优先位置，实现包括产业振兴、人才振兴、文化振兴、生态振兴、组织振兴的全面振兴。水墨大埝的发展史见证了浦口区美丽乡村的沧桑巨变，是浦口乡村振兴的一个缩影。勤劳、勇敢、坚强、无畏的大埝人，一代又一代，在茫茫老山的林间沃野耕耘拼搏。新时代的今天，水墨大埝将抢抓机遇、乘势而上，以新的思维、新的理念、努力拼搏、奋斗开拓、与时俱进，为实现中国梦，创造出乡村更加辉煌灿烂的明天，把乡村的明天建设得更加美好。

研讨题

1. 国资在乡村振兴中如何更好发挥作用？
2. 美丽乡村如何实现可持续发展？
3. 美丽乡村影响力如何突破势单力薄的局面？
4. 自治、法治、德治如何更好一体化实现？

农村产业融合助推乡村振兴

——以南京市六合农村产业融合发展示范园打造为例

孙娅　周冰　编写

中共南京市六合区委党校

【引言】习近平总书记强调，产业兴旺是乡村振兴的重点。要从农业内外、城乡两头共同发力，大力发展农村生产力，做大做强高效绿色种养业、农产品加工流通业、休闲农业和乡村旅游业、乡村服务业、乡土特色产业、乡村信息产业，促进农村一二三产业融合发展，培育农业农村发展新动能，保持农业农村经济发展旺盛活力，为乡村的全面振兴奠定物质基础。

【摘要】优先发展农业农村，全面推进乡村振兴是以习近平同志为核心的党中央着眼全面建设社会主义现代化国家全局，针对我国社会主要矛盾新变化和“三农”发展突出短板，做出的战略部署，也是“十四五”时期“三农”工作的主题主线。六合作为南京市“南北田园”空间布局的重要组成部分，农村地域面积广，农业人口较多，生态本底优良，资源禀赋突出，现代农业发展基础良好，在推动乡村振兴上具有独特的优势。

六合农村产业融合发展示范园位于竹镇镇，园区成立于 2008 年 4 月，规划总面积 6 万亩，其中核心区 2.4 万亩。在其创建及发展过程中曾面临着发展规模不大、产业布局分散、主导产业作用不明显、发展环境与制度不够优化等困难与问题。为此六合农村产业融合发展示范园主要在壮大农业主导产业、延长农业产业链、寻求科技支撑、建设共用品牌等方面狠下功夫，坚持农业供给侧结构性改革，推进“万企联万村共走振兴路”行动与主导产业有机结合，按照“绿色化、优质化、特色化”的产业发展思路，发展了“农业＋”新业态新模式，实现了现代农业提质增效。

【关键词】农业现代化　乡村振兴　产业融合　新业态

一、主要背景

南京市六合区位于两省三市交界处，滨江带滁，北部、东部为丘陵山冈地区，中南部为河谷平原、坡岗地区，南部为沿江平原圩区，生态多样、资源丰富，属亚热带季风气候，气候温和、四季分明，雨水适量，十分适宜农业生产。六合作为南京市“南北田园”空间布局的重要组成部分，是南京市典型的以农为主、城乡二元结构明显的郊区，生态本底优良，资源禀赋突出，拥有耕地 5.94 万公顷，园地 1093.74 公顷，林地 9522.81 公顷，草地 2629.05 公顷，2019 年农村人口 42.75 万人。六合区现代农业发展基础良好，在推动乡村振兴上具有独特的优势。近年来，在省、市农业部门的大力支持下，六合区在“以建设现代农业园区为载体，以发展高效农业为内容，以促进农业增效，农民增收为目的”的总体思路指导下，整合各方资源，集中精力发展高效设施农业，着力推动现代农业园区建设，有效地推动了全区农业升级提档和转型发展。

竹镇镇位于南京市六合区西北部，西、北分别与安徽省来安县、天长市交界，东、南分别与六合区马集镇和程桥镇接壤，区域面积 209 平方公里，辖 18 个村居、2 个林场，总人口 6.6 万，是南京市唯一的民族乡镇，“全国重点镇”“国家生态镇”“国家特色景观旅游名镇”“中央农业产业示范强镇”。长期以来，受自然条件和区位因素的制约，竹镇镇是典型农业主导型乡镇，经济基础薄弱，但自然资源丰富，生态环境保护较好。自“十一五”以来，根据社会和自然资源，竹镇镇始终坚持“生态立镇、科技富镇、农业强镇、旅游兴镇”发展思路，镇政府在对农业现代化内涵和特征充分把握的基础上，因地制宜，围绕现代农业，科学定位，对镇域农业现代化发展进行了大胆探索。

六合国家农村产业融合发展示范园位于竹镇镇，由竹镇现代农业产业园发展而来，园区最初成立于 2008 年 4 月，经过几年的努力，园区现代农业发展态势良好，从全区 6 家（马鞍、冶山、龙袍、龙池、雄州、竹镇）市级以上现代农业示范园区中脱颖而出，2011 年 6 月创建成为省级现代农业产业园区、省级农业科技园。2017 年 4 月，园区一二三产融合发展模式得到江苏省委研究室肯定并刊发《瞄准需求优供给、融合发展增实效》的调研文章。2017 年底，被列为全国首批 148 家国家农村产业融合发展示范园创建单位之一，2018 年 8 月被认定为首批中央农业产业强镇示范建设单位之一；2019 年 2 月被国家发改委、农业农村部等七部委认定为全国首批 100 家国家农村产业融合发展示范园（江苏省 5 个，南京 1 个）。这 10 多年来，六合农村产业融合发展示范园建设经历了从最初发展定位、科学规划，到扩大产业规模、发展主导产业，再到依托科技创新、力促产业融合的过程，对探索整个六合农业产业现代化和产业融合发展模式，实现现代农业提质增效发挥了良好的示范带动作用。

二、问题与困难

六合农村产业融合发展示范园在其建设发展过程中曾面临着产业规模不够大、特色主导产业不明显、农业产业化程度不高、农业经济效益不突出、公共服务水平不够高等一系列困难与问题，影响了园区的持续健康发展。

（一）园区发展规模有待进一步扩大

虽然示范园区规划面积较大，但是由于规划前期产业布局较为分散，集聚程度不够高，导致园区核心区不够集中、不够明显，亮点出彩度不高，国字号农业龙头企业寥寥无几，仅富硒公司 1 家，影响园区整体知名度和园区的产业基础。2015 年，园区各类企业有大小 20 多个，企业自身规模有限，且在建的园区企业，由于建设分散等原因，存在着设施不连片、规模分散等问题。具体表现是核心区规模不突出，特别是玻璃温室、连栋大棚、较大规模的 8332 钢架大棚建设进度慢，影响了园区的整体形象。

（二）园区发展主导产业有待进一步明确

农业发展要根据区域要素禀赋和比较优势，锁定一个或几个最有优势、最具潜力、最能成长的特色产业为地区主导产业。建设前期，园区特色主导产业不明显，入驻的企业质量高、效益好的不多，农业科技含量不够高，科技力量薄弱，从业人员素质参差不齐，导致企业的辐射带动能力不强。同时，基本上都是以特色蔬菜、经济林果、高效粮油、生态旅游等为基本项目，产业趋同，差别化发展不够，没有根据自身资源优势形成特色，“同质化”竞争比较明显，未能形成规模效应。

（三）园区经济效益有待进一步增强

农业经济效益不突出是园区建设前期遇到的一大难题。早期园区一部分企业主要还是围绕种植做文章，从事农产品加工特别是深加工的非常少，产业化程度低，尚未形成一二三产业链，即便是龙头企业产业化程度也不够高，农副产品加工滞后，产业链条不长，大部分销售的都是初级农产品，或是简单清洗分级的初加工产品。真正有自主品牌在市场有知名度的加工产品非常缺乏，名牌产品和著名商标十分稀少，2015 年，名牌农产品省级只有 2 个，市级只有 13 个，省级著名商标只有 2 个，造成农产品附加值较低，企业效益不高，特别是纯种植型的企业普遍亏损，有的亏损较为严重。

“说一千道一万，增加农民收入是关键。”园区建设前期，园区带动农民发展特色农业的功能发挥还不够，对新型小城镇的发展支撑度不高，农民在园区中的收益大都停留在土地流转和打工收入上，在农产品深加工领域的收益不明显，缺乏其他的利益分配机制，导致当地农民在园区发展过程中受益不多。

（四）园区发展环境有待进一步优化

虽然全区对示范园区外部交通投入较大，但随着东部、西部、北部干线公路的全面建成，示范园区内部的“五通一平”和现代农业机械装备明显暴露出建设前期资金投入的集中程度不高，与先进地区园区相比，还有较大的差距。园区生产设施和附属设施用地与基本农田保护、林地保护、生态功能保护区之间的矛盾较为突出。按照《六合区设施农用地保障实施细则》规定，对设施农业附属用房限层限高要求，部分入驻园区规模较大的企业，生产管理、农资和农机具存放、农产品加工用房用地不能满足其需要，部分经营主体办公用房、生活用房、农机库、仓储设施用地都无法解决，一定程度上影响了投资者的积极性。另外，前期园区与农业科研院所、高校协作紧密程度还不够，公共服务水平还比较低，经营主体技术服务和设施农业保险还需进一步扩大涵盖面。

三、探　索

（一）努力提升农业产业化水平

坚持规划先行。镇政府充分发挥规划的引领作用，将农业规划纳入“全镇规划一盘棋”，针对园区的建设情况和问题，在十一五末对全镇做出10年规划(2010—2020)。规划中明确要因地制宜，把现代生态循环农业作为发展目标，以高新技术带动现代高效农业技术升级；以延伸加粗农业产业链为发展方向，大力发展高效农业、规模农业、观光农业，推动一、二、三产业融合；以循环农业带动农业生产与生态环境的协调发展，大力发展休闲旅游特色农业；到2020年，力争把全镇建成高新科技成果转化、现代农业产业集聚、生态循环农业特色明显的都市现代农业科技创业创新区、全省现代农业科技领先的乡镇。此外还聘请了南农大、扬大、省农科院专家教授，精心编制现代农业发展规划和省级农业科技园、生物农业产业园等专项规划，围绕核心区域抓好规划落实，空间布局渐趋合理。

聚集产业规模。用发展工业的理念发展现代农业，引入龙头企业、吸纳工商资本、培育合作组织、培养职业农民，提高规模化水平，改变小而散经营局面。目前，已引进省农科院、巴布洛、永鸿食品、伊利、朗诗、枫彩、新农、九方、淮安山河等20多家农业规模企业(其中上市公司投资农业4家，国有平台公司4家，市级以上农业龙头企业10家)。

延长产业链条。引导永鸿、巴布洛、星驾、明天农牧等公司走产业化发展之路，打造2000亩家庭农场示范片，组织新型经营主体与大型粮食收贮企业和加工企业产销对接，以合作社或龙头企业为依托，开展农业专业化生产、企业化管理、社会化服务和产业化经营，构建生产加工销售一体化的产业组织体系，延长农业产业链，实现利益共赢，形成了“龙头企业＋工商资本＋科研院所＋农民合作社＋农户”的多元参与机制，农民由“传统型”向“职业型”转变，农业由“低产出”向“高效益”迈进。

促进产业融合。园区正在按照农旅融合、农牧融合、农林融合、农科教融合等多种业态融合方式集中打造，努力将示范园区建成全国一流的“多业态复合型”农村产业融合发展样板区。目前，已形成了以高效园艺（绿色蔬菜、应时鲜果）为主导，农产品加工为重点，循环养殖和休闲农业为特色的一二三产业深度融合体系。

高效园艺业：建成林、果、茶、蔬菜、花卉等生产基地近45000亩（其中桃、葡萄、梨等鲜果约20000亩，蔬菜约5000亩，苗木花卉约15000亩），建成南京市重要的林果蔬菜生产基地。

农产品加工业：实施了高效园艺扩面、强质、提质、增效工程，围绕农产品产地初加工、产后加工、产品冷链物流等领域建设农产品集中加工区并改善基础设施配套。目前园区拥有南京永鸿食品工厂、中央厨房、明天农牧甜糯玉米加工线、大泉雨花茶厂等14个农产品加工企业，2018年底园区创成江苏省省级农产品加工集中区，新建年产12000吨速冻食品生产线、2000平方米保鲜冷库、4000平方米鲜果蔬菜田头初加工车间、年产500斤红茶生产线，园艺产品产后处理率达90%。现如今，大泉生态茶园的新茶，采摘后直接送到附近茶厂炒制，精心包装推向市场，产品附加值大幅增长。

休闲农业：乡村振兴，光靠农业独木难支，旅游产业还得兴旺起来。竹镇生态环境优美、文化底蕴深厚，林木覆盖率达43%以上，发展旅游有着得天独厚的优势。园区紧紧围绕历史、生态、民族等特色旅游资源，坚持以现代农业为基础、乡村休闲旅游业为主导、健康养生产业为引领的产业定位和“接二连三”产业发展路径，持续发力农业体验游、乡村生态游，全力打造“美丽乡村、多彩竹镇”乡村旅游品牌，催热了旅游市场。每年举办“桃花缘·踏青交友”、“乡村旅游文化节”，举办全国自行车公路邀请赛、国际半程马拉松、热气球嘉年华、CCTV7美丽乡村中国行－走进六合等节庆活动。巴布洛、桃花岛、四季枫情园、大泉人家茉莉花园……一个个农业特色景点宛如一颗颗珍珠镶嵌在园区，成为周边游新热点。2018 年，园区接待游客首次突破 200 万人次，达到 230 万人次，揽金 9.1 亿元。2019 年创成全国休闲农业与乡村旅游五星级示范园区，“多彩竹镇赏花游”成为国家农业农村部推荐的 60 条“乡村游”线路。目前园区开办农家乐 70 余家，房车营地 1 处 79 辆房车（地处巴布洛景区），引进竹梅公司，利用大泉村梅云组特有的地位、配套优势，优先打造大泉人家民宿一期 3 户 4 个院子 34 间房间 38 张床位已于 2021 年 5 月份正式对外营运。大泉村梅云祖村民于洪海说：原来梅云组根本没有路，雨天小学生上学全是大人背着出去。10 年前政府帮我们修了柏油路和水泥路，现在再糟糕的天气穿皮鞋都照样走路。现在道路四通八达，环境又好了，我把在外打工的两个儿子叫回来做农家乐，生意还可以，一家人能够天天在一起蛮开心的。

促进农民增收。农民致富，是竹镇产业融合之路的根本落脚点。由于“底子弱”，2009 年，竹镇人均年收入还不足 7000 元，镇上很多年轻人都选择去城市发展。但近年来，在乡村振兴的大背景下，园区探索建立“订单农业、农超对接”、“产业联盟、一体运营”、“人才培育、流转聘用”、“公用品牌、提质增效”等四种农民利益联结机制，2020 年园区农民就业率已达 96%，农户年人均可支配收入达 28136 元，同比增长 9.2%，比非园区农民高 30%以上，促进了全区农业增效、农民增收、农村繁荣。

休闲农业火了，给当地农民带来商机。“2010 年之前，我还在外地打工。后来，因为政府对农业方面很支持，我便回来了。”烟墩社区居民叶国强说。原来在 2014 年，他跟随家乡的发展脚步承包了几百亩地种桃子，经营采摘园，之后来竹镇的游客越来越多，他的“钱袋子”鼓了，日子过得也越来越好了。大泉村祠堂组小伙张仇是村里的大学生，毕业不久去了市里一家文化场馆上班。2016 年，他决定放弃这份工作，回乡跟父母办农家乐。张仇不但卖农家菜，还在微信上卖起土鸡蛋、咸肉等特色农产品。“即使到冬季这样的旅游淡季，我们一个月也有 3 万块钱的营收。旺季时，一个月最少有 6 万块钱收入。”张仇说。

园区发展好，不但吸引张仇这样的大学生返乡创业，还推动当地农民从土地上解放出来，向二、三产转移，增加工资性收入。2015 年，南京捷利牡丹农业科技有限责任公司在大泉村三里庙组流转了 1000 多亩土地，种植凤丹牡丹。村民张新华一家的 10 余亩土地全部流转出去，一年能领到 6000 多元流转金。此外，他还在捷利牡丹种植基地谋得一份工作，负责旅游接待，在“家门口”实现就业，一个月工资 3000 元。“现在的生活比种地时强太多了。”张新华开心地说。

（二）倾力打造农业品牌

创建区域品牌。品牌农业建设是农业供给侧结构性改革的重要内容和现代农业新的增长点。竹镇生产的农产品品种繁多，但是市场竞争力较弱，为提高市场竞争力，2018 年受浙江“丽水山耕”区域农产品公用品牌启发，竹镇通过外出参观学习、聘请南农进行品牌规划、成立农业协会注册集体商标、聘请第三方公司打造运营等方式，于 2018 年 5 月 29 日举办了“多彩竹镇”区域农产品公用品牌发布会，省市区领导给予了大力支持。打造区域特色品牌“多彩竹镇”是园区探索多业态复合发展模式，构建农村产业融合体系的重要举措之一。

推广方式多元。通过政府搭台、购买服务、专业运营，设定品牌使用准入门槛，确立专业化、市场化、公益化的运营原则，聘请第三方服务机构实施质量追溯。聘用品牌专业运营公司，积极建立“多彩竹镇”公众号、抖音等融媒体宣传渠道，除常规宣传外，将区域公用品牌与体育赛事、休闲旅游等有机结合，策划了“多彩竹镇”自行车赛、马拉松、“多彩竹镇”赏花游（农业农村部向社会重点推介乡村游线路）等系列活动，并与江苏省广播电视总台合作，结合其资源及流量优势，举办各类农旅联盟等主题活动，组织南京市民到竹镇镇乡村旅游和购买农特产品，并利用江苏省广播电视总台广泛的听众资源，定期开展“多彩竹镇”进社区活动。同时不定期以“多彩竹镇”为整体形象，策划优质农产品进南京、青萝卜采收节、年货大集等活动，向南京市民展示和销售“多彩竹镇”优质农产品。

品牌建设初显成效。目前“多彩竹镇”公用品牌涵盖18家单位，共计24个单品，区域公用品牌农产品的市场知名度、认可度不断提升。由于政府背书，消费者放心，授牌单位的销售额、游客数年平均增长达30%以上，产品溢价率平均在10%左右。同时，品牌红利不断释放，公用品牌倒逼了农产品质量快速提升。公用品牌创建前，全镇累计绿色认证14个、有机2个。创建三年时间，农产品品质认证（绿色食品、有机食品）增速明显（约100%），绿色食品27个，有机食品2个。品牌系列产品得到了广泛认可且形成了周期性可持续的复购，品牌授牌单位、小微主体成为受益者。

（三）坚持科技兴农

发挥农业科研引领作用。早在2006年，竹镇镇联合江苏农业科学院在金磁村建立了科研和示范基地。该基地主要针对粮食、蔬菜、畜禽品种的选育、新技术和新模式的研究，解决农业生产中的良种化、规范化、标准化问题，并推广“三新”农业技术。农业部门经常组织农民到科研基地现场观摩、学习；通过科级特派员等形式，组织农业科研专家与新型农业经营主体对接，引进、消化、吸收新品种、新农业技术、新模式、新农业装备技术、资源节约和循环利用技术等，通过农、科、教和产、学、研的结合，提高农业科技成果转化能力，提升农业科技水平，强化农业科技成果的示范、服务、辐射和带动作用。近年来，园区不断加强与江苏省农业科学院等科研院所合作，建成省农科院“新技术、新产品、新模式”展示基地、南京农业大学“互联网+有机农业”研发基地，一批农业新技术、新产品、新模式在园区诞生并广泛应用。

推广生态循环技术。园区兼顾发展以循环农业和休闲农业为主的特色产业，加快转变农业发展方式，推广生态循环农业技术，农业资源利用节约化、生产过程清洁化、产业链接循环化、废物处理资源化程度明显提高，农业生态环境明显改善，农业可持续发展能力不断提升。园区拥有江苏省农科院动物科学实验基地、万头猪、羊、兔养殖场，伊利、卫竹、巴布洛等规模生态畜禽养殖场，建成明天农牧、伊利生态牧场两个国家级示范养殖小区，1.33平方公里无公害种植基地，特点是循环养殖，全程监管，合理利用。配套建有养殖场垃圾综合利用大型沼气发酵装置,养殖饲料的秸秆青贮、微贮设备,伊利、卫竹等名下的畜禽养殖企业均采用生态循环模式。

“互联网+”为农业赋能。当农业遇上互联网,“化学反应”持续释放动能。在八里社区,现代农业智能化控制服务中心已经建成投入使用。“你只要通过服务中心的这块大屏幕,就可以观察到远处田地里的蔬菜是否缺水缺肥。”竹镇镇相关负责人张有恒表示,用系统简单操作一下,便可实现智能灌溉。得益于互联网技术,农业生产的精准性得到提高,人力成本大大降低。这种技术目前在镇内巴布洛生态谷、福朝葡萄园等地都有应用。

除了在农业生产方面,互联网技术还为当地的个体户提供了一个面向世界展示的平台,拓宽了产品的销路。竹镇的农产品公用品牌“多彩竹镇”是全省首个镇级农产品公用品牌,目前有 24 家产品授牌认证。就像用“淘宝”购物一样,用户只要通过微信公众号下单购买,即可品味“竹镇味道”。张有恒补充道,“为了维护这个我们竹镇老百姓自己的品牌,我们找了专业的检测机构,对产品质量进行严格把控。”产品质量好,销路自然也更广,如今在南京市民的餐桌上,总能看到竹镇蔬菜的影子。

(四)营造优质“软环境”

创新工作管理机制。近年来,竹镇因地制宜地采取了“园政合一”的模式,集中整合连片土地资源后,采取管委会+总公司的模式,扩大农服中心和下属的农业发展公司的规模,用现代生态农业产业引领美丽乡村建设,按照大园区的发展理念来发展全镇农业,大大提高了园区农业管理和服务的效率,进而推动乡村振兴。2018 年 9 月 1 日,南京浩天生态农业有限公司流转了 1090 亩土地,正式“落户”园区。到了春暖花开时节,南京浩天种植基地将大面积补植树苗,打造大樱桃采摘园。“园区区位优势明显,生态环境好,而且政策扶持力度大。我们考察了周边不少县区,最终还是选择到这里发展。”公司负责人郭延浩说。

创建过程群策群力。示范园创建工作得到市、区、镇三级的高度重视。市级层面,市政府将园区创建纳入 2018 年度重点工作挂图作战表,市政协作为第

0444号重要提案进行督办。区级层面先后出台组织领导、督查考核、支持新型主体发展、园区土地保障、金融服务、大学生返乡创业等近十项政策文件,批复同意设立2000万元的示范园创建专项补助资金。镇级(园区)层面出台扶持经营主体发展意见。市区各部门紧密协调,多次到园区现场调研,开展业务指导,给予项目支持,创建工作呈现出全市上下一心、合力创建的状态氛围。

加快土地流转改造。竹镇镇属于丘陵地貌,"烧饼田""油条埂"是普遍现象,不适宜规模化生产和农业机械操作。2010年镇政府在金磁村、光华村、三星村、送驾村和烟墩村,率先启动了全省范围内镇级规模最大的"以土地制度变革推进城乡统筹发展"的"万顷良田"工程,涉及土地2464平方公顷。通过连片改造,不再以村、组为界,统一进行中、低产农田改造;把基本农田保护、果园基础设施建设、土地整理、农业综合开发和水土治理等统筹结合起来,促进农、林、果共同发展。土地整理后机械耕作率能达到100%,灌溉率能达到100%,把原来的中、低产农田打造成了"田成方、渠成行、路成网"的高标准化农田,给规模化农业发展提供了有效发展空间,为现代农业发展提供良好条件。

四、经验启示

党的十八大以来,习近平总书记对做好"三农"工作提出了一系列新理念新思想新论断,科学回答了新时代"三农"工作的重大理论和实践问题,实施乡村振兴战略,是党的十九大做出的重大决策部署,是习近平新时代中国特色社会主义思想的重要组成部分,是做好新时代"三农"工作的行动指南和总抓手。六合农村产业融合发展示范园的创建成功案例离不开乡村振兴战略思想的引领和指导,农业产业化融合发展是实现未来农业产业兴旺的发展趋势和必由之路之一,将不断激发乡村振兴活力,助推乡村振兴全面实现。结合上述六合农村产业融合发展示范园的探索和主要做法,得到几点启示如下:

(一)力促农业产业融合发展

乡村振兴战略的总要求是五句话、二十个字,即"产业兴旺、生态宜居、乡风文明、治理有效、生活富裕”。其中产业兴旺列在首位,它是实现乡村振兴的核心,也是解决农村一切问题的前提和基石。2021年4月,习近平总书记在广西考察时强调:“全面推进乡村振兴,要立足特色资源,坚持科技兴农,因地制宜发展乡村旅游、休闲农业等新产业新业态,贯通产加销,融合农文旅,推动乡村产业发展壮大,让农民更多分享产业增值收益。”

本案例中的竹镇镇集中力量建设农业园区,力促实现一二三产业深度融合,生产生活生态深度融合,农业农村农民深度融合。要实现农业产业融合发展,就要树立“大农业”观念,推动农业“优一接二连三”,延长产业链、提升价值链,注重生态优势与产业发展特点相结合,将绿色生态农业、高效设施农业、休闲观光农业融入现代农业建设中。坚持农林牧循环、产加销一体,抓内部循环,以种带养、以养促种、种养结合;抓精深加工,大力发展农、林、牧产品深加工,形成一批农产品加工优势产业集群。发展“农业+电商”、“农业+旅游”模式,深挖农业生态涵养、休闲观光等功能,发展休闲农业和观光农业。同时,要夯实产业融合的基础条件,加快土地流转、改造,加强基础设施建设,通过农业补贴提升农业装备水平,充分利用农业科技示范引领作用,着力培育新型农业经营主体,推进一、二、三产业融合。

(二)依靠农业科技创新

通过科技创新可以打破农业产业内部不同子产业之间及农业与第二、三产业之间的技术壁垒逐步消除不同产业间的边界,生产出全新的产品或服务来满足消费者多样化的需求技术创新是驱动农村三产融合产生和发展不可或缺的引擎,以数字农业为例,它以遥感技术、地理信息系统、计算机技术、网络技术等高新技术为基础,将农业的信息化管理贯穿于农业的生产、流通、销售等过程,达到用较低的生产成本生产出健康的农产品,实现优良的生态环境等多重目的,实现了农业与高新技术产业的深度融合。

由于本案例早期园区内的农业企业多以种植业为主,大都是销售初级的农产品,连加工水果罐头都很少,技术含量很小,所以产生的经济效益并不高。后来园区意识到,要想增产增收,首先农业机械设备水平不能还像过去小规模生产一样，必须提高机械化水平；其次，农作物品种的选取方面，也需要选良种、育良种；而科学的种植养殖技术，数字化的管理技术也很大程度地影响着农业的经济效益。园区通过引进新品种、新技术、新模式，将农科教和产学研相结合，提高了农业科技水平，也就相应地提高了农产品的附加值，提高了农业经济效益。

从我国农业技术创新的现状来看，仍然存在着农业科学贡献率低、农业集约化程度偏低、农业技术推广和应用较为落后等问题。政府及农业生产经营主体已经意识到了过去单纯依靠增加投入来促进农业增收的粗放型增长模式难以为继，因此要大力推动农业科技创新，重点突破生物育种、农机装备、智能农业、生态环保等领域关键技术。新兴科技的推广应用具有较强的外部性和溢出效应，有助于促进生产要素的优化配置和生产方式的转变，实现生产的集约化、信息化、智能化。一方面要加强农业技术研发。推进物联网、云计算等现代信息技术在全产业链的应用，提升农业技术研发与农业生产、食品加工、生物材料等产业的融合互动水平，满足市场的多样化需求，全面提升价值链。另一方面要重视农业技术推广。深化农技推广体制改革，坚持需求导向型农技推广，为不同部门及多元农业经营主体提供适用性强、匹配度高的农技服务，加速技术在整个农业产业链的传播与扩散，提高农业技术采用率，促进农业技术转化为高效的现实生产力。

下一步，还要继续健全农业科技创新激励机制，激发农业科技工作者创新的积极性，积极扶持企业对农业科技的研发与创新，力争在重点领域实现重大突破；搭建农业科技融资、信息和品牌服务平台，建立农业科技协同创新联盟，加快农业技术创新的步伐。

（三）发挥农业品牌效应

如果说农业基础已经打牢了，产品也较为成熟了，怎么能把渠道拓宽，让农产品卖得更多更好呢？通过打造本地响当当的品牌，势必能帮助农产品占领一部分市场。比如买粽子就能想到五芳斋，吃螃蟹的时节到了就能想到阳澄湖大闸蟹，打造一个较为知名的品牌，在一定程度上能影响产品的购买力。

品牌农业是农企的努力方向。品牌化是农业现代化的标志,是农业市场化与产业化进程中的一种必然,农业品牌化是我国农业产业转型升级不可逾越的选择。当前,面对日益竞争激烈的国际农产品贸易和农产品生产结构重新调整升级,应坚持质量兴农、品牌强农,通过农产品质量体系和文化内涵的不断完善,实现品牌农业对农业供给侧改革的高效推进,以农业品牌化助力乡村振兴。

本案例的竹镇镇以重点优势产业和行业龙头企业为依托打造区域特色品牌—"多彩竹镇"。品牌引入现代品牌的管理要素,整合现有的各类农产品子品牌,全面提升特色优质农产品品牌的市场知名度、美誉度和影响力。既避免"一种特色产品,多个注册商标"的分割局面,又提高产品竞争力。品牌价值提升带来利益,最终受惠当地生产者和企业。自"多彩竹镇"公用品牌创建以来,农业品牌通过优质优价和降低成本的正向激励的动机作用,吸引涉及品牌建设的各类主体积极开展安全生产行为,保障农产品质量安全。农产品品牌通过优质优价机制激励农业企业和农户进行安全生产。对农业企业而言,其一,品牌承载着生产者对消费者的承诺,品牌就是信誉和信任,品牌代表了质量安全和消费健康,因此,农产品品牌能够降低农业企业的产品推介成本;其二,品牌在解决了农产品市场的逆向选择后,能在优质优价、即价格高于均衡价格的情况下,直接增加消费者的有效需求,为生产者带来超额利润,增加企业利润;其三,品牌建设成功的企业凝聚了一部分忠诚的"回头客"的同时,又不断地吸引着新的消费者,越来越多的消费者带来越来越多的销售收入和利润增加,实现企业的"增长"。品牌的实质是信用,企业通过品牌向消费者展示自己企业的信用,通过扩大品牌知名度来宣传扩大自己企业的声誉,从而吸引更多消费者三重因素良性循环,促进企业长远发展。

(四)实现政府企业农民共建共享

实施乡村振兴战略,归根结底都是为了达成农民"生活富裕"的目标。作为五大发展理念之一的共享发展,是坚持以人民为中心的发展思想的根本体现,是中国特色社会主义的本质要求。共建共享则是共享发展理念的核心内涵和根本要义，只有坚持共建共享，才能体现发展为了人民、发展依靠人民、发展成果由人民共享的根本要求。要实现政府企业农民的共建共享，就要充分发挥好三者的作用。

在市场经济中，政府是一双“有形的手”，通过对宏观经济的调控，提供公共产品与服务，进行市场监管，出台政策颁布法律、法规等方式来达到国家宏观经济平稳快速发展的目的。对于农村三产融合来说，同样需要政府政策的驱动，通过财政、税收、法律等手段来为农村三产融合营造良好的外部环境。从国外经验来看，无一例外地政府都动用了大量的人力、物力、财力及政策等多方面的资源来支持产业融合。六合区农村产业融合发展示范园的创建工作市、区、镇三级政府是高度重视的，园区创建前期，通过政府牵头，不仅在园区规划上给予了科学的指导，在政策、资金、项目等方面也给予了相应的支持；在园区经营管理方面，采用的是管委会＋总公司的模式，由政府来主导和把控，提高了农业管理和服务的效率；在园区品牌创建推广方面，由政府来搭台，推介“多彩竹镇”这一区域公用品牌，更有区委书记直播带货，推广农产品，充分发挥了政府作用。

要充分发挥农业企业尤其是龙头企业，在农业生产中的重要作用。龙头企业拥有先进的机械设备和管理制度，强大的技术研发团队，还有强大的信息资源和产业链条体系，能有效帮助种养殖业农户抵御市场风险。通过龙头企业引领，农户可以得到企业资金和技术的大力支持，克服政府资金投入不足的缺点，带动农村规模化生产从无序到有序，规模化、标准化和产业化不断提升。农业龙头企业是“农业三化”的重要引领和中坚力量。截至 2020 年，示范园内国家级、省级农业龙头企业 2 个，产值近 1 亿元，带动了园区农业产业发展，激发了经济活力。

农民是农业生产的主体，在农村三产融合发展模式下，农民可以通过按股分红、按交易额返利、产品高附加值等方式获得较高的收入，改变过去处于利益分配机制末端的被动局面。一旦农民及其相关组织作为主体参与到农村三产融合发展中来，他们在追逐自身利益持续增加的过程中，为了获得规模效应和范围经济，会出现相互合作的现象，从而会进一步促进农业跨产业的多元化经营，最终促使生产要素在更广泛的范围内得到优化配置，生产出更具有市场竞争力的产品和服务。可以说，农业生产经营主体不断追逐更高的利润是农村三产融合发生和发展的内在源动力。六合区农村产业融合发展示范园通过引入龙头企业、吸纳工商资本、培育合作组织、培养职业农民的方式，让更多的经营主体投入到农业生产建设中来，良性的市场竞争和合作机制，推动了园区农业经济的发展，拓宽了农民的就业渠道，使农民的口袋愈来愈鼓。

要大力推进农村三产深度融合，就需要积极培育和扶持农业新型经营主体。满足他们的合理需求，积极推进农村土地和金融制度改革，缓解农业生产经营主体融资难、土地约束问题；要继续加大对农业基础性、平台性设施的公共投入和政策落实到位，让农业生产经营主体享受到应有的农业优惠和支持政策；通过营造良好的外部环境，吸引壮大新型农业生产经营主体队伍，鼓励大学生、农民工、退伍军人等主体返乡创业、就业，通过多种渠道指导和培育现有的农民，不断壮大、发展农村三产融合的主体力量。

研讨题

1. 产业融合是产业兴旺的必经之路，如何构建产业融合发展体系，推进农村经济发展方式转变，实现农民收入持续快速增长？

2. 如何通过农、科、教和产、学、研的结合，进一步提高农业科技成果转化能力，进而强化农业科技成果的示范、服务、辐射和带动作用？

3. 如何有效利用独特的历史、文化、生态等资源来因地制宜地发挥六合农业特色和品牌优势？

附件

六合国家农村一二三产业融合发展示范园建设成效动态监测指标

六合国家农村一二三产业融合发展示范园建设成效动态监测指标

编号	指标	单位	2017 年	2018 年	2019 年	2020 年预估
B1	示范园园区总产值	亿元	7.4197	8.24	9.01	9.821
B2	示范园内农业总产值	亿元	2.59	2.884	3.15	3.43
B3	示范园内农产品加工业产值	亿元	7.25	8.07	8.82	9.6
B4	示范园内第三产业的产值	亿元	3.673	4.119	4.49	4.9
B5	全县农村居民人均可支配收入	元/年	22554	24633	26934	28819
B6	示范园内农村居民人均可支配收入	元/年	27546	30000	32926	35230
B7	示范园内农业全产业链就业人数	万人	0.126	0.1386	0.1432	0.1475
B8	示范园内农业全产业链带动就业户数	万户	0.1	0.2	0.25	0.26
B9	示范园内国家级、省级农业龙头企业数量	个	1	2	2	2
B10	示范园内国家级、省级农业龙头企业产值	亿元	0.2	0.7	0.9	1
B11	示范园内县级龙头企业数量	个	9	11	12	15
B12	示范园内县级龙头企业产值	亿元	1.2	1.6	2.1	2.3
B13	示范园内农民专业合作社数量	个	6	9	10	11
B14	示范园内家庭农场数量	个	29	35	39	42
B15	示范园内乡村旅游接待人数	人次/年	170	180	200	200
B16	示范园内标准化规模化农田比例	%	75	85	88	90
B17	示范园内农业废弃物综合利用率	%	97	98	98.5	98.6
B18	示范园内省级以上名牌产品、地理标志产品数量	个			1	1
B19	示范园内电子商务年度销售额	万元	9000	10000	11000	12000

践行共享理念　实现老有所享

——以南京市溧水区农村老年助餐创新实践为例

许玉明　李如庆　吴瑞婧　张帆　杨子荣　罗黎萍　编写

中共南京市溧水区委党校

【引言】习近平总书记2016年2月在江西调研时指出:"保障和改善民生没有终点,只有连续不断的新起点,要采取针对性更强、覆盖面更大、作用更直接、效果更明显的举措,实实在在帮助群众解难题,为群众增福祉,让群众享公平。"党的十九大报告指出,"必须坚定不移贯彻创新、协调、绿色、开放、共享的发展理念。"践行共享发展理念,必须统筹城乡发展,而实现乡村振兴必须破解农村养老难题,解决老年人就餐问题是农村养老的基础问题。

【摘要】随着人口老龄化的加剧,养老问题成为老有所享的关键,而农村养老服务发展相对滞后于城市,就餐、理发等需求较大,做好农村老年人助餐服务是解决农村老年人养老问题的重点。2015年,南京溧水城区试点设立助餐点,委托专业养老服务机构为老年人提供助餐服务,为高龄和"五类"老人提供2元/餐补贴,为失能、半失能老人提供超过一定距离的送餐补贴。2016年,助餐服务向农村社区延伸,在人口多、居住集中的行政村试点。2019年年末全区已建成助餐点81个,专门为60周岁及以上老年人服务,2020年,全区实现了112个村(社区)助餐点全覆盖。但在发展的过程当中,出现了一系列问题,如公共投入过多,高度依赖地方财政;过于重视"硬件"建设,"软件"能力相对滞后;市场培育不足,经营主体较为单一等。针对以上问题,溧水区整合资源,大胆创新改革,探索出一条农村养老助餐的新路径,依托老年协会或自然村老年互助团体探索新型公益助餐发展模式,打通农村养老"最后一公里",真正实现老有所享,为溧水区及其他地区解决农村更多老年助餐问题提供参考和借鉴。

【关键词】养老助餐　互助　邻里餐厅　共享发展

2014年南京市政府根据国务院和省政府相关文件要求颁发了《南京市政府关于加快发展养老服务业的实施意见》，提出加快完善多层次、多元化的养老服务体系，不断满足老年人日益增长的养老服务需求，明确组织开展以“助餐、助医、助浴、助洁、助急、助乐”为主要内容的养老服务。而在农村养老服务体系建设中，“助餐”成为养老服务的第一要务。

近几年来，随着养老需求不断提升，溧水农村居家养老服务中心数量不断增加，大多是社会组织或居民个人通过政府购买社会服务的方式，为老年人提供助餐服务、免费理发及休闲娱乐服务，为本村生活不便及年龄较大的留守老人或孤寡老人提供了基本的生活服务，并丰富了老年人的精神文化生活。如石湫街道九塘社区谢家村的居家养老服务中心是其中的典型代表。

这家养老服务中心是石湫街道谢家村的谢先生于2016年6月份建立，主要承接政府的购买服务，包括助餐、助浴、助洁、助乐、助医、助学等“14助”。服务对象是60岁以上的老人，服务范围主要是九塘社区亭山片的几个村庄，远距离的服务尚未覆盖。养老中心用的房子是按照溧水区民政局指导意见改造的私房，装修投入了10多万，包括3张麻将桌、日间照料室、家电、棋牌等。家电、棋牌投入了3—4万，政府补贴了2—3万。日常管理是由谢先生的母亲全职负责的，谢先生兼职管理。之前的主要服务项目是理发、助乐，出于想申办3A标准的服务中心的考虑，因此2018年4月份开始，增加了助餐、助医、助学等服务。助餐服务的范围主要是谢家村附近的老人，谢家村60岁以上的老人有50多人，来吃饭的只有20—30个人，一个月大概有300—400人次，助餐服务是收费服务，村民自费4元/顿，政府民政部局补贴2元/顿，村委会补贴2元/顿，因此每顿饭8元，3菜1汤，一大荤一小荤一小素，养老中心不亏本。溧水区政府根据养老中心的服务绩效来进行补贴，补贴项目包括装修费、助餐费等，申成3A标准之后，会有相应的更高的补贴，每年12万。主要的人工支出是给母亲1500元/月，但是只是象征性地给。虽然一定程度上能够缓解当地村民的自我养老压力，但当前养老服务中心的运营基本上靠政府购买服务来维持，难以实现可持续发展。

一、困局:溧水区农村老年助餐存在的瓶颈

从该案例以及了解的溧水其他农村养老服务中心运营情况来看,存在以下普遍问题:

(一)公共投入过多,高度依赖地方财政

溧水区农村老年助餐服务主要依托于居家养老服务平台,由村(社区)整合用房资源,通过政府购买实现助餐的日常运营。以白马镇革新社区为例,与某社会组织签订居家养老服务协议,地方财政为助餐机构提供一次性建设补贴 10 万元;在用餐收费上,一餐按市场价 8 元计算,政府补贴 2 元/餐,村委会对 60—69 周岁、70—79 周岁、80—89 周岁、90 周岁以上的老人分别给予 2 元/餐、3 元/餐、4 元/餐、6 元/餐的补助。按照革新社区统计的日均助餐服务 70 人计算,全年政府财政投入 13.64 万元(包括建设补贴),加上村委会助餐费用 11 万元,投资改造居家养老服务中心及采购费用 47.77 万元,财政支出一共 72.41 万元。过高的政府财政投入会使老年助餐高度依赖公助机构,社会组织也无法脱离政府培育扶持,财政负担过重的同时,容易产生寻租空间,服务质量与效率受到限制,最终与初始目标背道而驰。

(二)过于重视"硬件"建设,"软件"能力相对滞后

从中央到地方都高度重视养老服务建设,在硬件配备上有大规模的增长,例如《南京市养老服务机构等级评定管理实施办法(试行)》在餐饮设施方面规定,3A 级养老机构需分别设置厨房、餐厅、配餐间、储藏间,总使用面积不小于 150 m^2,但实际操作过程中,存在空转浪费、有效需求不足的情况,原因有以下几点:第一,农村几百年形成的熟人社会结构,使得村里老人习惯在熟人较多的环境下开展活动,部分助餐点设在行政村,远离老人所在的自然村,不安全感、不自由感等心理负担增加,加之距离较远方便性低,故而不愿前往就餐。第二,用餐服务质量不到位。溧水 2013 年撤县设区后,经济发展进入快车道,村民外出就业机会增加,家庭收入随之大幅增长,村民对美好生活的向往使得养老服务质量需求提高,表现在餐饮方面即对老年人饮食习惯、用餐需求的满足,然而当前助

餐机构、助餐点受服务人员数量、素质、水平等条件制约，无法提供理想的餐饮服务，从而影响到用餐人数。第三，服务半径有限。尽管溧水区现有的助餐机构和助餐点基本享受政府补贴，老年人只需花费 2 元到 4 元不等的价格就能享受到市场价 8 元的套餐，但一些经济困难、身体状况差、自理能力差的老人依然无法享受到服务，现有的政策仅针对“五类老人”中的失能、半失能老人提供 2 元的上门送餐补贴，其他特殊困难群体没有相应的照顾政策，来享受服务的更多是低龄、有劳动能力、身体状况良好的老人，这使得真正有需求的老人没能获得相应的社会服务。第四，服务模式有待改善。现有的助餐机构或助餐点大多仅提供午餐，不包括早餐和晚餐，而对有助餐需求尤其是高龄、失能、独居的老年人而言，只供应午饭并不能解决吃饭问题，因而需做出有针对性的需求调查，探索多样化的服务模式。

（三）市场培育不足，经营主体较为单一

目前，溧水区具有老年助餐资质的机构主要包括：养老机构（含敬老院、社会福利院、老年公寓）、社区居家养老服务中心、日间照料中心、其他具备助餐条件的助餐点等，这些机构多为公办民营或是民办公助性质，完全市场化的主体较为缺乏，机构自主盈利能力较低，不利于未来长期可持续发展。产生这一现状的原因就在于为老服务行业的高风险高投入特征明显，服务对象为老年人意味着存在各种意外可能，机构需具备一定的资质条件，包括有护理、管理人员及风险防控机制、保险资金投入等，与高成本投入不相符的是低回报低收益，考虑到农村老年人家庭多为“以代际分工为基础的半耕半工”家庭模式*，子女进城务工经商获得较高经济收入，老年人农忙时在家务农、农闲时外出务工，这种模式下的农村老年人多以自养为主，而真正失能需要提供专门照料的老年人却负担不起高昂的服务费用，这就使得养老服务成为政府主导的社会服务行为，民办民营机构生存空间十分有限，社会参与力度有限。

* 贺雪峰. 大国之基：中国乡村振兴诸问题[M]. 北京：东方出版社，2019. 10.

二、探索:为幸福加码　开辟农村老年助餐的“溧水路径”

针对存在的问题,溧水区整合资源,结合农村老年人年龄结构、当地财政拨付、村庄留驻人口等因素,探索了新型互助式公益助餐模式,也即是发挥老年协会或老年志愿者内部年轻的、身体素质良好的、有条件的成员帮助年老的、身体素质差的、丧失劳动力的成员,同时与社区的志愿服务相结合,通过生病慰问、探访聊天、带饭送食、帮忙争取政策福利等方式实现互助养老,一方面减少财政支付成本,另一方面增强老年人的情感联系,提高安全感和归属感。使农村的“分散养老”变成“集中养老”,给农村老人实现老有所享打开一条“绿色通道”。

老年协会是老年人自发形成的群众性组织,溧水许多自然村都有建立,但作为维护老年人权益、充实老年人生活的自治组织,其功能大多仅限于开展日常娱乐性活动,包括打牌、打麻将、下棋等,社会治理效应发挥有限。为了更好地解决农村老年人吃饭难的问题,溧水区充分调动各个自然村的老年协会资源,把老年人公益助餐活动放入协会中,借助老年协会内部熟人社会结构,让低龄、身体健康、有劳动能力和意愿的老年人以志愿者的身份,为高龄、身体状况一般、无劳动能力甚至丧失生活自理能力的老年人提供助餐服务,包括烧水做饭、带饭送食等,而那些没有建立老年协会的自然村,则组成老年互助团体,以社会团体代替老年协会发挥作用,将养老服务同村庄治理紧密结合起来,激发老年人自治组织的内生动力。

(一)整合资源　共建共治求共享

第一,建立志愿者队伍管理库。溧水农村老年人自养比例较高,随着城镇化推进速度的加快,老年人进城务工有了较大的市场,有一定劳动能力的老年人通常会选择继续打工赚钱,一方面能让经济保持较大自主性,提高家庭地位,另一方面补贴家用,在子女买房婚娶方面给予支持,以此获得村内较高口碑,同时在有劳动能力时多积累点储蓄,也能为后期养老做足准备。这类低龄、身体健康、有劳动能力和意愿、负担不重、经济条件较好的老年人在农村占比较高,正是这类老年人能够依托村庄熟人社会,构建起互助养老的新型模式,而在老年人需求较高的助餐服务方面，则可以依托老年协会或自然村老年互助团体探索新型公益助餐发展模式。因此，溧水区各村(社区)充分调动力量，建立老年协会或老年互助志愿团，老年协会会长或老年互助团团长负责组织协会内部有能力、有意愿的低龄老年人成立志愿者队伍，每名志愿者配有专门的档案资料库，记录参加志愿服务的次数，达到一定服务次数，并获得相应星级评价者，按星级给予不同奖励。没有老年协会的自然村，则充分调动志愿者资源，帮助建立老年互助团体及志愿服务运行机制。如一个自然村有 30 个老年人，其中低龄、有劳动能力的老年人有 20 人，如果按照一天提供助餐服务 3 次的标准，一年共需提供 1095 次志愿服务，分摊到这 20 人身上，每人全年需提供 55 次志愿服务，每人只需服务 18 天即可实现互助服务。通过合理的运行机制，既充分调动了农村闲散劳动力，也保证了公益助餐活动的有序进行，实现了“共建共治共享”。

第二，合理引导老年人形成积极的养老观念。根据江苏省统计局公布的数据显示，2022 年全省人均预期寿命 79.32 岁，这意味着超过 60 岁且身体健康的老年人越来越多，要让这部分老年人改变过去闲赋在家的思想观念，积极主动参与劳动，投入到互助养老模式中来。溧水区通过正面宣传引导，鼓励老年人在老年协会或老年互助团体中充当志愿者，为高龄、失能老人提供助餐服务。实行物质与精神多元奖励，物质奖励层面：一方面对所有志愿者按照星级标准给予适当物质奖励，另一方面，部分社区率先创新“时间银行”模式，即参照《南京市养老服务时间银行实施方案(试行)》计算服务时间，统一存入个人时间银行账户，当志愿者年老需要时再提取时间兑换服务，并对农村老年人做好政策宣传与解释工作，提高老年人的信任度，再一方面给参与志愿服务的老年人适当经济补助，按照当地小时最低工资标准执行。精神奖励层面：对参与志愿服务老年人进行了正面宣传与报道，举办了“最美志愿者”等表彰活动，营造良好社会舆论氛围。这样老年志愿者既能够获得一定的劳动报酬，又能够体会到成就感价值感，同时为年轻一代树立了榜样，提高对年老生活的美好预期，让村民“望得见山、看得见水、记得住乡愁”。

(二) 规范管理　公开公正促发展

第一，加强监督保障。溧水区依托信息化管理平台对老年协会或老年互助团体的公益助餐加强监管。农村长期以来形成的熟人社会使人与人之间关系更为密切,人情往来、守望相助衍生出的问题就是人情泛滥、攀比竞争,公益助餐其中的公益性质,会给权力寻租、利益博弈留下缝隙。为避免相互打招呼、骗取利益等不良现象,溧水区各个社区在发展公益助餐时,建立了统一的公益助餐信息平台,并规定经过信息认证的老年人可享受免费服务,加入志愿服务的老年人可享受相应奖励,村委会定期核验用餐人数和标准,以此保证公益助餐的良性循环发展。为保证老年协会或老年互助团全体成员都能够得到平等、公平、公正的对待,避免出现人情贿赂、权力寻租等占用公共资源的负面问题,溧水各村(社区)通过集体研究、公示公开、群众监督等方式保证决策科学民主,同时进一步完善老年协会及老年志愿团内部组织管理制度,在志愿者选人上保证程序公开公正,并制定了协会章程、明确成员权利和义务、定期召开会议、听取成员的要求和意见,并做出合理安排。

第二,建立老年助餐卫生标准规范。老年助餐服务对象都是老年人,用餐安全显得尤为重要。溧水区高度重视,加大对助餐点环境卫生的管理监督,如定期安排相关部门对助餐场所环境卫生、厨房废弃物处理、食用容器的杀菌消毒、防尘防鼠防虫害设施的配备、食品采购加工过程等环节进行检查维护;党建引领志愿服务,通过社会力量充分参与到助餐点的环境整治当中,并发挥第三方力量监督助餐点运营环境是否达标,鼓励村内青年志愿者加入服务队伍,通过外部力量的介入,建立一套标准体系,充分调动社会力量参与解决问题。

(三)加大扶持　多措多举固成效

老年协会或老年互助团体运转资金包括捐资、会费、对外承包费等形式,具体来说:(1) 捐资:由本地农村家庭自愿捐助,数额不定;(2) 会费:入会者通常要缴纳几十到一百元不等的入会费,个别实在无能力交付的也不作强求;(3) 对外承包费:当老年协会或老年互助团体成立后无稳定经济来源时,可将场所管理权外包,由当地村民私人承包,每年上交一定的承包费。溧水区各村(社区)老年协会和老年互助团大部分建立了多元化的资金筹措机制,如通过鼓励村里致富能人、优秀企业家、社会爱心人士捐赠善款,将村集体一部分可经营的资产让渡给老年协会或老年互助团体自主经营,所得利润用于补贴助餐服务,或者通过外包给第三方机构等方式筹措资金。而在各村(社区)老年协会或互助团体承接助餐服务项目后,除了正常获得的费用外,政府还提供了相应的补贴,如参照《南京市溧水区养老服务补贴实施办法(试行)》文件规定,给予老年助餐点一次性建设补贴,并对创新养老项目给予奖励扶持,同时村集体适当给予经费维持助餐点的日常运营,包括用水用电、食材购买等费用。总之,政府、市场、社会多头并进,最大化保障资金蓄水池的充足供应。

三、成效:获多方认可　集聚为老服务“倍乘效应”

依托老年协会或老年互助团体的公益助餐模式有效解决了溧水区农村老年人就餐问题,并通过共建共享的方式,集聚了为老服务“倍乘效应”,获得了来自社会各方的认可。主要体现在以下几点:

第一,老年助餐服务全方位改善。老年助餐服务质量不断提升,老年协会或老年互助团体成员之间相互熟悉程度较高,饮食习惯相近,提供饭菜的口味、品种基本能够满足老年人的需求,还可根据成员意见统一供应早、晚餐,真正解决老年人吃饭问题;相较于现有助餐机构和助餐点存在的距离过远、环境陌生、老年人容易有思想负担等矛盾,依托老年协会或老年互助团体的公益助餐可以帮助老年人实现家门口免费用餐,对于失能半失能老人还可就近提供送餐服务,既减少了配送成本,又增加了老年人的亲切感认同感,能够实现老年人用餐群体的全覆盖。

第二,共建共享,集聚为老服务“倍乘效应”。溧水区各村(社区)在养老助餐的创新实践过程中,始终坚持共享设施、共享服务、共享资源的理念,在为老服务设施的建设和运营上,高效利用老年协会的场地设备资源,由村委会负责添置餐厨设施,建立起助餐场所,充分发挥村(社区)低龄、有劳动能力和意愿的老年人,解决用工成本过高问题,以低成本实现资源利用的最大化。除了养老助餐点外,部分村(社区)还建设了智慧健康驿站,服务内容包括助餐、助浴、助洁、助急、助医、护理、探望、助行、助购、助乐、助聊、助学、开设家庭养老床位、精神慰藉等多项服务，服务的内容依据各养老社会组织在民政部门评定的3A、4A、5A级来制定。同时，辐射服务周边社区，实现了效用最大化。

第三，社会效应不断提升。养老助餐服务是溧水区创新养老服务的重要举措，同时也是提升基层治理水平的关键一环。在创新养老助餐服务的实践过程中，溧水区各村(社区)与改善居民生活环境、提升小区品质的“微改造”工程相结合，把老年宜居社区建设的相关内容与为老服务设施建设相结合，普遍获得了社区居民的认可。同时，广泛调动了老年人参与的积极性，强化老年人对村庄美好生活的预期，提高了老年人的安全感和归属感，促进村庄秩序的稳定。

溧水洪蓝街道天生桥社区“邻里餐厅”是互助式养老助餐的一个典型缩影，天生桥社区位于南京市溧水区洪蓝街道西北侧，紧接石湫街道，老明公路横穿区内，交通区位优势明显。社区面积12.39平方千米，拥有17个自然村，30个村民小组，农户1474户，人口4082人，劳动力2513人，党员138人，其中老年人口占了较大比例。为缓解留守老人就餐难题，天生桥社区党总支联合第三方机构晓平社会工作发展中心，挖掘社区内志愿者资源，特别是老年志愿者内部年轻的、身体素质良好的、有条件的成员，同时发动党员家庭，在大家形成一致意见的基础上，成立了田家“邻里餐厅”，积极探索邻里助餐模式，打通了助老服务的“最后一公里”，解决了老人就餐难题，为洪蓝街道养老服务带来了新模式，实现“老有所养、老有所为、老有所乐”。

考虑到服务的专业性、安全性、规范性，由该社区党组织牵头，南京晓平社会工作发展中心协助管理。社区将田家原来的活动室改造成“邻里餐厅”，“邻里餐厅”助老服务主要针对农村老人，特别是留守老人的就餐难题，由邻里之间搭起“爱心餐桌”，从大厨到服务员由村上的志愿者和身体硬朗的老人担当，他们相互合作，为老人们买菜烧饭。形成了政府出资补贴，社会组织协助管理的新型互助式居家养老服务模式。

2018年9月26日，天生桥社区“邻里餐厅”正式运营，平均一年为困难老人提供了1900人次的助餐服务。收费标准为60—89周岁老人3元/餐，90周岁以上老人免费。老人不花钱或者花很少的钱，就能在“邻里餐厅”吃上一顿暖心的“爱心午餐”，每份都是“三菜一汤”，还可以免费送上门。

王白英今年70岁，是天生桥社区的一位独居老人，她主动加入了老年互助团，当起爱心志愿者，每天不辞辛苦地为村上高龄、残疾老人买菜做饭，平时还会从自家菜地里带来各种新鲜时令蔬菜，免费为“邻里餐厅”加菜。而今年79岁的邱奶奶，是天生桥社区田家村人。老人双目失明，女儿出嫁，儿子平时在外打工，中午就餐一直非常困难。老人说，要是没有王白英等志愿者帮忙，真不知道该怎么办。天生桥社区充分发挥了农村老年志愿者的作用，解决了农村老人吃饭难的问题，同时增加了老人们的幸福感获得感和安全感。

“邻里餐厅”是“溧”爱天生——天生桥社区志愿者加油站助力项目的一个重要的服务内容，该项目通过公益志愿服务的广泛开展，搭建志愿服务信息平台，发动各村留守人员，特别是村落的中低龄老人和妇女，将他们的个人才能借助志愿服务站的力量，进行发扬和传承，体现天生桥社区的人文资源优势。依托该项目，社区有针对性地围绕敬老爱老志愿服务开展技能培训，不断提高志愿者的服务能力，营造出了社区良好的“共驻、共建、共享”氛围。该项目作为南京市民政系统唯一被江苏省民政厅推荐的参展项目，代表南京参加了第四届江苏志愿服务展示交流会。

四、尾声：溧水区农村老年助餐创新实践引发的思考

南京市溧水区农村老年助餐创新实践是贯彻落实习近平新时代中国特色社会主义思想，践行新发展理念，坚持共享发展的生动实践，为缓解农村地区养老问题提供有益的解题思路，是南京市溧水区在养老领域推进共享发展的创新做法，给我们带来以下几点思考。

（一）做好农村老年助餐创新实践，坚持共享发展，必须坚持以人民为中心的发展思想

使广大人民群众共享改革发展成果，是社会主义的本质要求，是社会主义制度优越性的集中体现，是我们党坚持全心全意为人民服务根本宗旨的重要体现。

习近平总书记指出：“为人民谋幸福、为民族谋复兴，这既是我们党领导现代化建设的出发点和落脚点，也是新发展理念的‘根’和‘魂’。只有坚持以人民为

中心的发展思想，坚持发展为了人民、发展依靠人民、发展成果由人民共享，才会有正确的发展观、现代化观。”

习近平总书记在党的十八届五中全会上明确提出了坚持以人民为中心的发展思想。以人民为中心的发展思想，不是一个抽象的概念，不能只是嘴上喊的口号，而是要体现在经济社会发展各个环节中，坚持人民主体地位，不断满足人民对美好生活的向往。

做好农村老年助餐创新实践，正是我们党坚持以人民为中心的发展思想，满足了广大农村地区老年人的助餐养老需求，实现老有所享，推进共享发展。

（二）做好农村老年助餐创新实践，坚持共享发展，必须提升城乡基本公共服务均等化水平

我国“十四五”规划纲要明确提出，到 2035 年“基本公共服务实现均等化”，其核心是城乡基本公共服务均等化。

为城乡居民提供更加普惠均等可及的基本公共服务，是实现共同富裕目标的基本要求。农村养老助餐服务属于农村基本公共服务范畴，实现城乡基本公共服务均等化，首先需提高农村公共服务的供给质量。应按照城乡一体化和共同富裕的要求，注重补齐农村短板，促进农村基础设施和公共服务提档升级，推动实现城乡公共服务均等化发展。应根据未来城乡人口的分布来调整优化农村公共服务布局，促使公共服务与人口分布相匹配，避免因城乡人口迁移造成公共服务的浪费。

（三）做好农村老年助餐创新实践，坚持共享发展，必须集中力量扎实办好民生实事

要实现共享发展，关于农村老年助餐创新实践，就是要抓住农村老年人这一关键群体，解决农村老年人最直接、最迫切的需求，扎实办好这一民生实事，着力解决人民群众最关心最直接最现实的具体问题。

民生无小事，枝叶总关情。习近平总书记曾形象地指出，“做好经济社会发展工作，民生是‘指南针’”。人民群众的“柴米油盐酱醋茶”“教育住房医疗就业”等一件件民生“小事”，虽然看起来零零碎碎，甚至微不足道，却一头连着群众最关心最直接最现实的利益需求，一头连着社会经济发展的宏观大局，是构成国家“大事”的“骨架”。

扎实办好民生实事，切实解决基层的困难事、群众的烦心事。我国已全面建成小康社会，并建成了世界上规模最大的社会保障体系。但我们仍要坚持问题导向，敢接“最烫手的山芋”，敢啃“最硬的骨头”，解决好群众“急难愁盼”问题，不断增强为民服务的精准性、实效性。

研讨题

1. 如何评价溧水区农村老年助餐创新实践？你认为它成功的关键因素有哪些？

2. 你认为溧水区在农村老年助餐创新实践过程中政府起到了什么作用？

3. 溧水区农村老年助餐创新实践如何践行共享理念？

附录

《南京市政府关于加快发展养老服务业的实施意见》(摘要)

二、主要任务

(二) 完善居家养老服务

建立以社会组织、市场企业为主体，社区为依托，满足各类老年人服务需求的居家养老服务网络。组织开展以“助餐、助医、助浴、助洁、助急、助乐”为主要内容的生活照料、精神慰藉、医疗卫生、紧急救援、法律咨询等服务。

整合家政、物业、餐饮、物流等服务资源，形成市场广泛参与、服务价格适中的居家养老服务供给体系。

充分发挥村民自治功能和老年协会作用，督促家庭成员承担赡养责任。积极开展养老志愿服务，建立以服务时间和服务质量为内容的志愿者星级认定制度；建立志愿者嘉许制度和服务回馈制度。

《南京市养老服务机构等级评定管理实施办法(试行)》(摘要)

第八条 申请等级评定的养老服务机构应当同时符合下列条件:

(一) 养老机构应经民政部门备案或原办理的养老机构许可证在有效期限内;社区居家养老服务中心获得的核准登记证照应在有效期内。

(二) 持续运营一年以上并符合《养老机构等级划分与评定》(GB/T 37276—2018)、社区居家养老服务中心标准关于等级评定的基本要求与条件。

第十条 养老服务机构在获得评定等级一年后,达到更高等级标准的,可向区级民政部门提出等级晋升申请。其中,晋升三级(含三级)以上等级的,由区级民政部门初选审核后,报市民政局按照相应等级评定标准和程序进行评定,晋升成功后由相对应的民政部门按新等级重新颁发等级证书和牌匾,重新计算等级有效期,养老服务机构应退回原等级证书和牌匾。未通过晋升评定的,继续保留原先等级。养老服务机构在等级有效期内有且仅有一次晋升机会,且应该逐级晋升。

第十一条 养老服务机构评定等级有效期满前 3 个月,可申请重新评定等级,评定程序与首次评定相同。有效期内申请晋级评定的养老服务机构,相关晋级程序按照第十条养老服务机构晋级管理有关规定执行。评定等级有效期满后,未再申请参加评定等级的养老服务机构,原评定等级自动失效,养老服务机构应当退回牌匾和证书。

《南京市养老服务时间银行实施方案(试行)》(摘要)

二、重点任务

(一) 搭建运行机制

1. 构建市、区时间银行管理体系。市、区构建时间银行管理体系,在市、区政府领导下,由民政部门会同相关部门负责,对时间银行进行分级管理。各区具体组织实施本区时间银行工作。

3. 时间管理与发放。个人志愿者以南京市民卡为载体,开设专门的时间银行账户,暂定1500 小时为存储上限,超出的服务时间主要用于捐赠或社会褒奖。团体志愿者服务所产生的时间先期仅可用于捐赠，给予社会褒奖。捐赠的时间优先为重点空巢独居老人服务。

时间发放实行总量控制，单位为小时，当年新增发放时间的数量=新增基金规模/(最新公布的非全日制小时工工资标准×10%)。

市、区应控制时间存储总规模，多渠道整合服务资源，建立养老服务时间银行激励机制，鼓励志愿者捐赠存储时间，保持时间存入和取出实现动态平衡，防范时间银行运行风险。

《南京市溧水区养老服务补贴实施办法(试行)》(摘要)

二、居家养老服务机构补贴

(一) 居家养老服务机构建设补贴

1. 居家养老服务中心建设补贴

新建或改(扩)建的居家养老服务中心，经评估达到市3A、4A、5A建设要求的，分别给予10万、15万、20万元的一次性建设补贴。

2. 老年助餐机构、助餐点建设补贴

新建或改(扩)建的老年助餐机构(中心厨房)，经评估合格的，一次性给予建设补贴10万元。新建或改(扩)建的老年助餐点(银发餐厅)，经评估合格的，一次性给予建设补贴6万元。

(二) 居家养老服务机构运营补贴

1. 居家养老服务中心运营补贴。由专业社会组织运营且达到绩效评估要求的居家养老服务中心，按3A、4A、5A每年分别给予4万、6万、8万元运营补贴。

3. 居家养老服务机构连锁运营补贴：由专业社会组织连锁运营5家(含5家)3A级及以上的居家养老服务中心，且达到评估要求的，每年给予5万元连锁运营补贴。每增加1家，再增加1万元运营补贴，最多不超过15万元。

（三）居家养老服务项目补贴

享受补贴服务的老年人应具有溧水户籍。

1. 助餐服务补贴

补贴标准:60—79 周岁老人补贴 2 元/餐,80 周岁及以上老人补贴 3 元/餐。助餐点为“五类老人”中的失能、半失能老人提供上门送餐服务,送餐补贴 2 元/餐。限午餐补贴。

5. 养老服务时间银行补贴

对区养老服务时间银行管理中心采取政府购买服务的方式,每年给予一次性运营补贴 20 万元。

“溧刻办”跑出行政审批“新速度”

——南京市溧水区擦亮党建示范品牌　打造政务服务“金字招牌”

郭恪谨　张春锡　姚巧倩　刘诗昊　编写

中共南京市溧水区委党校

【引言】习近平总书记在党的十九大报告中提出，要“转变政府职能，深化简政放权，创新监管方式，增强政府公信力和执行力，建设人民满意的服务型政府”；在中央全面深化改革领导小组第二十三次会议讲话中强调要“把以人民为中心的发展思想体现在经济社会发展各个环节，做到老百姓关心什么、期盼什么，改革就要抓住什么、推进什么，通过改革给人民群众带来更多获得感”。

【摘要】近年来，南京市溧水区紧紧围绕“放管服”改革要求，按照“打服务牌、走创新路、全力提升政务服务质效”的工作思路，以“互联网＋政务服务”为引领，以政务服务标准化、规范化建设为抓手，积极推进行政审批制度系列改革，持续优化区域营商环境，不断激发市场主体活力和发展内生动力。“溧水式”政务服务已成为溧水区对外的一张名片，一系列审批制度改革和政务服务模式为企业、群众提供了极大便利。在此背景下，2020年，南京市溧水区行政审批局坚持以党建创建为契机，充分激活红色元素，创新打造“溧刻办”党建＋政务服务品牌，以溧水的“溧”字作为品牌名的首字，突出地域特色和区位优势，同时谐音“立刻办”，承载“便民、廉洁、高效、规范”的内涵，着力打造具有区域影响力的党建＋政务服务品牌，以党建引领促服务提质增效，以党建创新为改革助燃赋能，聚焦服务企业、服务群众、服务经济社会发展，让企业和群众办事“立省事、立省时、立省心”，不断提升政务服务的速度、温度、高度。

【关键词】“溧刻办”　党建　政务服务　行政审批制度改革

上篇

跑断腿、磨破嘴，打不完的电话，盖不尽的公章……

材料多、环节多、耗时长，繁、繁、繁……

这是群众和企业对办事的刻板印象，既降低群众幸福感，也增加企业负担，为此，溧水区坚决贯彻落实党中央、国务院以及省委省政府、市委市政府关于“放管服”改革的决策部署，先后实施了多轮行政审批制度改革，取得一些成果，但行政审批流程重叠复杂、手续繁琐、审批周期漫长、审批主体不作为、审批过程不透明等问题依然存在，办事群众反复折返跑的问题依然突出，行政审批工作仍滞后于经济社会发展，深化行政审批制度改革任重道远。

为进一步深化行政审批制度改革，溧水区于 2017 年 6 月成立行政审批局。自成立以来，该局以打造全省乃至全国“最优营商环境”为目标，坚持党建引领，以政务服务标准化规范化建设为抓手，积极推进行政审批制度系列改革，创新打造“溧刻办”党建+政务服务品牌，不断提升溧水区政务服务的速度、温度和高度，积极打造环节最少、效率最快、服务最优的“溧刻办”“宁满意”的“金字招牌”。

中篇

溧水区行政审批局坚持以习近平新时代中国特色社会主义思想为指导，坚持党建引领，按照“打服务牌、走创新路、全力提升政务服务质效”的工作思路，充分激活红色元素，发挥党支部战斗堡垒作用和党员先锋模范作用，围绕政务服务“速度、温度和高度”目标，深入开展“五大工程”，探索创新工作载体和方法，不断提升政务服务品牌的知晓度和认可度。

（一）打造红色领航工程，提升行政审批服务满意度

1. 首推“1120”改革，审批持续“加速跑”

“1120”这组数字，在溧水区办理过审批手续的市民并不陌生，它的意思是要求：“开办企业、不动产登记、工业建设项目施工许可分别控制在1.1.20个工作日内办结”。

近年来，南京市溧水区在完成江苏省“3550”改革（开办企业、不动产登记、工业建设项目施工许可分别控制在3.5.50个工作日内办结）目标的基础上，改革创新，相继在全省率先提出并实现了“2430”“1230”改革目标。2020年，又进一步解放思想、开拓创新，在全国率先提出并实现了“1120”改革目标，改革成果被中央电视台、江苏电视台等权威媒体宣传和推广。

企业登记申请材料由原来的14件精简到5件，实现“注册登记、企业刻章、涉税业务、银行开户、社保登记、公积金开户”六个环节全流程电子化，在全市率先试点免费赠送公章。

实施不动产登记全业务、全过程“一窗受理、集成服务”，商业银行和不动产交易中介机构共同参与贷款审批，并引进水、电、燃气等配套服务。

施工许可审批环节由19个压缩至12个（其中4个不经常发生），申请材料由112件减至28件以内，在项目立项、用地审批、规划设计等环节加大部门提前介入、联合预审的力度，提高项目方案质量，压缩审批时限，全面实现了施工许可“20个工作日内办结”常态化。

2. 深化“753”改革，保障项目“快落地”

针对因审批流程设置不合理、审批材料繁多冗杂等原因导致审批程序繁杂、周期长的问题，溧水区加快推进工程建设项目审批制度改革，以南京市工程建设项目审批制度改革试点“864”（政府投资房屋建筑及其他类、线性工程类项目从申报立项用地规划许可阶段到办理产权登记，审批时间控制在80个工作日内，一般社会投资项目从取得用地到办理产权登记，审批时间控制在60个工作日内，带方案出让用地的社会投资项目及小型社会投资项目从取得用地到办理产权登记，审批时间控制在40个工作日内）目标为基础，进一步实施审批环节流程优化再造、减少办事材料、缩短办事时限（缩短10个工作日的办理时间），提升为

"753"目标。

针对重审批轻监管问题,加强"减并放转",取消"建筑节能设计审查备案""勘察合同备案"等审批备案事项8个,出台了溧水区《关于施工许可试行告知承诺制的通知》,试行"告知+承诺"审批模式,加强事中事后监管,实行联审制,为企业项目投资建设开辟审批"绿色通道",实现工程建设项目审批更科学、便捷、高效。针对审批收费杂乱、不透明问题,制定彰显溧水特色的"一站式"收费改革实施方案,设立"一站式"收费综合窗口,在全市率先完成"一站式"收费改革,实现缴费"集中办"。

2020年以来,西门子数控、白马深能、省康复医院、颐养中心、中医康养等多个项目均按告知承诺取得施工许可证,每个项目均提前1—1.5个月开工。南京市溧水区"753"改革推行的全面提优代办服务、集中开展竣工联合验收、"一站式"获得用气等3个方面创新做法被市建委选为第一批可复制推广经验予以发布,"一站式"收费改革的先进做法在全市推广。

3. 实施"宁满意"工程,提升服务"便利度"

溧水区"宁满意"工程推进质效在全市领先,2018—2019年,高水平实现线上办事"一网通"、现场办事"一门通",实现个人办事"一证通"、简易事项"一指通"、高频事项"一区通"、热点事项"一机通",实现企业办事"一照通"、关联事项"一链通"、特色事项"一栏通"和重点投资事项"一事通"。在此基础上,将智慧溧水APP本地应用模块同步在江苏政务服务APP上,上线了公共自行车、停车场、学校、医疗机构、体育场馆、政务服务窗口电话等溧水应用。

"没想到不出医院就能将孩子出生后的所有事情办好,没有提供任何材料,真的非常方便。"产妇赵女士在医院直接把出生证明、预防接种证、新生儿户口页及新生儿社保卡等9个事项办完了。丝毫没有受到以往新生儿办证材料多、环节多、耗时长的困扰。

这得益于该区自2020年以来重点推进的"一件事一次办"改革,即在政务大数据有效整合、联通共享的有力支撑下,在企业全生命周期中5个阶段(登记准入、经营范围变更、企业获得信贷、行业许可证获取、企业注销退出)和个人全生命周期中4个阶段(出生、结婚生育、救助、殡葬)实现"一件事一次办",办事环节由N个精简为1个,申请材料减少60%以上,办事效率提升50%以上,"企业开办一件事”“企业获得信贷一件事”“企业注销一件事”“医疗救助零星报销免审即享”“亲人身后一件事”“新生儿一件事”“婚育户一件事”改革走在全省前列。其中,“企业注销一件事”被省政务办作为“全国改革案例”报送国务院办公厅。

姜先生在东屏街道为民服务中心花了不到十分钟就完成了水电气三个业务的开通手续,他激动地说,“我真没想到能这么快办成,以前开通水电气要跑三个地方,办燃气开通还要到溧水城区,现在服务中心一个窗口就能办理,我从家走过来不到五分钟,真是太方便了!”

这是解决好基层群众办事“最后一公里”落地问题的成果。该区积极推进“自助办、就近办”,推进24小时自助服务区建设,实现“无休政务”,完成了2个区级和10个镇(街)24小时自助服务区建设,建成了城区社区周边15分钟可达的“政务服务办事圈”,做到了“宁愿麻烦自己,一定让您满意”。

(二)打造红色暖心工程,提升行政审批服务精准度

1. 定制为企服务,实现证照“同步办”

针对市场准入领域“办照容易办证难”“准入不准营”以及因审批条件不明、标准不统一导致执行难度大等问题,溧水区在全省率先推出“准入即准营”改革,按照“一单告知、一表申请、一窗受理、一同核查、一并审批、一证准营”的“六个一”工作规范,实现为企服务“一站直达”;根据申请人实际需求量身定制“个性化”流程,实现线上营业执照立等可取,线下行业许可同步办理;实现执业信息“一码覆盖”,多个事项“一证融合”。

目前,已在渣土运输、零售药店、医疗诊所、娱乐场所、理发店等9个开办企业高频行业领域,分行业量身定制了标准化申请材料清单,实现一个行业一套材料一个标准,持续推进“准入即准营”改革,共发放128件行业综合执业证。

“以前办一个零售药店,办理过程中,需要准备8套申请材料,往返各个部门及窗口递交材料。现在跑一次,就全办好了。开业时间比原计划整整提前两个多月,真的太方便了。”

“这张执业证太实用了,一证可以抵几证,以后我们再开新店或者变更老店都更方便了!”

“现在,我只需在店里挂一张行业综合执业证,感觉店面比之前简洁多了,监

管人员核验检查，扫描行业综合执业证上的二维码，就可以看到我们店获得的许可证信息，非常方便。”

这些都来自取得行业综合执业证的经营业主的心声。

2. 创新代办服务，确保项目“全程办”

“只要企业有想法，我们就去想办法！”区行政审批局投资建设代办服务中心主任如是说。

政策文件往往繁多且语言简练，导致企业通常无法准确透彻地解读相关政策文件，对审批流程、审批材料等事项一知半解，经常需要反复多次向多个窗口多位审批人员咨询，无法高效完成行政审批基本要求。

针对这一审批难点，溧水区打造专属指导服务，以企业需求为导向，围绕全流程、专业化、精准化目标，构建“区＋镇(街)＋国资平台”全覆盖全域代办体系和“容缺受理”机制。对省、市、区确定的重点投资、科技创新以及国家鼓励类投资建设项目，全区代办服务网络采取一事一议的方法，实现100%代办和“全域代办”，提供精准指导和帮办服务。实行挂图作战制、推行超前代办、联合审批部门上门送服务。推广“代办课堂”，编制审批宝典，加强新落户项目批前辅导，探索解决问题新途径。

代办服务为南京京成精密科技有限公司的投产赢得了宝贵时间，该公司由于不少要件资料遗失，在补办规划许可证、施工许可证时遇到了困难。代办人员了解情况后，第一时间帮助项目展开相关工作：后台调取原始资料、全程帮助企业网上填报数据、与市相关部门协调相关资料等，在代办中心全程代办辅导下，企业仅用8天就顺利取得了规划许可证、人防手续、图审合格证和施工许可证，审批用时仅1.5个工作日。

这一问题的顺利解决，是溧水区“代办服务”全方位提档升级的一个生动缩影。该区2020年173个省、市、区重大重点项目实现了100%全程代办、2021年218个省、市、区重大重点项目实现100%全程代办，省、市重大项目认领代办率全市第一，在全市首家推出工程建设项目全流程审批宝典，牵头推动“联合测绘”改革，及时化解政策调整带来的审批难点堵点和风险点，为企业累计节约成本超1亿元。代办服务工作连续两年在市对区考核中位列南京市第一方阵，连续两年被评为工改优秀案例在全市推广。

3. 健全长效机制，构建办单“新模式”

部分行政审批主体缺乏监管约束而滥用审批权力，忽视群众诉求、不顾审批时限要求、办事拖沓、效率低下，群众体验感差、权益得不到保障。

针对这一问题，溧水区紧抓机制建设，将“以人民为中心”的要求，落实体现到“先解决问题再说”的工作机制上，完善疑难工单会办机制，全年协调会办疑难工单 152 批次；建立每周通报制度，每周对 12345 热线平台工单办理数据全面分析，分类梳理存在问题及热点诉求，并提出针对性建议，形成成员单位第一时间落实、联动整改、持续优化的工作机制；健全激励考评机制，修订完善 12345 专项考核办法，增加 12345 工作在镇街和区级机关年度考核中的权重，树立鲜明导向，狠抓督查督办，推动形成快速解决问题的动力和机制。

目前，“有事找政府，拨打 12345”和“即应即办、一办到底”的溧水热线品牌受到广大市民的普遍认可。2020 年共受办理群众诉求工单 5.4 万余件，年度绩效考评排名列全市 12 个板块首位。

（三）打造红色阵地工程，提升行政审批服务便捷度

1. 优化办事环境，推动服务中心“再升级”

“来溧水市民之家办事，真的不用来回跑，进了这扇门就可以办所有事，对政务服务工作很满意。”刚领取房产证又办理公积金贷款业务的马女士高兴地说道。

溧水区抓住各职能部门相互独立、因“利益壁垒”各自为政、缺乏协调联动、审批主体不明、办公场所分散，导致行政审批项目多重管理或管理缺失，群众一件事多头跑、多次跑这一主要矛盾，本着“审批事项能集中则集中、涉及人员能划转则划转”的思路，将区发改局、城建局、市场监管局等 16 个区级部门承担的 106 项行政许可权及其他行政权力事项，集中到区行政审批局，涉及岗位的编制及人员也随审批事项划转到行政审批局；对其他未划转的行政服务事项，全部进驻区政务服务中心，目前，进驻政务服务中心的事项达 366 项，在全省处于领先水平；同时，还引进了与办理行政审批事项相关的金融、复印、刻章等各类便民利企类服务，从源头上做到企业和群众办理行政审批事项“只进一扇门”。

精心打造"企业全生命周期"服务大厅、投资建设项目"一站式"审批服务大厅和"一窗受理、一日办结"服务大厅,推进综窗改革,基本实现"进一扇门,办所有事","一站式"服务功能不断优化。

推行延时办、预约办、帮代办、上门办服务,实行首问负责制、一次性告知、限时办结、特事特办、绿色通道等制度,从24小时全心服务到15分钟政务服务圈,打通便民利企服务"最后一米"。

致力于将客户思维、用户体验理念贯穿政务服务全过程,实现"服务环境人性化、服务标准规范化、服务管理制度化、服务质效科学化"的一流政务服务。2020年,南京市溧水区政务服务中心考评列全市第一。

2. 优化监管方式,确保项目交易"透明化"

溧水区深化"互联网+政务服务",贯彻落实江苏省《关于推进全省公共资源"不见面交易"的指导意见》,推行"互联网+公共资源交易",按照"文件无纸化、标书在线传、开标不见面、系统辅助评、结果快递送、过程全留痕"标准,推进全过程无纸化在线电子交易和电子化监管,与南京市公共资源交易中心同步启用电子交易成果件,实行信用报告直接调用,推进公共资源交易纸质材料"零提供",实现公共资源交易全流程电子化。

进一步推进业务拓展,逐步将国有房产出租业务、区立项水利工程交易业务及渣土运输业务纳入区公共资源交易平台,按照四个"一体化"(即管理体制一体化、制度规则一体化、信息平台一体化、交易系统一体化)的原则进场交易,着力打造法治化、规范化、透明化的交易环境,提升公共资源配置效益。

2020年全年组织政府采购74批次,采购预算资金2.5亿元,实际采购金额2.23亿元,全程电子化率100%;完成省康复医院、颐养中心等489个标段的省、市、区重大工程项目进场交易,交易金额达145.03亿元。

(四)打造红色堡垒工程,提升行政审批服务体验度

1. 坚持党建引领,党支部建设"品牌化"

溧水区行政审批局党组贯彻落实习近平总书记"树立党的一切工作到支部的鲜明导向"的指示精神,将支部建设作为机关党建重点来抓,积极推进党支部"标准+示范",以"溧刻办"党建品牌为抓手,选优配强支委会,支部书记由德才

兼备的党员领导干部担任，围绕支部书记配强支部班子，进一步优化支委会能力结构和年龄结构，将支部书记意见作为干部提拔任用、评先推优、后备干部培养必经程序。

将党建工作责任传递到支部、党小组及所属各部门，发挥好支委、党小组长、各部门负责人和党员尤其是支部书记作用；健全党建工作制度，重点抓好制度落实，并结合部门实际建立特色工作制度；明确支部党建工作目标任务，将党建与业务工作同谋划、同部署、同实施、同考核，积极践行“党建＋窗口建设”“党建＋志愿服务”“党建＋业务代办”“党建＋改革创新”“党建＋宁满意”特色工作机制，把党组织建在政务链上、先锋亮在岗位上，树好党建引领一面旗、打造信息互通一平台、织密区镇街联动一张网、构建高效便民一体系，以党建高质量推动行政审批制度改革高质量，并在重点难点工作和服务一线窗口磨砺、培养年轻干部，着力推进服务中心和建设队伍两大核心任务的相互结合、彼此促进，提高了党支部的组织力、凝聚力和战斗力。

推动支委会将重点放在工作落实、加强对党员日常教育、管理和监督上来，从用好学习强国平台这一小切口入手，学习平台参与率始终保持在100%，“三会一课”等组织生活做到规范化、常态化。

南京市溧水区行政审批局党支部被评为全区“示范支部”，“溧刻办”被评为全市“党建示范品牌”。

2. 加强作风教育，队伍精气神“年轻化”

行政审批制度改革的深化和服务型政府的构建需要行政审批主体由“管理者”转向“服务者”，但在实践中，部分行政审批主体受传统“官本位”思想影响，角色转换滞后、保有不良观念和作风，对自身定位和岗位职责认识不清、工作纪律观念不强、态度消极散漫、缺乏服务意识、工作业务不熟练、工作效率低下、对待工作敷衍塞责，导致行政审批服务质量不高。

针对这一突出问题，为提高行政审批主体服务意识，溧水区不断升级窗口作风建设相关制度机制。2020年，升级、完善溧水区《窗口单位绩效考评办法》，按照“标准化、科学化、精细化”原则推进窗口作风建设，通过电子监察、不定时巡查、设立举报监督电话等多种形式，对窗口建设实施全方位管理和监督，进一步规范服务行为、改进窗口工作作风。

2021 年，溧水区《窗口单位绩效考评办法》再升级，并出台了《溧水区政务服务中心工作人员绩效考评办法》、《溧水区政务服务中心工作人员文明用语规范》等配套措施，对政务服务中心所有工作人员采用积分制管理办法进行管理，推进政务服务标准化建设、进一步规范服务行为每日通报、按月考评，对政务服务中心窗口和窗口工作人员绩效的评价更加客观、公正、科学，每个窗口及人员的得分及排名一目了然，进一步激发了各服务窗口、所有工作人员提升服务质量、争先创优比贡献的内在动力，通过优异的工作作风和服务质量，推动了每一项工作的快落地、真落实、早见效，创造了让企业、群众满意的营商环境。

落实党风廉政建设主体责任，深入开展廉政文化进机关，加强典型示范教育、岗位廉政教育和警示教育，进一步推动实现党风廉政与政务服务工作互融互促、同频共振，教育引导广大干部职工守住底线、不越红线、不碰高压线，营造清正廉洁、干事创业的浓厚氛围。

2020 年，南京市溧水区行政审批局在全市 16 支代表队参加的政务服务技能大赛中夺得团体第一名；获得全区年度机关作风建设优胜单位荣誉称号；5 名同志获省、市表彰奖励。

（五）打造红色先锋工程，提升行政审批服务规范度

1. 争做先锋示范，党员干部"亮身份"

针对行政审批主体基于"理性人"选择不愿向"服务者"转变，工作缺乏积极性、主动性这一问题，开展"亮身份做表率"活动，把"为民服务解难题"作为主攻方向，深入开展"戴党员徽章、亮党员身份、树党员形象、做先进表率"等活动，以实际行动践行初心和使命，党员开展工作和参加活动必须亮明党员身份，接受群众监督。

开展争先创优活动，组织"先进单位""红旗窗口"季度评选、"政务服务之星"年度评选，发挥先进典型的示范引领作用，营造出了身边有榜样、学习有标杆、追赶有方向的浓厚氛围，形成向上、向善、向好的风尚。

结合党史学习教育，将"学党史、悟思想、办实事、开新局"落实到岗位上和日常工作中，发挥党员先锋模范作用，把群众和企业的期盼作为责任，将企业和群众的痛点作为办实事的重点，持续开展一线走访、政策宣传、文明创建、扶困助贫

等活动，党员干部送服务进社区、进企业，解决群众和企业急难愁盼的问题，提升群众和企业的获得感，为群众和企业架起党群“连心桥”。

2. 规范评价体系，推行窗口服务“好差评”

行政审批内外部监督约束机制不完善，内部存在“潜规则”，互不侵犯干涉相互“利益”；外部监督流于形式，评价渠道不畅通，对群众监督反馈不及时，监督模式单一化等。监督方式的不健全导致审批权力个人化、随意化、滥用化突出，产生高利事项、寻租权力的改革盲区。

对此，溧水区建成区、镇（街）、村（社区）三级“垂直式”分阶段评价体系和多元化评价平台，开通窗口评价器、电话、短信、网络、第三方回访等立体式评价渠道，确保群众评价有路可循。

此外，溧水区抓住因缺乏相应的责任追究机制而难以追责，导致监管失力这一矛盾，建立落实闭环处理机制，开展评价、反馈、整改和监督全程闭环管理，按照“谁办理、谁负责”的原则，对差评实行“销号制”，限时整改与反馈。

2020 年，南京市溧水区政务服务窗口受理办件超 111 万件次、综合满意率达 99.8%，列全市第一。

下篇

2020 年 8 月 16 日，中央电视台《新闻直播间》报道了南京市溧水区行政审批局的改革经验做法，打响了行政审批“溧刻办”品牌。“溧刻办”服务已成为南京市溧水区对外的一张名片，多项政务服务和行政审批制度改革走在全省全国前列。行政审批制度“1120”改革、“企业注销一件事”改革全国领先；“准入即准营”改革、“753”改革、“企业获得信贷一件事”、“医疗救助零星报销免申即享”、“亲人身后一件事”、“婚育户一件事”等改革均走在全省前列。

这一系列行政审批制度改革和政务服务模式为企业、群众提供了极大便利，持续优化了区域营商环境，进一步激发了市场主体的活力和创造力，推进了溧水区经济社会高质量发展。2020 年，南京市溧水区在省对县（市、区）综合考核中位居全省第二名、连续两年进入全省第一方阵。省市重大项目数量和投资额连续五年均位居全市前列，夺得全市唯一综合考核与作风建设考核“双优”区称号、连续四年位居全市第一等次。成为全省乃至长三角地区高质量发展样本，全国综合实力百强区排名五年间上升20位。2021年3月，南京市溧水区创成江苏省首批全国信访工作“三无”区，获评“中国最佳会展目的地”、“中国十佳会展名区”。同年，新华社来南京市溧水区驻点调研，探索高质量发展全国样本背后的经验做法。

尾声

“溧刻办”党建示范品牌的创建是贯彻落实习近平新时代中国特色社会主义思想，坚持党建引领的生动实践，为解决群众、企业办事“中梗阻”问题，持续提升政务服务的速度、温度、高度提供溧水样本，是深化行政审批制度改革的创新实践，这一做法引发我们诸多思考：

（一）深化行政审批制度改革，关键在于坚持不断改革创新，用创新的思路提升政务服务的速度

惟改革者进，惟创新者强，惟改革创新者胜。习近平总书记指出“要鼓励地方、基层、群众大胆探索、先行先试，勇于推进理论和实践创新，不断深化对改革规律的认识”，表明鼓励改革创新的立场和态度。在推进行政审批制度改革中，要不断解放思想、提升创新意识，拓展创新思维，使开拓创新成为常态。

（二）深化行政审批制度改革，关键在于始终坚持以人民为中心，用群众的视角提升政务服务的温度

民之所望，施政所向。习近平总书记强调“要坚持把实现好、维护好、发展好最广大人民根本利益作为推进改革的出发点和落脚点，让发展成果更多更公平惠及全体人民。唯有如此，改革才能大有作为”。在推进行政审批制度改革中，要始终站在人民群众的立场上，把群众期盼作为改革方向，将群众痛点作为改革重点，聚焦群众需求，精准推出系列审批制度改革，切实做到人民有所呼、改革有所应，使“人”真正成为推进行政审批制度改革中最活跃的因素。

（三）深化行政审批制度改革，关键在于坚持追求高质量服务，用不懈的努力提升政务服务的高度

苟日新，日日新，又日新。习近平总书记指出“实践发展永无止境，解放思想永无止境，改革开放也永无止境，停顿和倒退没有出路，改革开放只有进行时、没有完成时”。在推进行政审批制度改革中，要坚持追求高质量服务，不断瞄准更高的杠杆，在提质增效上持续发力，致力于实现最极限的审批速度和最极致的政务服务，力争通过速度迭代、服务迭代，打造最优营商环境。

研讨题

1. 结合习近平总书记关于以人民为中心的重要论述，思考“溧刻办”党建示范品牌创建的内在动因是什么？“溧刻办”品牌之所以能够打响的根本原因是什么？

2. 思考溧水区行政审批局创新打造“溧刻办”党建＋政务服务品牌对于新时代行政审批制度改革以及推进政府治理现代化有什么重要启示？

小产业大合作：一家水稻合作社的致富之路

——高淳区东坝街道和睦涧村淳和水稻专业合作社巩固脱贫成果的探索与实践

张永年　赵敏　编写

中共南京市高淳区委党校

【引言】在我国，农民专业合作社，是基于农村家庭承包经营而自发组成的一种互助性经济组织。2017 年《中共中央国务院关于实施乡村振兴战略的意见》中明确指出，乡村振兴中产业兴旺是重点，要注重农民专业合作社等新型农业经营主体的带动作用。2019 年中央一号文件中也明确强调，要突出抓好家庭农场和农民合作社两类新型农业经营主体并发挥它们的作用。

【摘要】高淳区淳和水稻专业合作社位于高淳区东坝街道和睦涧村，和睦涧村交通便利、生态良好，有较好的区位优势和资源禀赋。在合作社成立之前，和睦涧村是个经济薄弱村，农民收入低，生活条件差，村集体收入几乎为零，村庄基础设施不完善。淳和水稻专业合作社于 2008 年 5 月成立，经过十几年的努力，合作社成员从 18 名增加到 455 名，出资额从 5.1 万元增加到 550 万元，种植面积由 300 亩扩大到 3232 亩，其中有机水稻种植面积 2600 亩，年经营收入由 80 多万元增加到 800 多万元。2014 年，以合作社为组织载体开展江苏省省级农民合作社综合社试点，实行股份合作，以村集体经济组织为依托，以村民土地承包经营权入股为核心，以村主导产业为支撑，以全体村民互助合作、收益共享为目标，摸索出了一条合作社股份合作的新路径，激活了农村发展新动力。2016 年，和睦涧牌有机大米入选“江苏省十家农民合作社十个最畅销产品品牌”。2010—2018 年合作社所产大米通过了有机产品认证；2016—2018 年和睦涧牌有机大米获得江苏省名优农产品称号；2014—2020 年淳和水稻专业合作社被评为国家级示范社。

【关键词】合作社　脱贫致富　党建强社　规范管理

一、背景情况

魏统田同志是土生土长的和睦涧村人，回村任书记前，他一直在外闯荡，承包装修工程，凭借着敏捷的思维反应和出色的沟通能力，魏统田的装修公司经营火热，慢慢攒下一些钱，他也成了全村第一位买汽车的稀罕人。可当他开着汽车回家，才发现村里的路不好，车子开不到家门口，每次回来只能把车停在村口走回家。看着村上的情况，魏统田心里很难受，自己的生活条件好了，可是家乡的邻里乡亲还过着苦日子，一条像样的路都没，他想着得为家乡做点什么，带着这个朴实的愿望，2008 年，他欣然服从当时的镇党委决定，放下手中的生意，回村担任党总支书记。

魏统田同志刚到村那会，和睦涧村是个经济薄弱村，全村 851 户农户，贫困户就有 70 户，人均年收入不足 7000 元，村集体经济和村民收入长期在镇里垫底，"两委"班子信心不足，缺少干劲。为了摆脱村庄发展止步不前的窘境，魏统田想到现在城里人都爱吃有机食品，而和睦涧村紧靠胥河，360 省道穿村而过，又有着丰富的土地资源，可以尝试发展市场需求大的有机大米种植。为了做示范，他和村里的党员干部凑了 5.1 万元，承包 300 亩地，村集体先后牵头组建淳和水稻专业合作社、农地股份合作社、社区经济股份合作社和劳务专业合作社，热火朝天干了起来。

在成立之初，4 家合作社在各自经营范围内发挥出一定作用，但也存在经营业务和职能交叉重叠等问题。2014 年，和睦涧村以淳和水稻专业合作社为载体，通过开展综合社试点项目，以撤并、参股等方式将 4 家合作社的服务职能整合到水稻专业合作社，由此水稻专业合作社通过承接村集体资产保值增值、资产管理、村民服务等新的职能，开启了综合社的运作模式。在产业发展上，合作社具体实施了"八个统一"，即统一种苗、统一技术指导、统一耕种、统一收割、统一收购、统一加工、统一品牌、统一销售，为社员生产提供产前、产中、产后的综合性服务，并实行了标准化生产和品牌化经营。

（一）带头人简介

魏统田被村民们亲切地称为“田书记”，1966 年 8 月生，是南京市高淳区东坝街道和睦涧村党总支书记、村委会主任，也是南京市高淳区淳和水稻专业合作社的理事长。魏统田同志担任村书记已有 10 余年，十多年来他始终坚持把党组织的政治优势和合作社的经济优势结合起来，以党建引领助力乡村振兴，带领党员群众蹚出了一条“党建强社、合作富民”的乡村振兴之路。魏统田先后荣获“吴仁宝式优秀村书记”、江苏省农村基层党建工作突出贡献奖励、江苏省首批“百名示范”村书记、江苏省优秀党务工作者、南京市“新时代先锋”等称号。

（二）合作社简介

南京市高淳区淳和水稻专业合作社位于高淳区东坝街道和睦涧村，成立于 2008 年 5 月。2014 年，合作社承担江苏省省级农民合作社综合社试点任务，以村集体经济组织为依托，以村民承包土地经营权入股为核心，通过聚力发展村级主导产业，引导全体村民互助合作、收益共享，摸索出了一条合作社股份合作的新路径。合作社建立了党支部，在村党总支的领导下开展工作，先后将 3 名生产经营能手培养成了党员，把 2 名党员培养成了生产经营能手，形成了党建强社、合作富民的生动局面。

成立十几年来，淳和水稻专业合作社由普通合作社逐渐成长为市级示范社、省级示范社、国家级示范社，现有成员 455 名，成员出资额 550 万元，种植面积达 3232 亩，年经营收入 800 多万元。2013 年，合作社被南京市命名为“五好”示范社；2014 年合作社进入江苏省优先扶持农民专业合作社名录；2016 年合作社入选江苏省十家农民合作社十个最畅销产品品牌；2019 年被中央农业农村部办公厅评为全国农民合作社典型案例。

（三）合作社规范管理情况

1. 合作社理、监事会和成员（代表）大会运行情况

合作社与村委会在村党组织领导下自我管理，相互支持、分账管理，确保产

权清晰，账目清楚。合作社管理遵循《中华人民共和国农民专业合作社法》，管理机制健全，运作规范，始终坚持以农民为主体，在征得全体社员同意下制定了合作社章程、选举办法、生产管理、财务管理等规章制度。

设立社员（代表）大会，社员代表由年满十八周岁、具有完全民事行为能力的社员组成，女性和党员代表占一定名额，社员（代表）大会每年至少召开一次，有三分之二以上社员参加方可召开。理事会和监事会等组织机构由社员代表大会选举产生，对社员大会负责，其产生办法、职权、任期、议事规则由章程规定。

理事会是合作社的执行机构，负责日常工作，淳和水稻专业合作社理事会现有理事 5 人（单数）组成，任期 5 年，可连选连任，其中设理事长 1 名，常务理事长 1 名，成员 3 名。淳和水稻专业合作社理事会理事长既是合作社法人也是和睦涧村党总支书记，其主要职权是主持成员大会，召集并主持理事会会议，签署成员出资证明、聘任或者解聘合作社经理、财务会计人员和其他专业技术人员，代表合作社签订合同等。

监事会是专业合作社的监督机构，由成员大会选举产生的监事组成，代表全体成员监督检查理事会的工作。淳和水稻专业合作社设监事长 1 名，成员 2 名，每届任期 3 年或 5 年，可以连选连任，监事长现由村党总支副书记兼任，列席理事会会议。监事会主要职权是监督理事会对社员大会决议和本社章程的执行情况，监督检查本社的生产经营业务和财务收支及盈余分配情况，监督社员履行义务情况等。

2. 合作社财务管理和成员账户建设情况

合作社由集体领办，以村党支部为主导，村集体经济组织控股领办，村集体出资占 67.82%，农户出资占 32.18%，合作社运行中不断规范财务管理和成员账户建设。一是健全会计机构，淳和水稻合作社现有出纳 1 人，由村（社区）会计委托代理中心记账核算。二是建立成员账户，淳和水稻专业合作社为每位成员建立 1 个成员账户，准确记载成员出资额、公积金量化份额、合作社交易量（额）等内容，及时记录其权益变动、盈余分配等情况。

（四）合作社盈余分配情况

2015—2019年，合作社年均经营收入800多万元，五年提取公积金174万元，分红960.29万元，其中村集体分红164.5万元，农户成员分红795.79万元；2020年，合作社经营收入836万元，盈余219.22万元，提取公积金33万元，盈余返还146.42万元，剩余盈余分配39.8万元，其中农户分红150.38万元（低收入农户入股分红3.96万元），户均达3312元。

二、主要做法和成效

（一）主要做法

1. 整合资源，拓宽服务领域

和睦涧村地处丘陵山区，农业主导产业为有机水稻种植。村集体先后牵头组建了淳和水稻专业合作社、农地股份合作社、社区经济股份合作社、淳和劳务专业合作社。2014年，和睦涧村以淳和水稻专业合作社为载体，采取撤并、参股等形式，将村里原有4家合作社的服务职能整合到水稻专业合作社运作，成立了技术服务小组（农机队15人、植保队5人），劳务服务小组（30人），建设了粮食加工厂、烘干房、农机库、直营店等，初步建成了集生产、加工、销售、农机、植保、技术信息、劳务用工、农业保险、农田流转、基础设施建设、社区物业管理等服务功能于一体的综合性农民合作社实体，拓宽了服务领域，开创了农民合作社综合社运作新模式。

2. 明晰产权，探索股份合作

为保障综合社产权清晰、权责明确以及成员真实、出资真实、分红真实，2014年合作社整合时，修订章程，合理设置成员出资构成，并到工商部门变更登记。目前合作社共有成员455户，其中和睦涧村集体经济组织作为团体成员加入。入股资金550万元构成如下：（1）村社区经济股份合作社代表村集体入股，共出资373万元，占股67.82%，其中货币出资318万元；523.37亩集体土地作价入股33万元，包含750元/亩的水田319.75亩，450元/亩的旱地203.62亩；

400元/亩的548.59亩集体水面作价入股22万元。(2)454户农户共出资177万元，占股32.18%，其中454户农户2159.61亩土地作价入股150万元，包括750元/亩的水田1760.48亩，450元/亩的旱地399.13亩；27户农户货币出资27万元。此外，还探索出了“产业链+贫困户”的扶贫模式，合作社共获得财政扶持低收入农户资金以及“万帮万”扶持低收入农户资金共20万元，将其作为低收入农户增收基金，平均量化给70户低收入家庭，将扶贫资金变股金入股合作社。

3. 村社共建，助力乡村振兴

一是党建强社。合作社建立了党支部，在村党总支的领导下开展工作。开展“共产党员户”挂牌亮身份、作承诺，组织党员争当“党员示范户”、“党员种植户”、“党员营销标兵”，带领成员比技术、比服务、比贡献，先后将3名生产经营能手培养成了党员，把2名党员培养成了生产经营能手，形成了党建强社、合作富民的生动局面。二是村社共建。合作社与村委会在村党组织领导下自我管理，相互支持、分账管理，确保产权清晰，账目清楚。合作社遵循《农民专业合作社法》，侧重经济发展，按合作社运行机制建立了成员代表大会、理事会、监事会，理事会抓日常工作，实行民主管理，重大事项由成员代表大会决定。村委会遵循《村民委员会组织法》，侧重民生实事、社会管理等。村集体股份分红用于村级公益事业，修桥铺路、整治村庄环境等，和睦涧村被评为江苏省“生态文明村”。此外，合作社与村委会合力打造以有机大米为特色的稻乡文化村，融入稻米文化展示、稻田大地景观、稻草艺术体验、传统美食体验等生态旅游因素，打造经济发展与稻米文化相结合的田园综合体，助力乡村振兴。

（二）发展特点

自合作社开展综合社试点实行股份合作以来，收益归全体成员共享。通过发展合作社，壮大了集体经济同时也带动了村民共同增收，让村民从土地租金收益、合作社二次分红、务工就业等多渠道实现增收。主要有以下几个特点：

一是集体领办。以村党支部为主导，村集体经济组织控股领办，村集体出资占67.82%，农户出资占32.18%，理事长由村党支部书记兼任，“集体性质”特点较突出。

二是成员封闭。合作社成员为全村农户，不吸纳外村成员加入，收益归全体成员共享共有。

三是农户以土地入股为核心。454 户成员以土地承包经营权作价出资 150 万元，占农户出资额的 85%，土地由合作社统一管理，统一服务。

四是扶贫资金变股金。上级财政扶持低收入农户资金以及“万帮万”扶持低收入农户资金共计 20 万元，量化给村里的 70 户低收入家庭入股合作社，将扶贫资金变股金。

五是出资形式多元化。村集体以资产、资金、资源出资，农户以土地承包经营权作价、自有资金、财政扶持低收入农户资金等多种形式出资。

六是服务内容多样性。集土地流转、农田整治、生产、加工、销售、农机、植保、农业保险、科技信息、劳务用工、物业管理、社区管理服务等多种服务于一体。

（三）发展成效

合作社十多年积极探索创新，一是探索了合作社建设新机制。合作社由社区经济股份合作社参股、农户承包经营权入股、财政扶持资金量化入股的做法，拓宽了合作社发展的新思路。二是推行了村社分设新模式。产权清晰、权责明确、财务独立、分账管理的做法，开辟了村集体组织在发展集体经济、引领农民增收、帮扶低收入农户脱贫的新途径。

实践证明，合作社开展综合社试点以来，实行股份合作的做法取得了初步成效，既拓宽了合作社发展的新思路，又开辟了村集体经济组织在发展集体经济、引领农民增收、帮扶低收入农户脱贫致富的新途径，呈现出“六新”。

一是新机制。合作社由社区经济股份合作社参股、农户承包经营权入股、财政扶持资金量化入股的做法，拓宽了合作社发展的新思路，探索了合作社建设新机制。

二是新模式。改变了过去“村社合一”的财务核算方式，产权清晰，权责明确。合作社和村委会经营分开、管理分开、项目分开、财务分开，村社共建，推行了村社分设新模式。

三是新内容。将农地股份合作社、社区经济股份合作社、劳务合作社、专业合作社的经营服务内容全部整合起来，开展综合服务，拓宽了服务内容，激发了发展活力。

四是新能力。充分发挥了“统”的功能，在产业发展上，具体实施了“八个统一”，即“统一种苗、统一技术指导、统一耕种、统一收割、统一收购、统一加工、统一品牌、统一销售”，实行产前、产中、产后的综合性服务；在设施建设上，投资2000多万元，实施了农田整治，完善了基础设施建设，购置了10余台套农用设备，建设了1座农机库、2个直营店、620平方米粮食加工厂、432平方米成员培训中心及产品陈列室，528平方米的烘干房，306平方米的粮食仓储，70平方米稻文化馆，进一步提升了合作社的服务能力。将合作社与村集体组织的经济功能与社区管理功能充分融合起来，把单个的合作社“小舢板”变成了联合“大舰队”，进一步增强了市场竞争能力。

五是新作用。充分发挥了产业扶贫的积极作用，通过把上级财政扶持低收入农户资金量化给低收入家庭入股合作社，将扶贫资金变股金，低收入农户不但每年能以不低于20%的比例参与分红，而且还常年在合作社打工，就近就业增加收入。

六是新路径。81%的农田入股合作社，村民入社全覆盖。通过将低收入农户靶向资金和扶贫基金入股合作社、农户土地流转入股等渠道，5年来，贫困群众分红18.54万元，70户低收入农户共103人全部实现脱贫；在惠民福利工作方面，2016年至2020年，实物分红有机大米173100斤，惠及2885位村民；在务工收入方面，合作社充分发挥产业扶贫的积极作用，目前日均用工50多人，年均发放工资60多万元；持续性救助大病及困难户383人，发放补助23.68万元。合作社还积极参与村庄公益事业，村民如果患上大病或者考上大学，合作社均会给予2000元的资助或奖励。2008年到2021年，村集体收入从23万元逐渐增加到350.23万元，和睦涧村民人均收入从2008年的8799元逐步增长到2021年的32265元。

（四）合作社发展面临的困难

一是专业性人才亟待进一步引进。当前合作社参与者大多是农民，社员代表也大多是种养殖大户，虽然具备长久积累的农事经验，但已难以适应农业现代化生产的要求，对如何将产业做大做强以及对合作社和产品的定位把握不清晰，存在与现代农业发展的脱节现象；同时合作社内懂得经营善于管理的专业人才严重缺乏，进一步制约了专业合作社的发展壮大。

二是利益分配机制有待进一步规范。合作社多样化的出资形式和社员构成增加了农民合作社运作的针对性和灵活性，但也不可避免的使利益分配变得复杂，如何科学合理地开展盈余及剩余盈余分配，需要进一步探索完善。

下一步，合作社希望能够做大做强有机大米特色产业。依托合作社加快农业生态技术的应用，建设生态优质、环境优美、功能优化的绿色生态农业区。深挖传统农耕特色文化品牌，促进农文旅深度融合。以有机大米为文化活动载体，形成系列文化活动；建立健全品牌文化活动的长效机制，引导企业等市场主体投资文化活动，培养一批活跃于城乡之间的文化管理人员。

三、经验启示

（一）政府层面

1. 强化宏观调控

建议政府部门通过宏观调控，系统化绘制产业发展蓝图，知道合作社布局产业，明确做什么、做多少，并安排专业农业技术人员下社一对一挂钩指导。同时谋划农副产品深加工项目，增加初级农产品附加值，引导有实力的农民合作社拓宽产业链，丰富产业体系，向农业龙头企业靠拢。

2. 强化要素支持

在资金方面，建议上级部门帮助农民合作社争取更多扶持资金，拓宽筹资渠道，支持合作社提升农业设施装备和科技支撑水平，进一步扩容提质。在人才方面，建议上级部门强化农业专业人才储备，促进合作社与高等院校、科研院所联系，推进产学研基地建设与项目合作。

（二）合作社层面

1. 完善的内部管理制度是合作社发展的有效保障

健全成员（代表）大会、理事会、监事会等“三会”制度，明确各社、各成员的岗位责任，规范各类生产台账，充分保障全体成员社对联合社内部各项事务的知情权、决策权、参与权和监督权，是确保合作社规范有序运作的保障。淳和水稻专业合作社面向本村农户，成员结构可以概括为“454+1”模式，即454户农户加上村集体，村集体出资代表了全村农户集体量化的资产，收益归全体成员共有共享。具体而言，合作社主要有3类成员：一是村集体经济组织作为团体成员；二是本村以土地承包权作价出资的农户；三是以货币形式出资的本村农户。村社区经济股份合作社代表村集体入股，共出资373万元，占比67.82%，其中，货币出资318万元，523.37亩集体土地作价出资33万元，包含水田319.75亩（作价750元/亩）、旱地203.62亩（作价450元/亩），548.59亩集体水面以400元/亩作价出资22万元；454户农户共出资177万元，占比32.18%，其中，454户农户2159.61亩土地作价入股150万元，包括水田1760.48亩（作价750元/亩）、旱地399.13亩（作价450元/亩）；货币出资共47万元，除27户农户以货币形式出资27万元外，合作社还采用“产业链+贫困户”的模式，利用财政扶持低收入农户资金以及“万帮万”扶持低收入农户资金共20万元，平均量化给70户低收入家庭，将扶贫资金入股合作社，作为低收入农户增收基金。

2. 提高品牌影响力是合作社发展的内在动力

有了较大的生产规模和良好的产品品质，还要有较宽的销售渠道，才能保证产品及时变成效益，增加发展的资本和动力。合作社自主创新，申请商标，示范推广，努力构建安全健康食品体系，进一步提高了产品知名度，扩大了市场影响力，打通了销售渠道，赢得了成员的信任，增加了合作社的发展动力。2010—2019年淳和水稻专业合作社所产大米通过了有机产品认证，2011年正式注册“和睦涧”商标。2013年“和睦涧”有机大米在第七届江苏省农民合作社产品展销会上获“最佳人气奖”；2015年“和睦涧”商标被南京市评为著名商标；2016—2018年和睦涧牌有机大米获得江苏省名优农产品称号，和睦涧牌有机大米入选 2016 年度江苏省十家农民合作社十个最畅销产品品牌;2019 年获江苏省优质大米、江苏省消费者信得过产品。当前“和睦涧”有机水稻亩产 500—600 斤,还开设了有机大米直营店,销售价可达每斤 10 元,比农户卖原粮高出 1 到 1.5 倍。

3. 稳定的生产基地是合作社发展的基础平台

合作社实施了农田整治,完善了基础设施建设,购置了农用设备,建设了农机库、直营店、粮食加工厂、成员培训中心及产品陈列室,有统一的烘干房和粮食仓储。这些措施在不同程度上提高了农作物的产量和产品品质,提升了农业综合效益,是联合社发展的基础。为推进标准化生产,合作社专门成立了技术服务小组(农机队 15 人、植保队 5 人),劳务服务小组(30 人),形成集生产、加工、销售、农机、植保、技术信息、劳务用工、农业保险、农田流转、基础设施建设、社区物业管理等服务功能于一体的综合性农民合作社实体。合作社流转面积 3623 亩,其中旱地 605 亩,水面 418 亩,发展有机水稻生产基地 2600 亩(种植改良稻品种面积 1000 亩),在发展有机大米基础上又积极推进农业产业多元化发展,发展经济林果水蜜桃 200 亩,白玉枇杷 100 亩,水产养殖 300 多亩,新建 5000 平方米连栋大棚和 2000 平方米玻璃温室,32 亩有机蔬菜大棚等,有效提升了合作社农业生产现代化水平。

4. 产业融合是合作社发展的关键要素

合作社与村委会合力打造以有机大米为特色的稻乡文化村,融入稻米文化展示、稻田大地景观、稻草艺术体验、传统美食体验等生态旅游因素,打造经济发展与稻米文化相结合的田园综合体。整合周边丰富的一产业态,2020 年和睦涧村盘活闲置的原幸福小学,引入教育和艺术类人才,启动南京松湖云谷青少年乡村实践阳光学堂项目,项目集产业融合、观光休闲、科普宣传、文化教育和劳动实践为一体,计划总投资 8000 万元,占地约 200 亩,建成后将聚合人才、资金、信息等各类资源,与合作社形成联动,为人才、创业者提供良好的工作空间、网络空间、社交空间和资源共享空间,持续为壮大村集体经济提供保障。

研讨题

1. 如何通过合作社解决相对贫困问题、形成长效机制？

2. 在乡村振兴战略大背景下，怎样进一步发挥合作社的组织作用来助力乡村振兴？

3. 合作社除了产业振兴、合作富民的作用以外，在其他方面还能发挥什么作用？

附录

高淳区淳和水稻专业合作社章程

第一章　总则

第一条　为保护成员的合法权益，增加成员收入，促进本社发展，依照《中华人民共和国农民专业合作社法》和有关法律、法规、政策，制定本章程。

第二条　本社于2015年7月6日召开了全体成员大会，修改了本章程。

本社名称：高淳县淳和水稻专业合作社，成员出资总额550万元。

本社法定代表人：魏统田

本社住所：东坝镇和睦涧村，邮政编码：211301。

第三条　本社以服务成员、谋求全体成员的共同利益为宗旨。成员入社自愿，退社自由，地位平等，民主管理，实行自主经营，自负盈亏，利益共享，风险共担，盈余主要按照成员与本社的交易量比例返还。

第四条　本社以成员为主要服务对象，依法从事有机水稻种植、销售。有效集聚村区域范围内多种生产经营要素，开展生产、加工、销售、信息、科技、保险、内部信用合作、社区管理等综合性服务。

第五条　本社对由成员出资、公积金、国家财政直接补助、他人捐赠以及合法取得的其他资产所形成的财产，享有占有、使用和处分的权利，并以上述财产对债务承担责任。

第六条　本社每年提取的公积金，按照成员与本社业务交易量依比例量化为每个成员所有的份额。由国家财政直接补助和他人捐赠形成的财产平均量化为每个成员的份额，作为可分配盈余分配的依据之一。

本社为每个成员设立个人账户，主要记载该成员的出资额、量化为该成员的公积金份额以及该成员与本社的业务交易量。

本社成员以其个人账户内记载的出资额和公积金份额为限对本社承担责任。

第七条　经成员(代表)大会讨论通过，本社投资兴办与本社业务内容相关的经济实体；接受与本社业务有关的单位委托，办理代购代销等中介服务；向政府有关部门申请或者接受政府有关部门委托，组织实施国家支持发展农业和农村经济的建设项目；按决定的数额和方式参加社会公益捐赠。

第八条　本社及全体成员遵守社会公德和商业道德，依法开展生产经营活动，经营期限为长期。

第二章　成员

第九条　具有民事行为能力的公民，从事生产经营，能够利用并接受本社提供的服务，承认并遵守本章程，履行本章程规定的入社手续的，可申请成为本社成员。本社吸收从事与本社业务直接有关的生产经营活动的企业、事业单位或者社会团体为团体成员。具有管理公共事务职能的单位不得加入本社。本社成员为455名，农民成员至少占成员总数的百分之八十。

第十条　凡符合前条规定，向本社理事会提交书面入社申请，经成员大会审核并讨论通过者，即成为本社成员。

第十一条　本社成员的权利：

（一）参加成员大会，并享有表决权、选举权和被选举权；

（二）利用本社提供的服务和生产经营设施；

（三）按照本章程规定或者成员大会决议分享本社盈余；

（四）查阅本社章程、成员名册、成员大会记录、理事会会议决议、监事会会议决议、财务会计报告和会计账簿；

（五）对本社的工作提出质询、批评和建议；

（六）提议召开临时成员大会；

（七）自由提出退社声明，依照本章程规定退出本社；

（八）成员共同议决的其他权利。

第十二条　本社成员大会选举和表决，实行一人一票制，成员各享有一票基本表决权。

第十三条　本社成员的义务：

（一）遵守本社章程和各项规章制度，执行成员大会和理事会的决议；

（二）按照章程规定向本社出资；

（三）积极参加本社各项业务活动，接受本社提供的技术指导，按照本社规定的质量标准和生产技术规程从事生产，履行与本社签订的业务合同，发扬互助协作精神，谋求共同发展；

（四）维护本社利益，爱护生产经营设施，保护本社成员共有财产；

（五）不从事损害本社成员共同利益的活动；

（六）不得以其对本社或者本社其他成员所拥有的债权，抵销已认购或已认购但尚未缴清的出资额；不得以已缴纳的出资额，抵销其对本社或者本社其他成员的债务；

（七）承担本社的亏损；

（八）成员共同议决的其他义务。

第十四条　成员有下列情形之一的，终止其成员资格：

（一）主动要求退社的；

（二）丧失民事行为能力的；

（三）死亡的；

（四）团体成员所属企业或组织破产、解散的；

（五）被本社除名的。

第十五条　成员要求退社的，须在会计年度终了的三个月前向理事会提出书面声明，方可办理退社手续；其中，团体成员退社的，须在会计年度终了的六个月前提出。退社成员的成员资格于该会计年度结束时终止。资格终止的成员须分摊资格终止前本社的亏损及债务。

成员资格终止的，在该会计年度决算后3个月内，退还记载在该成员账户内的出资额和公积金份额。如本社经营盈余，按照本章程规定返还其相应的盈余所得；如经营亏损，扣除其应分摊的亏损金额。

成员在其资格终止前与本社已订立的业务合同应当继续履行。

第十六条　成员死亡的，其法定继承人符合法律及本章程规定的条件的，在1个月内提出入社申请，经成员大会讨论通过后办理入社手续，并承继被继承人与本社的债权债务。否则，按照第十五条的规定办理退社手续。

第十七条　成员有下列情形之一的，经成员大会讨论通过予以除名：

（一）不履行成员义务，经教育无效的；

（二）给本社名誉或者利益带来严重损害的；

（三）成员共同议决的其他情形；

本社对被除名成员，退还记载在该成员账户内的出资额和公积金份额，结清其应承担的债务，返还其相应的盈余所得。因前款第二项被除名的，须对本社作出相应赔偿。

第三章　组织机构

第十八条　成员大会是本社的最高权力机构，由全体成员组成。成员大会行使下列职权：

（一）审议、修改本社章程和各项规章制度；

（二）选举和罢免理事、监事或者监事会成员；

（三）决定成员入社、退社、继承、除名、奖励、处分等事项；

（四）决定成员出资标准及增加或者减少出资；

（五）审议本社的发展规划和年度业务经营计划；

（六）审议批准年度财务预算和决算方案；

（七）审议批准年度盈余分配方案和亏损处理方案；

（八）审议批准理事会、监事提交的年度业务报告；

（九）决定重大财产处置、对外投资、对外担保和生产经营活动中的其他重大事项；

（十）对合并、分立、解散、清算和对外联合等作出决议；

（十一）决定聘用经营管理人员和专业技术人员的数量、资格、报酬和任期；

（十二）听取理事长关于成员变动情况的报告；

（十三）决定其他重大事项；

第十九条　本社成员超过一百五十人时，每 5 名成员选举产生一名成员代表，组成成员代表大会。成员代表大会履行成员大会的部分代表等职权。成员代表任期 3 年，可以连选连任。

第二十条　本社每年召开 2 次成员大会成员大会由理事长负责召集，并提前十五日全体成员通报会议我。

第二十一条有下列情形之一的，本社在二十日内召开临时成员大会：

（一）百分之三十以上的成员提议；

（二）监事提议；

（三）理事会提议；

（四）成员共同议决的其他情形。

理事长不能履行或者在规定期限内没有正当理由不履行职责召集临时成员大会的，监事在 20 日内召集并主持临时成员大会。

第二十二条　成员大会须有本社成员总数的三分之二以上出席方

可召开。成员因故不能参加成员大会，可以书面委托其他成员代理。一名成员最多只能代理2名成员表决。

成员大会选举或者做出决议，须经本社成员表决权总数过半数通过；对修改本社章程，改变成员出资标准，增加或者减少成员出资，合并、分立、解散、清算和对外联合等重大事项做出决议的，须经成员表决权总数三分之二以上的票数通过。成员代表大会的代表以其受成员书面委托的意见及表决权数，在成员代表大会上行使表决权。

第二十三条　本社设理事长一名，为本社的法定代表人。理事长任期3年，可连选连任。理事长行使下列职权：

（一）主持成员大会，召集并主持理事会会议；

（二）签署本社成员出资证明；

（三）签署聘任或者解聘本社经理、财务会计人员和其他专业技术人员聘书；

（四）组织实施成员大会和理事会决议，检查决议实施情况；

（五）代表本社签订合同等；

（六）履行成员大会授予的其他职权。

第二十四条　本社设理事会，对成员大会负责，由3名成员组成，设理事长1人。理事会成员任期3年，可连选连任。

理事会行使下列职权：

（一）组织召开成员大会并报告工作，执行成员大会决议；

（二）制订本社发展规划、年度业务经营计划、内部管理规章制度等，提交成员大会审议，选举、罢免理事长；

（三）制定年度财务预决算、盈余分配和亏损弥补等方案，提交成员大会审议；

（四）组织开展成员培训和各种协作活动；

（五）管理本社的资产和财务，保障本社的财产安全；

（六）接受、答复、处理监事或者监事会提出的有关质询和建议；

（七）决定成员入社、退社、继承、除名、奖励、处分等事项；

（八）决定聘任或者解聘本社经理、财务会计人员和其他专业技术人员；

（九）履行成员大会授予的其他职权。

第二十五条　理事会会议的表决，实行一人一票。重大事项集体讨论，并经三分之二以上理事同意方可形成决定。理事个人对某项决议有不同意见时，其意见记入会议记录并签名。理事会会议邀请监事、经理和5名成员代表列席，列席者无表决权。

第二十六条　本社设监事2名，代表全体成员监督检查理事会和工作人员的工作。监事列席理事会会议。

第二十七条　监事行使下列职权：

（一）监督理事会对成员大会决议和本社章程的执行情况；

（二）监督检查本社的生产经营业务情况，负责本社财务审核监察工作；

（三）监督理事长或者理事会成员和经理履行职责情况；

（四）向成员大会提出年度监察报告；

（五）向理事长或者理事会提出工作质询和改进工作的建议；

（六）提议召开临时成员大会；

（七）代表本社负责记录理事与本社发生业务交易时的业务交易量情况；

（八）履行成员大会授予的其他职责。

卸任理事须待卸任3年后方能当选监事。

第二十八条　本社经理由理事会负责，行使下列职权：

（一）主持本社的生产经营工作，组织实施理事会决议；

（二）组织实施年度生产经营计划和投资方案；

（三）拟订经营管理制度；

（四）提请聘任或者解聘财务会计人员和其他经营管理人员；

（五）聘任或者解聘除应由理事会聘任或者解聘之外的经营管理人员和其他工作人员；

（六）理事会授予的其他职权。

本社理事长或者理事可以兼任经理。

第二十九条　本社现任理事长、理事、经理和财务会计人员不得兼任监事。

第三十条　本社理事长、理事和管理人员不得有下列行为：

（一）侵占、挪用或者私分本社资产；

（二）违反章程规定或者未经成员大会同意，将本社资金借贷给他人或者以本社资产为他人提供担保；

（三）接受他人与本社交易的佣金归为己有；

（四）从事损害本社经济利益的其他活动；

（五）兼任业务性质相同的其他农民专业合作社的理事长、理事、监事、经理。

理事长、理事和管理人员违反前款第（一）项至第（四）项规定所得的收入，归本社所有；给本社造成损失的，须承担赔偿责任。

第四章　财务管理

第三十一条　本社实行独立的财务管理和会计核算，严格按照国务院财政部门制定的农民专业合作社财务制度和会计制度核定生产经营和管理服务过程中的成本与费用。

第三十二条　本社依照有关法律、行政法规和政府有关主管部门的规定，建立健全财务和会计制度，实行每12月31日财务定期公开制度。本社财会人员应持有会计从业资格证书，会计和出纳互不兼任。理事会、监事会成员及其直系亲属不得担任本社的财会人员。

第三十三条　成员与本社的所有业务交易，实名记载于各该成员的个人账户中，作为按交易量进行可分配盈余返还分配的依据。利用本社提供服务的非成员与本社的所有业务交易，实行单独记账，分别核算。

第三十四条　会计年度终了时，由理事长按照本章程规定，组织编制本社年度业务报告、盈余分配方案、亏损处理方案以及财务会计报告，经监事审核后，于成员大会召开十五日前，置备于办公地点，供成员查阅并接受成员的质询。

第三十五条　本社资金来源包括以下几项：

（一）成员出资；

（二）每个会计年度从盈余中提取的公积金、公益金；

（三）未分配收益；

（四）国家扶持补助资金；

（五）他人捐赠款；

（六）其他资金。

第三十六条　本社成员可以用货币出资，也可以用库房、加工设备、运输设备、农机具、农产品等实物、技术、知识产权或者其他财产权利作价出资，但不得以劳务、信用、自然人姓名、商誉、特许经营权或者设定担保的财产等作价出资。成员以非货币方式出资的，由全体成员评估作价。

第三十七条　本社成员认缴的出资额，须在1个月内缴清。

第三十八条　以非货币方式作价出资的成员与以货币方式出资的成员享受同等权利，承担相同义务。经理事长审核，成员大会讨论通过，成员出资可以转让给本社其他成员。

第三十九条　为实现本社及全体成员的发展目标需要调整成员出资时，经成员大会讨论通过，形成决议，每个成员须按照成员大会决议的方式和金额调整成员出资。

第四十条　本社向成员颁发成员证书，并载明成员的出资额。成员证书同时加盖本社财务印章和理事长印鉴。

第四十一条　本社从当年盈余中提取百分之三十的公积金，用于扩大生产经营、弥补亏损或者转为成员出资。

第四十二条　本社从当年盈余中提取百分之二十的公益金,用于成员的技术培训、合作社知识教育以及文化、福利事业和生活上的互助互济。其中,用于成员技术培训与合作社知识教育的比例不少于公益金数额的百分之十。

第四十三条　本社接受的国家财政直接补助和他人捐赠,均按本章程规定的方法确定的金额入账,作为本社的资产,按照规定用途和捐赠者意愿用于本社的发展。在解散、破产清算时,由国家财政直接补助形成的财产,不得作为可分配剩余资产分配给成员,处置办法按照国家有关规定执行;接受他人的捐赠,与捐赠者另有约定的,按约定办法处置。

第四十四条　当年扣除生产经营和管理服务成本,弥补亏损、提取公积金和公益金后的可分配盈余,经成员大会决议,按照下列顺序分配:

(一) 按成员与本社的业务交易量比例返还,返还总额不低于可分配盈余的百分之六十。

(二) 按前项规定返还后的剩余部分,以成员账户中记载的出资额和公积金份额,以及本社接受国家财政直接补助和他人捐赠形成的财产平均量化到成员的份额,按比例分配给本社成员,并记载在成员个人账户中。

第四十五条　本社如有亏损,经成员大会讨论通过,用公积金弥补,不足部分也可以用以后年度盈余弥补。本社的债务用本社公积金或者盈余清偿,不足部分依照成员个人账户中记载的财产份额,按比例分担,但不超过成员账户中记载的出资额和公积金份额。

第四十六条　监事负责本社的日常财务审核监督。根据成员大会,本社委托中介审计机构对本社财务进行年度审计、专项审计和换届、离任审计。

第五章　合并、分立、解散和清算

第四十七条　本社与他社合并,须经成员大会决议,自合并决议作出之日起十日内通知债权人。合并后的债权、债务由合并后存续或者新设的组织承继。

第四十八条　经成员大会决议分立时，本社的财产作相应分割，并自分立决议作出之日起十日内通知债权人。分立前的债务由分立后的组织承担连带责任。但是，在分立前与债权人就债务清偿达成的书面协议另有约定的除外。

第四十九条　本社有下列情形之一，经成员大会决议，报登记机关核准后解散：

(一) 本社成员人数少于五人；

(二) 成员大会决议解散；

(三) 本社分立或者与其他农民专业合作社合并后需要解散；

(四) 因不可抗力因素致使本社无法继续经营；

(五) 依法被吊销营业执照或者被撤销；

(六) 成员共同议决的其他情形。

第五十条　本社因前条第一项、第二项、第四项、第五项、第六项情形解散的，在解散情形发生之日起十五日内，由成员大会推举5名成员组成清算组接管本社，开始解散清算。逾期未能组成清算组时，成员、债权人可以向人民法院申请指定成员组成清算组进行清算。

第五十一条　清算组负责处理与清算有关未了结业务，清理本社的财产和债权、债务，制定清偿方案，分配清偿债务后的剩余财产，代表本社参与诉讼、仲裁或者其他法律程序，并在清算结束后，于3日内向成员公布清算情况，向原登记机关办理注销登记。

第五十二条　清算组自成立起十日内通知成员和债权人，并于六十日内在报纸上公告。

第五十三条　本社财产优先支付清算费用和共益债务后，按下列顺序清偿：

(一) 与农民成员已发生交易所欠款项；

(二) 所欠员工的工资及社会保险费用；

(三) 所欠税款；

（四）所欠其它债务；

（五）归还成员出资、公积金；

（六）按清算方案分配剩余财产。

清算方案须经成员大会通过或者申请人民法院确认后实施。本社财产不足以清偿债务时，依法向人民法院申请破产。

第六章　附则

第五十四条　本社需要向成员公告的事项，采取集中开会方式发布，需要向社会公告的事项，采取集中开会方式发布。

条本章程由设立大会表决通过，全体设立人签字后生效。

第五十五条　修改本章程，须经半数以上成员或者理事会提出，理事长负责修订，成员大会讨论通过后实施。

第五十六条　本章程由本社理事会负责解释。

第五十七条　全体设立人签名、盖章：

开发园区创新转型新路径

——江宁滨江园区“二次创业”的实践与启示

苏瑞娜　编写

中共南京市委党校政治学与法学教研部

【引言】2015年5月27日，习近平总书记在华东七省市党委主要负责同志座谈会上的讲话中再次强调创新引领发展的重要性。总书记在讲话中提出："要深入实施创新区域发展战略，推动科技创新、产业创新、企业创新、市场创新、产品创新、业态创新、管理创新等，加快形成以创新为主要引领和支撑的经济体系和发展模式。"

【摘要】园区是经济体系创新建设的最基础单元，是区域经济转型升级的突破口、增长极，是带动区域经济发展的主引擎。在园区平台开展的创新发展实践对推动地方经济的创新转型有着重要的示范效应。在国内经济从高速增长向高质量发展转型的新阶段，以园区为"试验田"，开展转方式、调结构、换动能实践尤为重要。江宁滨江开发区通过园区改革带动创新发展，以发展战略性新兴产业为引领，把发展高端产业融入现代城市建设中，使园区实现了脱胎换骨式发展，其经验值得借鉴。

【关键词】改革开放　经济体制改革　园区改革

习近平总书记指出："创新是一个系统工程，创新链、产业链、资金链、政策链相互交织、相互支撑，改革只在一个环节或几个环节搞是不够的，必须全面部署，并坚定不移推进。"

创新需要适宜的土壤，全面部署改革创新就是要打造适宜创新的良好土壤。创新实践推进是否顺利，取决于区域内创新生态构建是否完备。当前，我国经济转型升级面临更多内外因素制约，如何在不降低发展速度、不干扰既有发展步调的基础上推进创新生态的建设？如何在区域内、平台上推进系统性创新，实现创新引领的产业升级？这些问题是各地方在发展模式换挡升级时均需解决的关键问题。

当前的创新实践多发生在经济领域，以企业的科技创新活动为主。提供满足企业创新所需的生态环境，在区域内形成良好创新生态对于区域经济发展的重要性日益凸显。对于各地的改革实践而言，做好企业科技创新服务工作是首要一步。园区，作为承载企业经济活动的主平台，是各地推进经济转型发展的改革最前沿，在园区开展的创新改革实践对于区域创新生态建设而言具有重要的示范作用。对于区域产业转型升级而言，产业园区是承载创新链、产业链、资金链、政策链的关键平台，园区主平台的机制创新直接影响着城市科技创新、产业创新的落地成效。园区的创新发展模式是否顺利，企业创新潜能是否得到有效发挥，取决于创新生态系统的支持配套是否完备。如何顺应时代发展大势，以园区为主平台推进系统性机制改革，成为各地园区近年来改革的关键。

十八届四中全会以来，国务院先后发布多个开发园区体制机制创新改革文件，为国内园区指明了改革方向。近年来，全国各地园区纷纷开展体制机制改革创新，积极探索产业转型升级、科技创新的新路径。

地方层面的园区改革实践，主要围绕着提升创新资源汇聚成效这一目标开展工作，通过搭建创新功能综合体来推动发展模式向创新转型。从发展路径看，主要是以园区为平台，形成创新资源汇聚高地，加速高校、科研机构、创新转化机构、市场渠道等各类创新资源在园区平台的共同汇聚、有机协作。从体制改革路径来看，主要是推动园区的去行政化改革，通过构建新型管理机制来提升园区的经济服务成效。在推进体制机制改革的众多园区中，江宁滨江园区通过改革取得了突出的实效，其改革经验值得学习借鉴。

一、背景情况

整体而言，我国园区的发展进程一共经历了两大阶段。园区发展遵循先规模扩张后质量提升的"两步走"发展逻辑。在改革开放早期，国内园区遵循短平快发展思路，主要是发挥"政策洼地"功效，以园区为平台承载政策优势，形成综合要素低成本优势对接全球市场。在这一阶段，各大园区多重视规模扩张，在招商引资时强调项目落地数量，在长期的产业板块建设上多有不足。但随着改革开放逐渐进入下半场，国内外经济形势出现重大变化，园区发展面临扩张空间不足的制约，既有的外延式扩张模式需向内涵式增长模式转变。

随着国内经济的整体转型，园区也进入到改革深水区，此时的园区发展更多遵循"长期主义"，发展模式需从"政策洼地"向"创新高地"转型，发展重心也要从规模/成本优势向创新优势提升。转变发展模式对园区体制、运营方式都提出改革新要求，改革应同时在多个层面、多个维度同步推进，这无异于开启园区的"二次创业"历程。

近年来，南京市积极推进创新名城建设，成立实体化运作的市委创新委员会，整合全市高新园区，以全市园区去行政化的整体改革建构创新引领新模式。在市级层面推进园区改革，有助于提升园区改革成效，减少"自下而上"改革中出现的不必要的资源损耗与摩擦。在全市统一协调下，各园区集中资源和精力发展一至两个主导产业，通过园区平台改革实现"移栽大树""育苗造林""老树发新芽"的目标，继而构建自主可控的现代产业体系，形成产业集群。但政策规划在落地时还存在着执行问题，需要各园区根据实际情况切实推进。发展路径要换挡已成为园区改革共识，但落实到各园区平台时，具体应如何操作？应侧重哪些方面？这是园区在二次创业需要解决的具体问题。南京江宁滨江开发区的改革是众多园区改革的一个缩影，其改革实践值得学习借鉴。

南京是长三角工业重镇。2020年，南京经济总量步入全国前十，江宁区、江北新区的经济增速尤为亮眼，其中江宁区在绿色智能汽车、智能电网产业的带动下，经济增速位列各区之首。从规划导向来看，南京市2021年重点投资392个项目，计划投资2418.39亿元。在新项目投资中，尤其是将江宁区、江北新区等区作为产业发展重镇，以产业转型形成新的经济增长点。江宁区的发展增速与区内推进的园区改革关系密切。江宁园区的创新改革实践对处于制造业产业转型重要阶段的南京而言意义重大，本文以江宁滨江开发区为例考察江宁的园区改革实践经验。

早在2017年，江宁滨江开发区就积极推进改革，大手笔改造园区环境，推进现代服务业的高水平配套建设，积极带动龙头型、总部型、基地型大项目落地。2017年11月2日，总投资达136亿元的南京晶能新能源智能汽车项目在江宁滨江开发区破土动工，拉开了园区"二次创业"的序幕。自此之后，滨江开发区先后引进中兴通讯、烽火科技等一批行业龙头项目，促进园区产业结构优化。2018年，滨江开发区实现地区生产总值38.9亿元，同比增长54.9%，其中服务业增加值22.6亿元，同比增长121.4%，增幅达历史最高水平。自滨江开发区提出"二次创业"后，极短时间内就在项目引进、环境打造等方面取得了突出成效。滨江开发区的"二次创业"经验值得研究借鉴学习。

二、改革经过

作为南京主要的工业区，江宁在制造业上一直有着较为深厚的积累。早在20世纪80年代，江宁就大量出口丝绸、服装等产品，并积极参与对外经贸合作。江宁区的工业园区建设始于20世纪90年代初期。1993年6月18日，创立了南京江宁技术开发区，这是江宁区内的首个开发区，该区在当年11月4日便被江苏省政府批准为首批省级开发区。江宁区早期引进的企业多为电子、汽车产业，爱立信、西门子、南汽、东华、东陶、百事可乐等企业早在90年代便入驻江宁。在1999年，区内就实现技工贸总收入110.8亿元，生产总值25.3亿元，全方位出口创汇1.5亿元，高新技术企业产出占比为70%。

滨江开发区创建于2003年。开发区在发展早期，主要是承接南京城市“退二进三”及相关转制企业为主，通过发挥“政策洼地”效应吸引企业入驻。这一时期引进的企业中，有大量企业是位于产业链中低端的企业。但随着近年来经济发展模式的转型升级，位于全球产业链中低端的劳动密集型制造业难以再起到带动创新发展的引领作用。这类企业享有较多优质土地资源，但不少企业处于停产、半停产甚至破产状态。这造成的结果是，园区土地资源利用率不高，产业基础薄弱，创新动能不足。在创新发展成为时代主题时，滨江开发区的空间优势、资源优势反而难以得到充分释放。在国内园区整体从规模扩张步入质量提升新阶段后，滨江开发区既有的资源配置模式就需要根据时代发展要求进行结构性转型。

长期以来，滨江开发区产业布局面临项目品质不足、产业集聚不强等发展挑战，产业转型升级迟迟难以进入正轨。为解决这些难题，2017年，江宁区委区政府决定加快滨江开发区发展步伐。滨江开发区迅速启动“二次创业”，提出以发展战略性新兴产业为引领，以发展高端产业、打造现代城市为核心方向，借助战略性新兴产业来引领园区布局高端产业。从产业发展切入，推进园区发展模式转型，针对园区面临的项目品质低、产业集聚低、资源利用低、产出能效低这“四低”发展限制问题进行改革。

园区坚持“招引高端大项目、园区环境大提升、腾笼换凤大置换、新城建设大变样”四大策略，推进滨江开发区提档升级，向更高赛道转换。在具体做法上，也是遵循先内部盘整、后系统升级的改革步骤开展工作。

（一）盘整资源

滨江开发区要提档升级，最先着力突破的便是低效用地开发再利用的制约。园区需要对既有的空间进行二次再利用，先盘整资源，再引入新的龙头企业推动产业升级。园区按照省市区关于低效用地再开发相关政策规定，先期对园区工业企业用地规模、产业类型、土地利用强度、投入产出水平进行“家底清点”。通过抄底摸排，初步清理出闲置低效用地企业87家，其中用地企业43家。

在摸清园区低效用地面临的具体问题后，因企施策，开展“腾笼换凤”工作。对资产较清晰、有意向退出或股权转让及濒临破产的11家低效闲置企业，通过引入外来优质项目资源优先进行嫁接。对位于园区核心区域但难以承担产业引领能力的企业,借助嫁接、并购、转型、回购等多种方式协助企业改造。对长期未投产或投产不足的企业,跟踪约谈、摸清意向,腾出可利用资源。对经济纠纷多、资产不清晰、资产清理期限长、整治难度较大的企业,制定一企一策的专项治理方案。

借助分类施策,滨江区通过项目嫁接、收储用地、法院竞拍、扶持转型等多种方式大力推动闲置低效用地企业"腾笼"工作,实现园区有限资源的优化配置。一年半时间里,园区盘整低效用地企业 20 家,腾退总用地面积 1850 亩,同时,积极推进 20 家企业低效用地转化工作,优化 3000 亩空间的二次利用。

(二)更新产业

通过整合空间资源,滨江开发区收回土地资源,为新业态的招引工作做好了充分准备。在打好前期"腾笼"筹备工作后,园区开始推进"换凤"工作。

一方面,积极引进新产业、新项目。加快推进烽火通信、格力电工、马波斯自动化、LG、达盈新材料等科技创新项目入驻。2017 年 6 月 14 日,园区签约首个大项目——总投资达 86 亿元的卡耐新能源电池项目。该项目在滨江开发区开展新能源电池包核心生产基地及研发中心建设。11 月,总投资达 136 亿元的南京晶能新能源汽车制造有限公司在滨江开发区破土动工,项目落地后,将实现年产纯电动专用车 20 万辆、电动乘用车 15 万辆,年产值达 600 亿元,利税可达 70 亿元。2017 年,滨江开发区相继签约新能源汽车、新能源电池、高端先进制造领域多个项目,总投资额将近 500 亿元。与此同时,一批重点项目也加快推进。中船海洋装备机电产业园、康泉现代化汽车供应链分拨中心等重大产业项目全部开工建设,当年完成投入 40.1 亿元。

另一方面,助力园区企业创新升级。园区组织专班,对区内既有产业进行转型升级研究。针对有产业基础、有创新潜力、有市场前景的企业提供专门化的指导帮扶,鼓励企业抱团发展。如,以南京科远自动化集团牵头,组织园区 22 家制造企业,成立"滨江智能制造产业联盟"。积极与市区部门对接,成功为企业申报各类项目 85 个,争取贷款扶持资金 2.8 亿元,项目扶持资金 3055 万元。支持一夫新材料、迈拓仪表进入上市辅导;协助南京工艺装备厂等多家企业参与制定国家标准；完成多家高新技术企业申报，高新技术企业数量增速达 950%。针对园区内有发展前景的企业，进行专项扶持，帮助企业转型升级、弯道超车。2020 年，开发区净增高新技术企业 16 家，新增市级以上企业技术中心 4 家，新增发明专利申请量 260 件，完成 PCT 专利申请 3 件。

（三）优化管理

园区积极深化“放管服”改革，推动开发区政务服务水平不断提升，营造更为优良的企业经营环境。同时，加快教育、交通、卫生、养老等社会公共服务配套建设，吸引更多高新企业、高端人才入驻。

与传统制造类企业重视要素成本不同的是，以创新为引领的科技型企业更重视人才、技术、资本等优质要素的综合配置。这对园区的企业服务工作提出了更高要求。

为加快“二次创业”步伐，园区班子开展企业大走访，听取企业意见，对企业反映集中、呼声强烈的设施配套问题进行整改。先是用一年时间建成 8 公里临江大道滨江段快速路，对园区内部道路进行提档升级，使得园区内硬件环境得到质的提升。针对创新人才重视的下一代教育、医疗等问题，专门引进苏州外校滨江分校、省人民医院滨江分院，增强园区教育、医疗等资源的配置。针对园区存在的环境“脏乱差”问题，开展“拆违治乱、重塑形象”行动，通过上门沟通等方式整改区内违建问题。

“二次创业”行动开始后，滨江开发区建成行政服务代办中心、职业介绍机构，持续优化企业服务便利度。针对开工建设的新项目，开展全方位、无死角、零距离、保姆式服务。针对重大项目，挂图作战，制定详细的时间节点、服务人员。对中兴、LG、烽火等百亿级项目设立专门小组，做到专人对接、专门推进，为企业项目在规划设计、项目报批、土地征迁、后勤保障等方面提供“一体化”综合服务。以格力电工为例，自洽谈、签约到厂房改造、设备安装调试、最终投产，项目整体只耗费了一个月时间。

在区域内推进标准先行发展理念。鼓励企业采用国际标准及先进标准，引导企业制定高于国家行业标准的企业内部控制标准。滨江开发区企业在智能电网、新材料等重点行业内有较大的影响力，开发区配合企业参与行业标准制定，扩大企业在全行业标准制定中的话语权。开发区还鼓励企业申报质量奖、市长质量奖等奖项,引导企业打造质量口碑、质量品牌。

为高效推进“二次创业”,滨江开发区打造了一套高效率的工作班底,使开发区在短期内实现飞跃式发展。战略性新兴产业多属技术、人才双密集产业,需要园区同时配套专家型团队服务。为此,园区特地聘请在开放开发、园区改革方面经验丰富的高端人才助力园区“二次创业”,在关键项目上敢决断、敢担责。以中兴通讯为例,中兴项目刚开工建设,便遭遇“制裁”,一时间舆论四起,人心浮动。但园区班子当机立断,立即前往中兴深圳总部,沟通情况、表明态度,强调一如既往做好优质服务,使企业与园区的合作更加紧密。

(四)精细服务

滨江开发区在“二次创业”过程中更加重视提升城市服务的整体质量,借此打造良好的营商环境、创新生态。

在产业配置上,坚持生产性服务与生活性服务并重,鼓励做大做强软件、物流、旅游等产业,不断优化生活性服务业的精细度和高品质,主动适应消费发展趋势,引导商贸、餐饮等服务业通过规范经营走上品牌化发展道路。推进服务业标准化建设,积极支持优秀的服务业企业申报省级标准化服务试点项目。

推进开发区绿色发展,进一步优化能源、消费结构,在淘汰低端低效产能项目的同时,引导企业布局清洁生产、低碳生产。针对园区的生态环境,严格落实河湖长制、断面长制,提升河道水质,构建全域污水处理体系建设,强化开发区供地扬尘、餐饮油烟等污染源的精细化管控。

三、总结

当前,国内经济恰处于从速度经济向质量经济转型发展的关键期,走创新引领的高质量发展道路成为时代主题。传统园区以平台优势形成综合低要素成本优势的发展模式面临模式转化挑战。如何有效发挥园区的平台优势,围绕园区建设创新生态系统,成为新时代园区转型升级所需解决的关键问题。

在习近平总书记新时代中国特色社会主义思想的指引下，江宁滨江园区以创新型产业为主抓手，借助综合改革，积极推进园区“二次创业”，高效快速实现了产业转型的经验，其发展经验值得园区改革者们学习。

研讨题

1. 如何评价江宁滨江区“二次创业”？
2. 江宁滨江区“二次创业”经验有哪些借鉴之处？

牢记使命勇担当　宁聚一心战疫情

——南京抗击新冠病毒肺炎疫情斗争实践与启示

马建珍　陈华　编写

中共南京市委党校公共管理教研部

【引言】2020年1月25日，习近平总书记在十九届中央政治局常委会会议上强调，疫情就是命令，防控就是责任，把人民群众生命安全和身体健康放在第一位，把疫情防控工作作为当前最重要的工作来抓。2月3日，习近平总书记在十九届中央政治局常委会会议研究应对新冠肺炎疫情工作时的讲话中指出，疫情防控要坚持全国一盘棋，各级党委政府坚决服从党中央统一指挥、统一协调、统一调度，做到令行禁止。

【摘要】2020年一场史无前例的疫情席卷全国，对经济和社会发展的冲击前所未有，江苏省南京市身处其中。面对突如其来的新冠肺炎疫情，南京市委市政府坚决贯彻习近平总书记重要讲话精神，认真落实党中央决策部署和江苏省委工作要求，带领全市人民切实扛起省会城市、中心城市、特大城市的使命担当，牢牢守住自己的阵地，未雨绸缪、精准施策、化危为机，取得了抗击新冠肺炎疫情斗争重大战略成果，努力交出了一份大战大考的合格答卷，充分展现出南京力量、南京精神、南京效率。

【关键词】南京抗疫　应急组合拳　危机决策

2020年,当突如其来的新冠肺炎疫情在湖北武汉暴发之时,500多公里外的南京城同样面临着严峻威胁。突如其来的疫情,严重威胁着全市人民生命安全和身体健康,考验着地方党委政府和领导干部的治理能力。

一、超前谋划,未雨绸缪

2020年1月22日,国家卫健委确认江苏出现一例新冠肺炎确诊病例,1月23日,南京市出现首次报告确诊病例,一场前所未知、突如其来、来势汹汹的新冠肺炎疫情考验着南京公共卫生体系。然后,早在5年前南京就有了自己的"火神山医院"——南京市公共卫生医疗中心。"非典"疫情过后,南京即着手谋划全市医疗资源优化布局,构建现代医疗服务体系,核心内容之一便是整合全市传染病救治资源,将市第二医院的肝炎和艾滋病、市胸科医院的结核病、市职业病防治院的麻风病、南山医院的突发公共卫生事件应急中心等职能,全部集中到远离居民聚集区的江宁汤山街道青龙山院区,建成作为重大传染病公共卫生事件应急处置中心的公共卫生医疗中心。2012年南京市公共卫生医疗中心项目经南京市发改委宁发改投资[2013]472号文批准立项,中心项目总用地面积120000平方米,总建筑面积150000平方米,设计床位1100张,项目建设总投资约5.7亿元,由市财政统筹安排,计划于2013年8月份开工,2015年建成并正式投入使用。整个工程以青龙山绿色生态环境为背景,建设的主要内容包括:传染病专科、结核病专科、爆发烈性疾病专科、小综合病种、救援中心、办公和辅助用房、科研和教学用房、员工生活区等,项目建成后将成为南京市以"小综合、大专科、强防治、应突发"为特色,集综合、消化道与呼吸道、接触性与非接触、暴发性等病种专科特色的精细诊疗为主的,综合诊疗为辅的防治、救援、应急的现代化大型公共卫生医疗防治中心,承担南京地区和辐射省内及周边地区传染病全方位的最高诊疗水平医疗服务。这是一座国际一流的大型传染病综合医院,于2016年开始运营，若不是突发的新冠肺炎疫情，它依然静卧在群山环抱的青龙山生态自然景区，默默守护着这座城市的安宁。[1]

2020年新冠肺炎发生后，南京紧急启用市公共卫生医疗中心B楼的暴发性应急病区，集中收治了全市所有确诊和疑似病人，并在此基础上对现有市公共卫生医疗中心收治能力进行应急扩容，为全市防疫收治能力加上双保险。作为定点收治医院，从1月20日首例疑似病例入院，到3月8日全部93个确诊病例出院，患者最大年龄97岁，最小10月龄，实现了“患者”零死亡率、100%治愈率和“医务人员”零感染的阶段性胜利，成为南京攻克疫情最强有力的主战场、主阵地，真正做到了居安思危、思而有备、有备无患。

当前，疫情仍在境外肆虐，“外防输入、内防反弹”形势依然严峻。为了贯彻落实习总书记关于防控疫情的重要讲话精神，筑牢省市公共卫生安全防线，做好常态化疫情防控工作，2020年9月25日，江苏省和南京市共同启动南京市公共卫生医疗中心（江苏省传染病医院）扩建项目建设，计划2022年9月竣工移交。建成后的市公卫中心将成为全国一流、国际领先的医、教、研、防、管、康“六位一体”国家级区域传染病医疗中心，作为全省医疗、科研、教学基地，承担区域内疑难危重症传染病的诊断和治疗，在全省传染病突发事件中发挥医疗救治、综合研判、信息支撑、协同指挥等作用，对于进一步促进南京市医疗卫生资源的均衡布局和医疗保健事业创新发展，科学构筑和优化南京市公共卫生体系具有十分重要的作用，在一定程度上将代表城市公共卫生医疗救治和服务能力和水平。[2]

二、大疫突袭，果断出手

新冠肺炎疫情发生后，习近平总书记多次召开会议、听取汇报、作出重要指示，为全国防控工作提供了基本遵循。南京市委市政府坚决贯彻执行习总书记指示精神和党中央部署，把人民群众生命安全和身体健康放在第一位，把树牢“四个意识”、坚定“四个自信”、坚决做到“两个维护”，落实在防控疫情的扎实举措上。

早在1月19日，离农历除夕还有5天，南京尚未发现新冠肺炎确诊病例，但考虑到春节前后人员流动密集、疫情输入风险增大，当天市卫健委成立领导小组及防控工作组、专家组，超前部署制定疫情防控应急预案，紧急启动集中收治定点医院。1月22日市政府成立防控指挥部，并成立医疗救治（疫情防控）组，由分管市长担任组长，市卫健委为牵头单位，建立疫情定期分析机制，作出了一系列果断决策，为取得疫情防控战的胜利发挥了关键性作用。

1月23日，南京市出现首例确诊病例。市防控工作指挥部当天深夜发布第1号通告，对当时全市疫情防控工作提出明确要求，战疫进入实战阶段。第一号通告第一项即明确：1月10日后，去过或途经武汉的所有在宁人员应当主动到当地社区（村）登记，接受体温检测；未出现发热病症的，应按要求进行不少于14天的医学观察。同时，通告还要求各零售药店、个体诊所等对前来购买治疗发热、咳嗽药品的人员提出就医建议，要求企事业单位取消大型公众集聚性活动，所有农贸市场取消活禽交易等。

1月24日除夕晚，正当万家团圆之时，南京紧急启动近期有武汉行程史的人员的全面摸查，切实做到早发现、早报告、早隔离、早治疗，严防输入性病例和疫情的扩散传播，这是当时防控工作最重要、最关键的举措。“不漏一人！”“今天晚上情况必须见底！”南京发出了死命令。民政人员、社工、网格员、片警、社区医生、志愿者等约7000人连夜对整个市域范围6597平方公里内100个街道、1241个社区全面开展拉网式排查，次日早上6点半前，11404名近期有武汉行程史的人员全部被摸清，并及时采取隔离等防控措施。

1月24日、25日、26日及2月2日，市指挥部又接连下发4条通告，分别是：“关于加强公共场所管理的通告”“关于在公共场所实施佩戴口罩有关措施的通告”“市政府关于完善新型冠状病毒感染的肺炎疫情一级响应措施的通告”“关于加强近期全市交通管理和组织的通告”。全市各板块、各部门闻令而动，全面投入疫情防控工作。夫子庙、中山陵、“总统府”、玄武湖、红山森林动物园、牛首山文化旅游区、大报恩寺遗址景区、清凉山公园等景区暂停开放或闭园；多家剧场纷纷宣布取消春节期间演出和活动；博物馆、图书馆等多家场所闭馆。在机场、高铁站、汽车站、入宁道路公安检查站等各监测点，对湖北地区来宁人员采取严格检测措施，逢车必查、逢人必测。高铁站、机场对旅客进行实时检测，测量体温，对重点场所进行全面消毒及健康巡查。南京地铁严格执行“早晚消毒”，南京公交严格执行“一趟一清扫”，对所有地铁站、地铁车厢、公交车等进行全方位消毒，坚决阻断疫情输入扩散。

2 月 4 日晚，市指挥部发布“关于进一步加强疫情防控期间小区管理的通告”，明确全面实施小区封闭式管理。2 月 5 日，全市 3200 多个有物业小区、400 多个单位自管小区、2500 多个未封闭或无物业小区，全面推进有“硬度”又有“温度”的封闭式管理，市民团结响应，自觉筑牢疫情防控的社区“门禁”。这一系列最严厉的防控之举为打赢疫情防控战提供了有力保证。[3]

三、科学防治，生命至上

众所周知，控制传染源头、切断传播途径、保护易感人群，这是传染病防治三原则，对感染病例及时发现跟踪、集中隔离收治，这是防控关键中的关键。在扎牢及时发现跟踪“防线”方面，南京防守系统“严丝合缝”，建立“发热—诊断—治疗—出院—健康管理”的闭环管理模式，全市 13 家互联网医院开通网上“发热筛查门诊”，从发热门诊筛查出来的疑似新冠肺炎患者，第一时间用专用救护车转运到定点医疗机构集中治疗。即使对出院患者，也不放松管理，市卫健委统一责成出院患者居住地社区卫生服务中心（镇卫生院），指定家庭医生团队做好出院患者的健康管理，包括健康状况监测、随访登记、信息报送、复诊等工作。

在集中隔离救治方面，按照“集中患者、集中专家、集中资源、集中救治”的救治原则，紧急启用市公共卫生医疗中心 B 楼的暴发性应急病区收治确诊和疑似病人，发挥优质医疗资源集聚优势，迅速组建由呼吸、传染病、重症医学、影像、临床检验等高水平专业专家组成的专家组，分组对患者进行“包干”，实施“一人一方案”的精准救治方案，尤其是重症患者，一人一团队，保证轻症患者避免向重症发展，同时重症患者有个性化治疗方案。患者中有两名高龄老人，一名 95 岁，一名 97 岁，对老人的治疗主要包括抗感染、营养支持、护肝、祛痰、吸氧、补液及中医药等一系列措施。专家组专门建立微信群，每天在群里开会讨论如何调整老人的营养比例、怎么用药等。在专家团队的全力救治下，老人最终治愈出院。短短 40 多天，93 名患者先后治愈出院，实现了患者零死亡、医护人员零感染的“双零”战绩。[4]

四、坚持法治，依法抗疫

中外历史上，大疫大灾往往导致社会失序，社会失序又使抗疫抗灾雪上加霜。2020 年 2 月 5 日，习近平总书记在中央全面依法治国委员会第三次会议上指出，“当前疫情防控正处于关键时期，依法科学有序防控至关重要。疫情防控越是到最吃劲的时候，越要坚持依法防控，在法治轨道上统筹推进各项防控工作，保障疫情防控工作顺利开展。各级党委和政府要全面依法履行职责，坚持运用法治思维和法治方式开展疫情防控工作，在处置重大突发事件中推进法治政府建设，提高依法执政、依法行政水平。”这一重要讲话深刻阐明了法治在疫情防控中的重要作用，对各地依法推进疫情防控、提高依法治理能力指明了方向。

南京市委市政府紧紧围绕党中央有关决策部署，加快制定完善与疫情防控相关的地方法规，积极推动相关领域法规贯彻实施，为疫情防控亮剑护航。2020 年 2 月 10 日南京市人大于召开会议，审议通过《南京市人民代表大会常务委员会关于依法防控新型冠状病毒肺炎疫情切实保障人民群众生命健康安全的决定》。《决定》贯穿法治思维，授予了政府采取应急处置措施的权力，比如发布疫情防控的决定、命令，采取限制或者停止人群聚集活动，停工、停业、停课，关闭、封闭或者限制使用有关场所，实施交通管制、卫生检疫等应急处置措施；依法在本行政区域内，临时征用场地、房屋、交通工具以及相关设施、设备，紧急调集人员或者调用储备物资，并向被征用的单位或者个人依法进行补偿。《决定》还规定，政府有关部门应当打击哄抬物价、囤积居奇等行为，保障城乡居民正常生活需要，“单位和个人违反疫情防控相关法律法规规定的，由公安机关等有关部门依法给予处罚；构成犯罪的，依法追究刑事责任”，为南京实施最严格的疫情防控措施提供法治支撑。《决定》“暖心点”也很多，提出“关心和保护一线医护人员和其他疫情防控一线工作人员”、“表彰和奖励在疫情防控工作中做出显著成绩和贡献的单位和个人”等要求，充分彰显人大机关对“一线医护人员的爱护”“对群众利益的维护”,为动员全社会共同做好疫情防控工作、形成打赢疫情防控阻击战的强大合力提供法律依据。

法律的生命力和权威性在于执行。《决定》出台后,市区联动贯彻落实《决定》。2 月 11 日,市政府紧急召开常务会议,研究落实市人大常委会《决定》的举措。2 月 12 日,市政府发布《贯彻落实市人大常委会关于依法防控新型冠状病毒肺炎疫情切实保障人民群众生命健康安全决定的实施意见》,将市人大常委会《决定》逐条落实为各区政府、相关部门的 15 条“任务分工”,内容明确具体,责任分工到位,推动全市防控工作依法开展,助力全面打赢疫情防控阻击战。[5]

五、驰援湖北,彰显大爱

湖北告急! 武汉告急! 疫情防控全国一盘棋,南京在做好本地疫情防控工作的同时,快速果断伸出援助之手,全力支援湖北抗疫,谱写了一曲又一曲动人赞歌。

1 月 24 日年三十,忙碌的南京市疫情防控指挥部接到电话:24 日 13:45 从高雄抵南京的 MU2946 航班,机上有 9 名湖北旅客;25 日,19:00、22:36 由日本大阪抵达南京的 HO1612. 1616 航班上,两批航班乘客均为武汉一旅行社组织的赴日旅行团成员,其中湖北籍旅客 39 名;26 日,22:46. 23:28 将由泰国廊曼抵宁的 FD326 航班、SL922 航班,分别有旅客 179 人、152 名,其中武汉籍旅客分别有 37 名、11 名,共 7 人出现发热症状。这些因武汉天河机场关闭无法返回、不得不“空降”南京的湖北乘客,该怎么安排?“我们防的是病毒,不是武汉人!”市委市政府领导态度坚决而明确,迅速安排相关部门进行对接和处置,不仅指定了一批酒店宾馆,还特地设立了 4 家“爱心宾馆”作为集中医学观察点,累计接待了 800 多名湖北籍旅客,为滞留的湖北旅客撑起一片爱的天空。

2 月 8 日,南京多家医院接到市卫健委紧急通知,南京将组建 260 人的医疗队支援武汉,南京鼓楼医院、市第一医院、江宁医院等多家医院迅速完成征集报名工作,2 月 9 日作为第五批江苏援湖北医疗队成员,264 名南京医务人员便在禄口机场集结，赶往他们的“战场”——武汉同济光谷院区，分别接管该院重症第5病区以及重症第6病区。从1月25日至2月24日，全市7支医疗队共490名医务人员响应号召，奔赴武汉、黄石8家医院和3家方舱医院，开展医疗救治工作，累计收治病人279人，治愈或转出276人。援鄂期间，南京医疗队医护人员不懈奋战，取得了自身“零感染”、接管病区“全清零”的重大成果，很多医护人员一直坚守到所有病人出院才正式返宁，赢得了当地人民的高度认可和普遍赞誉。

在南京城，大量奋战在一线的南京本地企业和社会机构也纷纷伸出援手倾囊相助。江苏摩氧创新公司是南京一家研发生产微型制氧机的高科技公司，先后分两批将250台制氧机、300台血氧仪捐赠给湖北各地的方舱医院。1月24日除夕夜，南京天奥医疗仪器制造有限公司接到武汉火神山医院急需移动工作站、远程会诊车、抢救车等医疗设备求助电话后马上进入“战斗状态”，截至2月底累计向武汉火神山、雷神山两家医院供货3491件，完成了全部的订单交付。市属国有企业中，南京银行通过市慈善总会定向捐赠1000万元，全力支持湖北抗击疫情；南钢集团联手复兴公益基金，多次购置医疗物资捐赠给武汉市；南京医药集团作为市政府指定疫情防控物资保供单位，自大年初一起，就组织南京药品公司从全国各地连夜运送防疫物资驰援武汉。大型企业中，苏宁控股、大华集团、艾欧史密斯、弘阳集团、中信证券、华泰证券、中金财富证券、迈瑞医疗等企业的援款款物均超千万元。博爱之都南京，用实际行动在战“疫”大考中交出了大爱答卷！【6】

六、边战疫情，边谋发展

防控是硬任务，发展是硬道理。随着疫情防控形势出现积极变化，防控决策思路也必须随之进行调整与优化。2月6日，中央应对新型冠状病毒感染肺炎疫情工作领导小组会议召开，要求有针对性加强防控，做好复产保供工作。7日，市委市政府便出台《关于促进中小微企业稳定发展的若干措施》的通知，拿出30亿元真金白银，支持企业复工复产，共渡疫情难关。两天后，市委应对疫情工作领导小组召开企业复工复产视频调度会，要求按照“六个一”要求有序推动企业复工。2月23日，在疫情防控最吃劲的关键阶段，习近平总书记在统筹推进疫情防控和经济社会发展工作部署会上发表重要讲话，强调毫不放松抓紧抓实抓细防控工作，统筹做好经济社会发展各项工作，把我国发展的巨大潜力和强大动能充分释放出来，努力实现今年经济社会发展目标任务。2月25日，市委市政府立即召开全市重大项目推进会，强调要通过一个个项目的投产达效，把疫情耽误的时间抢回来、缺口补起来，不断形成新的经济增长点。2月27日，市委领导专题调度一季度经济社会发展工作，提出全面建立“防疫＋”战时工作机制，要求统筹兼顾两手抓，与时俱进创新干，奋力夺取疫情防控和实现一季度经济社会发展目标“双胜利”。

在国内疫情逐步得到遏制的同时，境外疫情却呈现快速蔓延态势，南京作为开放度高的特大城市，出入境人员较多，防境外输入成为重中之重。为及时有效应对境外疫情输入风险，切实保障全市复工复产和对外开放大局，3月15日市防控工作指挥部就发布第16号通告，对入境防控措施、过境中转管控等作出明确规定。3月22日，南京市又专门成立市涉外防控指挥部。3月23日，中央应对新冠肺炎疫情工作领导小组会议指出，全国本土疫情传播已基本阻断，但零星散发病例和局部暴发疫情的风险仍然存在，疫情在全球出现大流行，要实行“外防输入、内防反弹”的总体防控策略，维护好来之不易的防控成果。3月24日，市委常委会暨市委应对疫情工作领导小组召开会议，落实中央和省委省政府关于“外防输入、内防反弹”的最新要求，要求确保外防输入有力有效、内防反弹万无一失，慎终如始应对好大战大考。[7]4月11日，市委市政府深入贯彻习近平总书记重要讲话指示精神，召开战疫情、扩内需、稳增长“四新”行动动员大会，提出了应对疫情冲击、稳定经济运行、实现年度目标的新基建、新消费、新产业、新都市四个行动计划，动员全市上下全力以赴抓好“六稳”、抓牢“六保”、抓实“四新”，确保交出二季度经济社会发展克难奋进的优异答卷。

不负嘱托，不辱使命，南京在这场“大考”中交出了这样的答卷：防疫成效令人惊叹，一座人口超千万的特大城市，累计本土确诊新冠肺炎病例只有93例，实现患者“零死亡”、医务人员“零感染”；发展成绩令人振奋，一季度南京市199家新增规上工业企业实现两位数以上增长，集中开工重大项目387个，总投资

4090.6亿元，签约亿元以上项目数459个，完成全年目标的45.9%；签约项目总投资3425.8亿元，完成全年目标的34.3%，展现出城市的强大韧性和旺盛活力。[8]

七、启示

回顾过去的2020年，用习近平总书记的话讲：面对百年来全球最严重的传染病大流行，面对新中国成立以来我国遭遇的传播速度最快、感染范围最广、防控难度最大的重大突发公共卫生事件，我们党团结带领广大人民，进行了一场惊心动魄的抗疫大战，经受住了一场艰苦卓绝的历史大考，取得了抗击新冠肺炎疫情斗争的重大战略成果，创造了人类同疾病斗争史上又一个英勇壮举。在这场疫情防控的人民战争、总体战、阻击战之中，我们南京也和全国一样，在市委市政府的坚强领导下，同时间赛跑、与病魔较量，以坚定果敢的勇气和坚忍不拔的决心，捍卫人民至上、生命至上的理念，努力交出了一份大战大考的合格答卷，充分展现出南京力量、南京精神、南京效率。但在当下全球疫情仍然肆虐的环境下，南京作为长三角经济带的重要城市，全省政治、经济和文化中心，人口密集度高且流动性大、经济发展快速且交通发达，面临的公共卫生安全风险防控挑战巨大，迫切需要以党的十九大、二中、三中、四中、五中、六中全会以及习近平总书记关于应急管理与新冠疫情防控工作重要讲话精神为引领，加快推进应急管理现代化建设，有力防范化解重大安全风险，及时应对处置各类突发公共危机事件，力保人民健康平安、城市安全发展，为实现南京"高质量发展、高能级辐射、高品质生活、高效能治理"的"十四五"发展总目标提供更加有力安全保障。

1. 以坚持人民安全作为应急管理现代化建设的根本价值遵循。进入新时代我国社会主要矛盾已经转化为人民日益增长的美好生活需要和不平衡不充分的发展之间的矛盾，安全已经成为人民群众向往美好生活的基本与重要需求。习近平总书记在全面深化改革委员会第十二次会议强调"确保人民群众生命安全和身体健康，是我们党治国理政的一项重大任务"，"人民安全是国家安全的基石，这次新冠肺炎患者救治工作，我们坚持人民至上、生命至上，前所未有地调集全国所有资源，不遗漏任何一个感染者，不放弃每一位病患”。因此必须把人民至上、生命至上作为至高无上的理念贯彻于应急管理全过程、全周期，以此为价值导向不断完善应急管理制度，有力推进南京应急管理体系和能力现代化，高效防控各类突发公共危机事件，有力保障与满足人民群众对安全需求的美好向往。

2. 以坚持党的坚强领导作为应急管理现代化建设的根本保障。党的领导是中国特色社会主义制度的最大优势，我国应急管理实践经验反复证明，党的领导是我们战胜各类风险挑战、成功应对重大突发公共危机事件的坚强政治保障。面对加快推进应急管理现代化建设的繁重任务，必须全面坚持党的领导，加强党对应急管理全过程的领导与监督，重点是强化党的理论武装，把学习贯彻习近平新时代中国特色社会主义思想作为各级党委政府的首要任务，进一步增强“四个意识”、坚定“四个自信”、做到“两个维护”；完善党领导应急管理现代化事业的体制机制，必要时探索成立南京市党委公共安全应急管理委员会来统领协调各级应急工作；夯实基层党组织，建立健全基层党建工作机制，推动基层党建与应急工作融合发展，进一步发挥基层党组织在应急管理现代化进程中的战斗堡垒作用。

3. 以完善应急管理体系作为应急管理现代化建设的核心要务。应急管理现代化建设的核心在于加快应急管理体制改革与创新，持续推动应急管理体系的完善与发展，夯实应急管理现代化的制度基石。一是重大安全风险防控体系。充分运用云计算、大数据、物联网等现代信息技术手段，做细做实重点领域安全风险隐患排查和风险评估工作，制定科学、精准的防控策略和方案，真正把矛盾与问题解决在萌芽之时、成灾之前。二是应急预案体系。由市应急管理局牵头组织精兵强将对现有的各类应急预案进行全方位、全要素系统打磨与迭代升级，增强应急预案的科学性、针对性、操作性，实现从经验应急向科学应急转变。三是应急指挥协调体系。借鉴北京经验尽快制定出台《南京市应急指挥与处置办法》，设立南京突发事件应急委员会统一领导全市突发事件应对工作，提升危机状态下重要救灾要素快速集成和应急决策指挥及救援效率。四是应急法律法规体系。抓紧系统梳理和修订出台应急管理相关的地方法律法规，构建与应急管理现代化要求相适应的系统完备、科学规范、运行有效的应急管理法律法规体系，提升应急管理法治化、规范化水平。五是应急科技产业发展体系。“科技是第一生产力、第一发展力，也是第一安全力、第一应急力”，必须以超前思维统筹制定“十四五”南京应急科技产业发展规划，完善支持应急科技产业发展的政策法规体系，加快形成以企业为主体、产学研相结合的应急科技产业发展体系，打造一批国家级应急科技产业示范基地、应急物资生产能力储备基地，为应急管理现代化提供强有力的物质技术保障。

4. 以优化应急治理结构作为应急管理现代化建设的重点工作。应急管理现代化水平取决于应急治理结构的优化程度，只有现代化应急治理结构才能孕育出现代化应急管理能力，因此必须坚持社会共治原则，构建党委领导、政府负责、应急专业人士、企业、社会组织、公众等多元主体广泛协同参与的现代应急治理新格局，形成共同应对复杂性风险挑战和突发事件的强大合力。关键是要按照权、责、能对等原则，清晰界定各类应急主体的法定责任、义务和权力边界，形成常态化、规范化的相互配合、协同治理的应急运行机制，避免参与者无所适从，或是由于担心承担责任而互相推诿，真正做到指令清晰、上下畅通、执行有力，以更高效率、更低成本实现突发公共危机事件的快速处置。

5. 以提升应急管理能力作为应急管理现代化建设的关键举措。实现应急管理现代化的关键在于应急主体的应急管理能力水平，因此加强应急管理能力建设显得尤为迫切。首先，聚焦领导干部应急管理理论、素质与能力的培塑，制定与完善领导干部应急管理能力培训规划，研发与形成理论教学、案例教学和实战演练为主要培训内容的应急能力培训课程体系，着力增强领导干部应对突发事件的研判力、决策力、沟通力、综合协调力、舆情引导力、依法处置力、反思总结力。其次，全面加强包括驻市国家综合性消防救援队伍、各类专兼职专业应急救援队伍、应急救援专家队伍、驻宁部队、预备役部队和民兵应急救援队伍在内的全市应急救援力量建设，打造专常兼备、反应灵敏、作风过硬、本领高强的应急救援力量，形成与经济社会发展水平相适应、与人民群众安全需求相匹配的应急救援能力。最后，不断创新方法和手段，加强民众风险意识、危机意识教育，普及公共安全知识，定期开展应急技能培训及模拟演练，培育民众自救、互救能力，从而提升全社会应急管理能力与水平。

研讨题

1. 在疫情大考中,南京打出了怎样的应急组合拳?
2. 南京抗疫斗争实践为今后的危机应对积累了哪些经验或启示?
3. 南京公共卫生体系还有哪些提升空间?

参考资料

【1】桂若棣《南京"火神山医院"——全球最大的公共卫生医疗中心》《江苏档案》

【2】《南京市公共卫生医疗中心扩建》《潇湘晨报》2020 年 9 月 25 日

【3】【7】【8】《精准施策,彰显特大城市治理能力》2020 年 5 月 7 日,南京日报

【4】《生命至上,南京实力打赢救治硬仗》南京日报

【5】《南京积极完善地方性法规 为疫情防控亮剑护航》2020 年 02 月 24 日,南京日报

【6】《守望相助,"南京大爱"撑起一片天》2020 年 5 月 11 日,南京日报

(本案例主要根据南京日报相关报道和政府有关部门文件资料整理汇编而成)

特大城市垃圾分类的实践与探索

——以南京为例

李菁怡　周进萍　编写

中共南京市委党校社会学教研部

【引言】垃圾分类是一个城市文明程度的体现，不仅能够减少垃圾总量的产生，更是保护生态、实现循环经济的必由之路。2019 年 6 月，习近平总书记对垃圾分类作出重要指示："推行垃圾分类，关键是要加强科学管理、形成长效机制、推动习惯养成。"垃圾分类是国家治理体系和治理能力现代化的重要内容之一，深入推进垃圾分类工作，对于提升城市社会治理能力，营造社会治理新格局具有重大现实意义。

【摘要】南京是一个有着近 1000 万人口的特大城市，日均产生生活垃圾约 260 吨。生活垃圾是由消费产生的，南京人均消费仍处于上升期，可以预计，未来南京生活垃圾总量会不断上升，极大考验特大城市治理能力。顶层设计科学与否是决定垃圾分类成效的关键，要避免"运动化"，切实做好目标规划以及人、财、物保障，防止垃圾分类演变为"一刀切"、"一阵风"，甚至成为"口头上重要、行动上次要、忙起来就不要"的工作。当前，南京垃圾分类主要面临"知行不一"、"九龙治水"和"产业困境"，极大的考验着协同治理、社会动员、矛盾化解和精细服务能力。"尧化模式"、"顶山模式"和"龙潭模式"是南京垃圾分类实践中的典型，为特大城市垃圾分类全面推广提供了重要经验。

【关键词】特大城市　垃圾分类　两网融合

一、背景情况

中国是生产垃圾的大国，据统计，全国生活垃圾年产量高达 4 亿吨，并且以 10%的速度逐年递增，中国也为此付出了惨痛的代价。生态环境一旦遭到彻底的破坏，这种破坏带来的伤害几乎无法复原。而保护生态环境、重视环保，不仅是对于经济社会初期选择经济发展对生态环境视而不见的救赎，更是人类本身的自救行为。在国家层面，国家发展改革委、住房城乡建设部于 2017 年发布了《生活垃圾分类制度实施方案》，要求在全国 46 个城市先行实施生活垃圾强制分类，2020 年底生活垃圾回收利用率达 35%以上。2019 年 6 月，住房城乡建设部等 9 部门在此基础上，印发了《关于在全国地级及以上城市全面开展生活垃圾分类工作的通知》，决定在全国地级及以上城市全面启动生活垃圾分类工作。为了有法可依，全国人大常委会于 2020 年 4 月修订了《固体废物污染环境防治法》，规定从 2020 年 9 月 1 日起实施城乡垃圾分类。在地方层面，在 46 个重点城市中，已有 30 余个城市出台了生活垃圾分类地方法规或规章，其余的也已将生活垃圾分类纳入立法计划或已形成草案，各特大城市的垃圾分类工作正在有序推进。

南京在垃圾分类探索中构建了“政府有为 + 市场有效 + 社会有力”的垃圾分类治理体系；提高了“法治保障 + 德治引导 + 自治协商”的治理能力；形成了“前端分类 + 中端收集 + 末端处置”的治理链条；树立了“因地制宜 + 分类推进 + 循序渐进”的治理理念。因为工作基础和条件不同，工作尺度和方法不一，特大城市在垃圾分类先行先试中也出现一些亟待解决的难题。

（一）“知行合一”难题

垃圾分类从“知”到“行”有一个过程。经过多年的宣传推广，民众对垃圾分类认知度和认可度都较高。2019 年，南京市政府网站的问卷调查显示，83.8%的民众赞同对生活垃圾进行分类处置，但是在实际行动中只有 15.5%的民众会坚持分类，29.6%的民众偶尔分类，54.9%的民众一般不分类。不分类的原因分别是“受习惯的影响，生活垃圾分类意识不强（65.5%）”“怕麻烦，图省事（64.8%）”“生活垃圾分类的紧迫感和责任感不足（64.1%）”“缺少关于生活垃圾分类的相关知识（58.5%）”“对生活垃圾分类处置的标准还不够了解（57.7%）”。概括地说，就是不愿分、不会分和不好分。尽管政府高度重视，社会也已形成共识，但公众对垃圾分类的重要性、必要性和紧迫性仍然认识不足，对前端分类后的中端收运和末端处置环节还存在诸多质疑，加之长期以来的生活惯性导致不愿分。大部分人对垃圾分类的具体做法还处于基本认知状态，媒体对部分极端复杂案例的报道也让公众对学习垃圾分类产生畏难情绪。在具体实践中，垃圾分类也确实面临许多现实难题，例如定时定点投放的时间冲突和地理位置不便、厨余垃圾破袋后如何洗手、室内垃圾桶无法实现分类等等。

（二）“九龙治水”难题

垃圾分类是一项庞大而复杂的工程，全程链条复杂、利益相关者众多，导致“九龙治水，各管一滩”的现象。从政府部门来说，垃圾治理全过程分散在不同层级的不同行政管理部门中，由于“战线”太长，多部门管理交叉，部门之间难以协调形成合力，也容易导致“有利大家抢，无利大家推”的现象。没有上级的政绩考核，没有纳入全国环保城市、环卫城市、文明城市等评选和考核中，垃圾分类就变成了“口头上重要、行动上次要、忙起来不要”的工作。垃圾分类难以充分调动市场和社会的力量，根本原因也在于垃圾分类的红利未能在各个利益相关者之间合理分配，包括居民、社区、垃圾清运队伍、焚烧发电厂、厨余垃圾处理厂、垃圾填埋场、社区废品回收人员、拾荒者、物业公司、保洁人员等。例如，垃圾中利益价值较高的可回收物被少部分利益相关者拿走，而没有回收价值的甚至对社会环境有危害的部分被甩给了社会和政府。又如，前端垃圾分类的效率直接影响到末端处置的效率，对于垃圾焚烧企业来说，含水量的降低会显著提高燃烧效率，但末端缺乏对前端分类有效的约束手段。再如，部分垃圾的前身是各种产品包装，应当关注包装生产者、产品使用者和垃圾处置者之间权责利的平衡。

（三）“产业困境”难题

随着垃圾分类覆盖面的扩大和分类精细化程度的提高，仅仅依靠政府推动难以实现可持续发展。从垃圾分类产业来看，全链条都蕴藏着巨大商机，尤其是餐厨垃圾处理、环卫设备升级、再生资源回收、垃圾焚烧处理、垃圾分类服务等领域。但是，垃圾分类产业尚未形成发展的内生驱动力，也面临许多实际困难。前端分类不理想，再加上收运跟不上，对于末端处理企业而言就很难盈利。产业链不能盈利，市场机制就建不起来；市场机制建立不起来，企业就不愿意进来。例如，在企业回收环节，再生资源品种繁杂且分散，行业大部分品种缺乏可依照的标准；部分低值再生资源的回收利用无人问津；回收环节税负重、用工难、设备设施升级慢、科技研发水平不高等。

破解这些垃圾分类难题，考验特大城市治理能力：一是协同治理能力，如何形成多元主体共建共治共享格局；二是社会动员能力，垃圾分类涉及每家每户每个人，对于部分群体还缺乏有效动员手段；三是矛盾化解能力，尤其是在垃圾收集点选址过程中的“邻避困境”，更加考验基层协商议事和矛盾化解能力；四是精准服务能力，从居民开始分类后就可能产生一系列的问题和服务需求，需要在分类实施过程中不断积累、不断解决、不断提升。

二、主要做法

（一）尧化模式

尧化街道是南京第一个实现生活垃圾分类全域覆盖的街道，已形成一套成熟运行的垃圾分类工作体系，是住建部推荐的全国样板之一。2014 年，街道在全市率先探索垃圾分类市场化运作模式，要求“分类投放、分类收集、分类运输、分类处理”。从 2014 年 6 月街道在和苑小区开展积分兑换活动起步，到“收集点提升改造”“预约上门回收”“收集点实现智能化”，再到“全面撤桶实行定时定点”尝试，截至目前，辖区内居住小区已实现收集点智能化、定时定点投放管理全覆盖。垃圾分类的“尧化实践”实现了“三级跳”。历经 7 年的探索实践，目前全域垃圾分类覆盖率达 100%、知晓率达 98%以上，居民普遍养成生活垃圾分类习惯，建立健全一整套垃圾分类及收运体系和城市生活垃圾分类推进工作机制。

1. 专业化运作，提升服务效能。尧化街道将垃圾分类打造成从入户宣传到分类投放到积分兑换再到收储运输的全流程专业链条，建成垃圾分类惠民中心，提供生活物品兑换服务，实现时间银行与垃圾分类积分通存通兑，引入衣物清洁等专业型兑换资源，不断丰富居民的“收获清单”，让“好习惯”带来获得感，居民参与度和积极性持续提高。积分兑换，激活源头分类。居民主动从源头分类生活垃圾是垃圾分类市场化一大亮点。垃圾分类惠民服务中心是集积分兑换、低附加值回收、图书借阅于一体的多功能空间。自 2019 年 9 月 23 日建成至今，惠民服务中心累计接待超过 3 万人次，兑换积分达 275 万分。

2. 信息化集成，释放数据智能。发给居民“慧分类”积分卡，记录投放垃圾种类、数量，方便居民兑换积分。建成垃圾分类数据中心，对回收垃圾总量、各类垃圾占比、指导员上岗情况等进行统计，对投放比例、投放时间、投放习惯进行分析，为垃圾分类收集点建在哪、怎么建、如何管、如何优提供了真实有效的数据支撑。

3. 标准化推进，集聚规范动能。尧化街道还编写了《城市生活垃圾分类(亭)房运营管理规范》地方标准。街道 54 个小区，共建设 113 个标准化垃圾分类收集点，实现定时定点分类投放全覆盖。刚性执行“不分不收、不分不运”标准，倒逼小区物业引导、服务、督促居民分类投放。与此同时，还建设 1500 平方米可回收物分拣中心，对可回收物进行全程把控、数据无缝对接。

4. 社会化助力，激发参与潜能。坚持党建引领、党员示范，13 家社区老党员工作室、2300 余名党员干部组成垃圾分类“红色督导团”，机关、社区、物业党员坚持一线听、一线干、一线服务、一线解难。组织 6000 余名垃圾分类志愿者，走进 44 家机关企事业单位、学校、570 个社会团体、54 个居民小区开展服务。建立垃圾分类宣教中心，开设垃圾分类亲子课堂，开展集中宣教培训活动 32 场。辖区幼儿园、小学将垃圾分类作为必修课，通过教育一个孩子，带动一个家庭，引领垃圾分类时尚。

（二）顶山模式

顶山街道在前期城市管理创新探索中汲取经验，不断以创新促分类，在全面推进垃圾分类收集点建设，完善垃圾分类硬件基础的同时，探索出一套“专业化闭环”模式，在垃圾分类、收运、处置、监管的全流程进行革新，让垃圾分类融入居民日常，推动顶山城市治理水平再提升。

当前，顶山街道在全街34个小区共新建垃圾分类收集点181个，在投入使用过程中，逐渐形成了“三方共管”的管理新模式，每个收集点均配备了指导员和志愿者，在早(6:30—9:30)、晚(5:30—8:30)两个定投时间段内，由江北公用的指导员负责居民的垃圾分类指导工作，9:30—12:30和15:30—17:30由社区垃圾分类志愿者负责指导工作，其余时间由小区物业负责散落垃圾的捡拾、巡场工作每个点位派驻指导员。

在收运环节，顶山街道联合相关企业统一安排专业化运输车辆落实分类运输，杜绝混装混运，所有车辆分类标识齐全，全部加装定位系统，收运线路固定规范，按照四分类标准运至顶山街道生活垃圾转运中心，进行进一步无害化处理。在垃圾产生较多的商业街区设置“收运公交车”，商户可以将厨余垃圾和其他垃圾分别倒入收运车辆内，收运车还悬挂了统一的有害垃圾收集袋。

2021年，顶山街道建成并投用了南京首个“四位一体”生活垃圾处置中心，有机融合了餐厨处理、污水处理、垃圾收集、垃圾转运四项功能。半地下建筑结构将生活垃圾处理封闭在地下空间；负压除尘除臭、空间雾化除臭系统做到即使是中心内部也能无异味；专业污水处理设备让生活垃圾中的污水经过处理可以达到直接排放污水管网标准；智能控制系统实现控制室、运转处置中心智能化分线运行，工作人员在控制室精准操控，工作区域内操作流程自动化运行。目前厨余垃圾采取就地处理方式，日处理量10吨；其他垃圾单独进行压缩，密闭转运至焚烧厂，日中转量150吨；有害垃圾和可回收物做到中心内部暂存，交由下游企业专业化回收处理，站内产生的污水有专业化的设备进行高标准处理。

垃圾分类的所有环节除正常的日常巡查外，还可以通过街道综合执法大队队员的执法记录仪，实现远程的专业化监管。通过队员的执法记录仪端口，街道“云上顶山”指挥平台可以随时采集数据、信息，了解各收集点位居民投放、运输车辆收集、转运中心分类处置的实时情况，对生活垃圾分类流程中可能出现的问题进行快速、高效的处置，实现垃圾分类专业化闭环。

（三）龙潭模式

2019年正式运营的南京市栖霞区龙潭街道生活垃圾分类处理项目，是以

“通过‘再生资源回收’撬动‘垃圾分类回收’，改变‘两网融合’政府兜底的现状”为最终目标，将垃圾分类回收体系从公共性事业向市场化运作逐步推动所设立的“两网融合”街道级试点。龙潭街道生活垃圾分类处理项目的本质是借助垃圾分类的体系化建设，通过组织能力和过程的创新：将再生资源回收的前端网络通过生活垃圾分类体系化建设进行整体重塑的同时推动后端的资源整合和技术革新，即“重塑前端、直通后端”。

“龙潭模式”两网融合全链条示意图

2021年初，南京市审议通过了《南京市可回收物两网融合回收体系建设实施方案》（下称《方案》），方案要求：至2021年底，基本建立“点、站、中心”三级可回收物两网融合回收物设施，形成引导有力、市场有效参与的政策机制，培育多元参与、托底保障的回收主体，搭建服务上游、结合线上线下的信息平台，实现可回收物回收的规范统一管理。

建立三级“两网融合”设施——在居住小区、单位等源头建立回收点，在每个街道（镇）建立回收站，在每个区建立区级回收中心，同时建立2座市级回收中心进行托底保障，是2021年南京市“两网融合”体系打造的主要任务。依托南京市首个标准化的垃圾分类处理系统“龙潭模式”的先行经验和该系统在“两网融合”领域的指导作用，南京环境集团邀请“龙潭模式”的运营单位南京易联瑞智科技发展有限公司，共同参与南京市级回收中心的顶层规划。同时南京市也将龙潭街道数字化转运中心从街道级“两网融合”试点正式升级成南京市栖霞区的区级回收中心，为南京市三级“两网融合”设施的后端环节提供了坚实的保障。

1. 重塑再生资源前端网络

通过生活垃圾分类体系化建设，龙潭街道成功建设了“分类流程全覆盖、主体单位全覆盖、垃圾品类全覆盖”的“三个全覆盖”的垃圾分类全链条数据化体系。

相对传统再生资源回收网络，“龙潭模式”以垃圾分类环节的“三个全覆盖”为工作抓手，有效地提高了一般可回收物（即高附加值可回收物）的收集总量，还通过垃圾分类

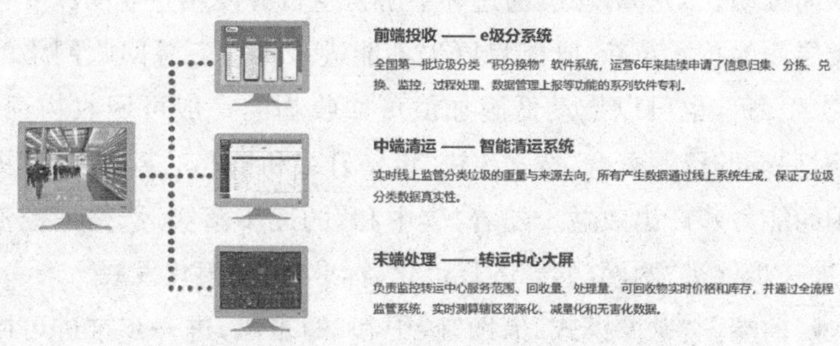

“龙潭模式”垃圾分类全链条数据化系统

全链条数据化系统——投收环节的 e 圾分系统、清运环节的清运平台、处理环节的转运中心大屏，将居民、单位、流动收集人员、废品收购站等“低、小、散”的再生资源前端渠道全部纳入系统，已基本完成整个辖区再生资源回收网络的数据扎口，为进一步推进辖区“两网融合”的统筹兼顾提供了坚实的数据基础。

低附加值提质增量。龙潭街道数字化转运中心通过垃圾分类体系化建设，以公共性事业的角度开展低附加值可回收物的回收和预加工，有效促进了居民源头分类和回收处理企业前端回收，改变了大量低附加值可回收物被混入生活垃圾填埋或焚烧的命运，同时转运中心还对部分低附加值进行预加工，有效完成了辖区再生资源回收的提质增量。

“直收直运”引导存量。龙潭街道在辖区垃圾分类体系化建设的过程中，建设和改造了一批具有 24 小时可回收物交易功能的智能环保屋，用户通过微信小程序注册会员，按照提示将物资放入回收袋并存放屋中，至此完成投放与集中收集。收集的物资将定时清运至转运中心分拣，工作人员扫码确认账户信息，最终线上返现完成闭环。这套由辖区数字化转运中心“直收直运”（直接回收、直接清

运）的模式通过长期运作，“龙潭模式”的再生资源回收成绩斐然，废纸等品类的年回收量均已突破万吨。

经过长期测算，每1000户小区居民所产生的可回收物利润在11000元/月。如居民小区再生资源回收由第三方独家经营、统一监管并提供给指定渠道端，再通过立法等措施进行保障，则具备了大面积推行和重塑再生资源前端渠道的基础。

2. 直通再生资源后端网络

形成双向推动。“龙潭模式”通过和下游再生资源使用企业的深度合作和基于垃圾分类层面的技术革新，既能将原先不能进入再生资源回收网络的其他垃圾赋予“二次生命”，也可以推动低附加值可回收物向一般可回收物逐步转化。因此，加强对后端的资源整合、技术改进、设备升级和核心工艺攻关，将提升垃圾资源化利用的能力和产出效益。随着“碳中和”的逐步落实，严格把控资源化利用成本，将进一步促进“两网融合”的规范化、标准化、规模化发展。

末端决定前端。“龙潭模式”借助“碳中和”的东风，进一步推进可回收物的综合利用，既包括回收品类的综合化，也包括资源化利用方向的综合化，让一部分具有较高经济附加值的资源化利用产品弥补低价值可回收物的经营成本。

同时“龙潭模式”也争取政策支持，取代再生资源网络中担任“中间商”的中端（仓储端）企业的生态位，利用完整产业链的优势快速形成市场规模和竞争力，并最终达成“通过‘再生资源回收’撬动‘垃圾分类回收’，改变‘两网融合’政府兜底的现状”的终极目标。

三、经验启示

特大城市因其“大”，汇聚了强大发展优势，带来了无限生机活力，但“大有大的好处”，“大也有大的难处”。垃圾分类管理是一场需要全体社会成员和组织参与的久久为功的事业，应遵循政府推动、全民参与、市场运作、城乡统筹、系统推进、循序渐进的原则；应处理好政府与社会、企业、市场的关系，形成统一开放、有序竞争、运转高效的作业模式，提高市场机制对调节可回收资源配置的效率。同时，垃圾分类管理也是一项结合环保、服务和公益为一体的特殊产业，需要完善和健全相关的法律法规，从制度上规定和约束各个主体的责任和义务；加快垃圾分类投放、运输和处理的基础设施建设工作，运用大数据、人工智能等高新技术提高垃圾分类回收、处理的效率和质量，提高垃圾分类和回收的能力与水平。应将垃圾分类融入每个社会成员的基本意识之中，通过法律法规的保障，相关政策的推动，让垃圾分类真正地成为一种新时尚。

（一）科学制定垃圾分类目标

现阶段推行垃圾分类，应更加注重“质精”而非“量大”，有了“质精”的分类产物，才可能有高质量的再生产品，促进再生资源回收行业转型升级，实现高质量发展。从居民习惯改变的角度来看，在垃圾分类初期应采取最直观、最简便有效的分类方法，尽量减少居民在识别垃圾类别上的困惑。结合市级末端处置设施建设情况，建议针对特别有干扰的垃圾、特别有效益的垃圾、特别有害的垃圾，分别实施“厨余垃圾攻坚年”“可回收物市场规范年”“有害垃圾攻坚年”计划，通过精细的目标和专项行动，逐步提升垃圾分类水平。

（二）搭建系统政策体系

在统筹保障机制上，组建市级生活垃圾分类处理工作统筹管理专门机构，成立市级生活垃圾“三化（减量化、无害化、资源化）”处理工作领导小组，统筹和调度城市垃圾分类的战略制定、规划设计和系统推进。建立推进生活垃圾分类工作联席会议制度，以便在重大问题的决策、执行上形成共识。

在激励约束机制上，要优化垃圾分类积分兑换奖励机制，创新物质激励和精神激励方式，实现志愿服务、时间银行等民生领域积分通存通兑，将积分兑换响应人群最大化。激励物业公司、废品回收企业、专业化服务机构等主动作为，例如采用“物业管看”管理模式，由政府资助聘请物业公司专人管理垃圾投放工作。探索建立差异化垃圾收费制度，对垃圾分类实施效果较差的区域，可适当按照单元或网格提高垃圾收费标准。探索垃圾生产者责任延伸制度和环境押金制回收制度，在生产制造、包装设计、仓储运输、销售消费等各环节加强约束，从源头上减少垃圾产生量。

在宣传教育机制上，在学校、家庭、社区全面开展垃圾分类宣传。发挥新媒体的作用，充分运用微博、微信、抖音等平台，形成全方位、立体式宣传格局，提升宣传覆盖面和公众知晓度。运用大数据技术精准识别公众对生活垃圾分类处理知识的个性化需求，有针对性地推送相关知识。开展面向更广泛公众的社会教育，将垃圾分类作为地方城建专题研究班培训课程，邀请国内知名专家专题授课，同时组建地方垃圾分类培训学院，对基层管理者、环卫作业人员、物业人员、志愿者等开展精准培训。

在监督考核机制上，应加快构建科学合理的生活垃圾分类质量分析体系和绩效考核指标体系。健全面向社会监督的投诉举报受理机制，发动社会各界广泛参与生活垃圾分类处理的全流程监管工作，对违法违规行为及时进行公开化、透明化处罚。同时，将垃圾分类纳入“创文”测评。

（三）精细化服务居民

城市管理应该像绣花一样精细。城市精细化管理，必须适应城市发展，要持续用力，提升社会治理能力，增强社会发展活力。具体到垃圾分类管理工作来说，应进一步鼓励垃圾分类企业和相关社会组织为居民提供垃圾分类服务，增加投放智能回收设备，制定《可回收垃圾目录》和《有害垃圾目录》，为居民分类提供通俗易懂、简便易行的可操作方案。分阶段稳妥推进“撤桶并点”工作，前期做好宣传推广、知识培训和意见征集；实施初期尽量延长投放时间、安排引导员值守、提供临时投放点等；稳定维持期逐步规范投放时间、投放地点。发挥基层民主协商效能，通过社区议事平台梳理垃圾分类问题清单和措施清单，因地制宜为每个社区甚至小区量身定制方案，形成“一小区一方案”的垃圾分类工作模式。组建以社区积极分子为主要力量的垃圾分类居民志愿服务组织，逐步形成居民参与垃圾分类的“熟人”关系网络，强化社区居民对垃圾分类的情感认同。

（四）“政—市—社”协同共治语境下的社会机制

人与城市是命运共同体，城市的本质是人的主体性。垃圾分类作为基层社会治理的微场景，作为一种兼具规制和服务特征的公共政策，应受到居民的普遍认同并使其获益，然而在实际分类工作中，居民往往不能成为参与者，而只是治理对象，政策执行成本高昂且效率低下。因此，在政府—市场—社会各方主体协同共治的社会治理语境下，应通过党的组织系统将相关单位、个人串联起来、组织起来、活跃起来，形成推进市域社会治理现代化的同心圆：政策执行者吸纳社区骨干，后者可利用私人关系网络组建关键群体；关键群体运用组织化的行动规则与多项策略进行有效的差别化动员，引导社区居民形成内化的行为规范和实际的政策遵从。即在基层政策执行中建构社会治理共同体。

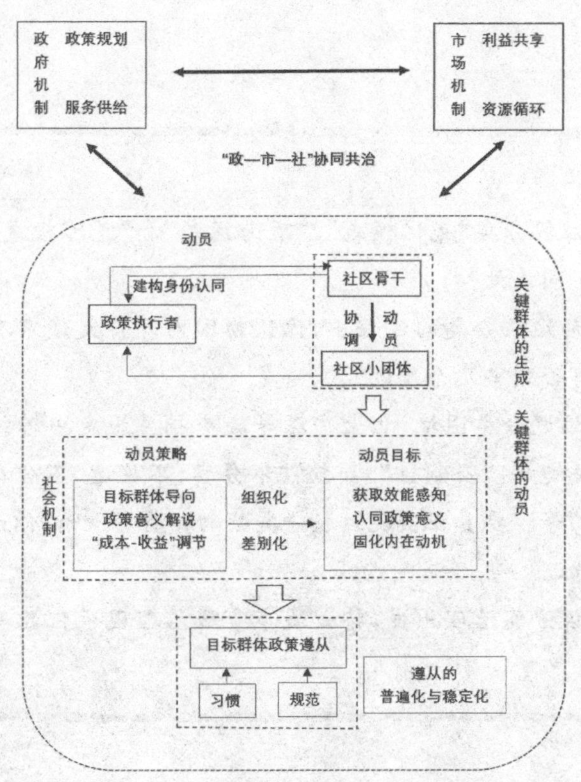

"政—市—社"协同共治语境下的社会机制

（五）发挥市场机制在垃圾分类中的关键作用

重视科技环保企业的发展，加强政府与垃圾分类龙头企业、大型再生资源企业、环保科技企业的合作。在前端，支持诸如南京志达环保、杭州虎哥回收等垃圾分类龙头企业战略发展，以龙头企业的持续创新能力和规模经济与范围经济优势，实现前端垃圾分类的高效率和低成本。在中端，借鉴巴西拾荒者合作社模式，实施捡垃圾者备案制，协调其与物业、居委会、城管的关系，发挥其在可回收物分类中的积极作用。鼓励大型再生资源企业整合回收个体，以及游离于正式回收系统之外的小型分拣厂等，通过组织整合、职业培训等等方式让包括楼道保洁员、环卫工人、捡垃圾者、小微企业等在内的行为主体有效、有序地参与到垃圾治理的链条中。在末端，培育一批具有技术研发能力、资源整合能力的资源化利用企业，从税收、信贷、征地和用电等方面给予支持，使得整个垃圾治理产业链条能够运转起来。

研讨题

1. 南京垃圾分类“尧化模式”、“顶山模式”和“龙潭模式”做法有何相似之处和不同之处？

2. 在推动垃圾分类的过程中，你认为国内外特大城市有哪些好的经验做法？可否列举几个案例？

3. 针对垃圾分类困境，北上广深等城市相关规定中不约而同提到了这样一些关键词：“强制性”“罚款”“不分类、不收运，不分类、不处置”“全流程分类”等。要真正实现垃圾分类激励和监督平衡，你认为应该怎么做？

4. 从垃圾分类治理出发，特大城市市域治理现代化还有哪些需要完善的方面？

改善民生　传承文化　激发活力

——南京市秦淮区小西湖片区城市更新项目

项晓霞　编写

中共南京市委党校哲学与文化教研部

【引言】“无论是城市规划还是城市建设，无论是新区建设还是老城区改造，都要坚持以人民为中心，聚焦人民群众的需求，合理安排生产、生活、生态空间，走内涵式、集约型、绿色化的高质量发展路子。”(2019 年 11 月 2 日习近平上海考察讲话)

“城市规划和建设要高度重视历史文化保护，不急功近利，不大拆大建。要突出地方特色，注重人居环境改善，更多采用微改造这种‘绣花’功夫，注重文明传承、文化延续，让城市留下记忆，让人们记住乡愁。”(2018 年 10 月 24 日习近平广东考察讲话)

“保护好传统街区，保护好古建筑，就是保存了城市的历史和文脉。对待古建筑、老宅子、老街区要有珍爱之心、尊崇之心。”(2021 年 3 月 24 日习近平福州考察讲话)

【摘要】实施城市更新行动，推动城市结构调整优化和品质提升，转变城市开发建设方式，对于全面提升城市发展质量、不断满足人民群众日益增长的美好生活需要、促进经济社会持续健康发展，具有重要而深远的意义。中共中央在《国民经济和社会发展第十四个五年规划和 2035 年远景目标纲要》中明确提出实施城市更新行动，这为“十四五”乃至今后一个时期做好城市工作指明了方向，明确了目标任务。2020 年 7 月中共江苏省委十三届八次全会指出，要抓住我省作为全国唯一的美丽宜居城市试点省的契机，统筹推进城市更新，增强中心城市和城市群的经济和人口承载能力。

南京老城南地区承载了极其丰厚的历史遗产，展示出独具特色的城市风貌，但也面临城市发展和民生改善等多重压力。在城南小西湖片区试点实施新一轮小尺度、渐进式的有机更新，旨在更加突出风貌完整性和生活延续性，让人民群众在老街区、老房子共享发展成果，也为传统街区更新改造探索新路径。历经 5 年多的积极探索，小西湖项目找到了在改造和更新中延续城市之魂的平衡点，走出了一条改善民生、传承文化、激发活力协调并进的有机更新之路。2021 年小西湖项目被评为全国城市更新优秀案例。

【关键词】城市更新　有机更新　小西湖

一、小西湖片区的基本情况和主要问题

小西湖片区北临小西湖路、东接箍桶巷、南抵马道街、西至大油坊巷，占地约为4.69万平方米，是南京老城南规模较大的传统民居集中区之一。

从渊源上讲，小西湖与明代著名戏曲家、书法家徐霖(1462—1538)密切相关。徐霖长期居住于此，1500年他在武定桥南设计建造了快园。园内有丽藻堂、晚静阁、小西湖等景观，苏州吴门四家中的沈周、文徵明、祝允明等曾在快园游憩唱和、绘画作诗。1519年明武宗正德皇帝朱厚照南巡来到南京，两次驻跸快园，更使得快园名闻天下。可以说，快园不仅是明代中叶一处景致优美的私家名园，也是当时南京诗酒酬唱的文化中心。

乾隆末期，快园为南京巨富凌霄购得。他精心修缮，广交文友，一时名士云集，快园再度声名大振。到了清末，南京几经战火，快园渐渐废为丘墟。民国年间，历史学家朱偰在《金陵古迹图考》中这样描写快园："园内有宸幸堂、浴龙池，皆纪实也"，"今虽废为丘墟，而春水鸭栏，夹以桃柳，土人犹呼为小西湖焉"。如今此处密布民居，湖已不存，但人们仍将这片区域叫做"小西湖"。

近代以来很多文人在这里生活过。如1927年起南京著名报人张友鸾居住在小西湖10号。在这里，他创办了《南京早报》，写出了《胭脂井》《魂断文德桥》等长篇杰作。1936年还与张慧剑、张恨水等大家联手合作创办《南京人报》，开创了南京报业的新局面。国产彩色动画片《大闹天宫》的创作者是中国动画鼻祖万籁鸣兄弟，而万氏兄弟故居，也在小西湖。

小西湖片区拥有好的区位优势、传统街巷肌理、传统生活样态和多种历史文化资源。《南京历史文化名城保护规划(2010—2020)》将小西湖片区确定为22处历史风貌区之一，称为"大油坊巷历史风貌区"。它串接夫子庙与门东历史文化街区，形成门东地区中轴线。片区内街巷无规则延伸，宽窄不定，曲折幽深，具有南京老城南地区典型的肌理特征。街巷两侧是典型的江南民居式建筑，形成了毗邻关系复杂的江南民居式院落。现存有大油坊巷、箍桶巷、西湖里、堆草巷、马道

街、朱雀里和小西湖等7条历史街巷。根据《南京市历史建筑(历史地段类)保护名录》,片区内现有傅尧成旧居和沈万山故居楠木大厅2处区级文物保护单位;大油坊巷5号古建筑、马道街25-1号古建筑、马道街43号古建筑、马道街45号古建筑、箍桶巷27-1号古建筑和箍桶巷31号民居(万氏兄弟旧居)等7处历史建筑。

由于人口激增和建设无序,这个片区逐渐退化为与现代城市发展存在落差的老旧棚户区。4.69万平方米的用地容纳了810户居民和25家工企单位,居住人数超过3000人,其中老龄人口和低收入口多。物质空间衰败不堪,建筑多为1-2层,布局混乱,户均居住面积仅为22.14平方米,人均居住面积为11.65平方米,远低于2018年全市34.26平方米的人均面积。由于违章搭建和侵占,局部过于狭窄不能满足新的交通和消防要求。缺乏公共配套设施、养老设施、公共广场、绿地公园等,水、电、煤气等设施布局均不完善。几处重要文保单位和历史建筑年久失修,居民普遍缺乏自我更新能力。

总体而言,小西湖是南京城市记忆的重要载体,也是衰败严重的片区。在这里进行城市更新,它所面临的矛盾和问题主要是:

1. 既是老旧棚户区,需要改善居住条件,又是历史风貌区,需要做好历史建筑保护修缮,保留老城空间格局和肌理。双重任务交织,更新难度很大。

2. 片区内老龄人口和低收入人口较多,缺乏自我更新能力。

3. 片区建筑权属关系复杂而分散,协调复杂多样的更新诉求,难度很大。

4. 以居住为主要功能的片区,缺乏商业业态,片区整体缺乏活力。

二、小西湖片区城市更新项目的基本过程

2015年,南京市规划局联合秦淮区政府正式启动该片区的城市更新项目。项目实施的过程经历了以下几个重要阶段:

1. 在宁高校师生参与项目前期调研规划活动

在项目前期,引进高校师生参与片区保护与复兴规划的研究活动,这在国内尚属首次。2015年7月,由南京市规划局、秦淮区政府联合牵头,邀请东南大学、南京大学及南京工业大学开展“在宁高校暑期研究生志愿活动”。三所高校

的13位导师和48名学生开展了现场测绘、入户调研、座谈等活动，历时3个多月，调查了1300多幢建筑单体，形成300多页纸的调研报告。最终3所高校拿出5套设计方案。10月15日，由专家、学者对各高校的设计方案逐一点评，确定东南大学为片区改造团队。11月27日，市规划局举行新闻发布会，向公众汇报研究成果，并邀请志愿者代表分享参与志愿活动的感受和经验。

2. 征收团队和专业规划团队完成搬迁和规划设计

2016年1月，启动小西湖居民搬迁政策研究工作。东南大学韩冬青教授团队受南京历史城区保护建设集团（以下简称"南京历保集团"）委托，在市政府和市规划局领导下持续开展研究和规划设计工作。7月，政策方案分别报市规划、建委、国土、房产等部门进行专题研究。11月，秦淮区政府常务会议专题研究通过项目实施方案。

2017年3月起，设计团队与征收团队共同展开现状调研和居民意愿统计。第一步是把所有的地权和房权关系调查清楚，绘制出清晰呈现每一个院落、每一栋建筑、每一个房间产权归属的"类型学地图"。第二步是及时搜集居民搬迁意愿，并将居民意愿和搬迁情况落实在图纸上。

2017年至2018年，启动搬迁工作、修详方案及市政规划的设计。按照"公房腾退、私房收购或租赁腾迁、厂企房搬迁"的方式推进，到2019年4月，片区810户住户搬走408户，近一半人口留下，释放出48个院落。

2019年8月，小西湖片区保护及微更新设计方案公开征询意见。

3. 国企建设集团负责实施项目

2019年9月开始，由南京历保集团全程负责实施该项目。在整个过程中，秉持"共商、共建、共享、共赢"理念，尊重居民意愿，鼓励和帮助片区居民参与到项目中。始终以改善民生为前提，改善基础设施和社区服务功能，精心修缮历史建筑，积极谋划引入新业态，活化利用老建筑，激发片区活力。2020年底，片区改造成果初步呈现。

4. 一期示范性项目顺利完成

2021年初，一期示范性实施项目12个地块的更新基本完成，原有建筑格局和传统街巷肌理完整保留，传统社区变身为基础设施、生活公共服务和市政配套功能完备的新型社区。2021年2月1日，南京历保集团、秦淮区夫子庙街道共同组织开展“点亮小西湖、幸福在身边”的小西湖亮灯活动。小西湖片区以新的面貌呈现在世人面前。

三、小西湖片区城市更新项目的主要做法

为实现“自主更新、有机更新和持续更新”，在工作机制和具体策略方法上，小西湖项目有诸多值得借鉴之处。

1. 以产权主体自愿参与的多方平台为基本工作机制

城市更新本身就涉及政府管理、政策制定、城市规划、城市设计、建筑设计、文物保护、社区营造、市场运作等等方面，综合性强，参与角色众多，各方利益诉求复杂交织。如何让各方诉求得到充分表达、权益得到充分维护，如何协调各方关系，如何形成共同行动，如何让各方之间的互动形成良性力量？这些都是进行城市更新项目首先需要考虑的。

小西湖片要走出一条自我更新、有机更新、持续更新的新路，更是需要尊重居民意愿、更是需要兼顾各相关方的利益诉求，更是需要将公众的智慧和力量整合到具体实践之中。为此，在小西湖项目中，建立了一个由政府职能部门、街道、社区居民、国企建设平台和社区规划师共同组成的“五方平台”，以这个平台为基础构建基本工作机制。在这个平台上，各方发布信息，表达意见，沟通交流，商讨具体做法，解决各种问题。不同群体之间通过这个平台实现积极互动，让“共商、共建、共享、共赢”模式真正落地实现。

2. 以细致调查为基础实施配合征收进程的动态规划

科学合理、各方能够接受的规划是实施项目的根本基础。老城片区建筑产权错综复杂，更新需求和搬迁意愿难以达成一致，需要在规划设计前期进行细致的调查和及时的跟进调整。在小西湖项目中，首先通过细致的调研厘清错综复杂的产权人与物质空间的关系。在高校师生参与的入户调研基础上，征收团队和规划团队又共同展开现状调研和居民意愿统计，结合查阅档案，明确地段内公房、私房分布情况。在充分清楚所有的地权和房权关系基础上，绘制出叠加产权的“类型学地图”，清晰呈现每一个院落、每一栋建筑、每一个房间的产权归属，并

以此作为设计团队、征收团队与居民沟通的工作底图。其次，根据居民搬迁意愿动态调整规划。组织 12 个小组入户与居民沟通交流，摸底了解居民的搬迁意愿，将全体居民的动态意愿和搬迁情况落实于图纸，形成不同阶段的居民搬迁意愿分布图，规划总图也根据居民意愿多次动态调整。

3. 以微观建成环境单元为基础渐进展开更新行动

大拆大建的更新模式轻易抹去城市历史累积的建筑形态和街巷肌理，对居民的社会关系网络冲击严重，其弊端日益明显。常态下小尺度渐进式的有机更新更符合城市发展的一般规律。“小尺度、渐进式”更新的主要内涵是根据历史地段长期积淀的层级特征，对保护和更新的覆盖范围进行尺度和类型的细分，尽可能保留街巷尺度，维持原有建筑体量。其实施不求快速，而是一个累积渐进的过程。要真正实现“小尺度、渐进式”城市更新，一是要合理细分微观建成环境单元，二是要有沟通畅通的信息平台，三是要有配套的制度，四是保护和更新行动需要是差别化的、细分的和渐进开展的。

在小西湖项目中，以厘清产权关系为基础，将整个片区进行细分，划定了 15 个基于街巷体系的规划管控单元和 127 个基于产权地块的更新实施单元。对这 15 个规划管控单元，设计单位分别编制地块微更新图则，为各个实施单元的保护和改造工作提供具体的控制和引导要求。不同改造主体均可根据图册的控制和引导要求对相应地块进行自下而上的改造，五方平台也可根据图则内容对设计方案和施工过程进行监督和指导。与此配套，还建立了分类土地流转、确权制度和社区规划师制度，明确不同用地的实施路径和私房更新申报程序。在实施过程中，配合征收进程的动态规划、配合规划管控的微更新图则以及分级管控的策略形成合力，保证了小尺度、渐进式、细分的更新行动能够顺利实施。

4. 以多种方式保留传统街区居住功能

对居住类传统片区，如果无法保留其主要的居住功能，那么保留传统生活样态和生活传统的目标也将无法达成。在小西湖项目中，更新方案以保留居住的主要功能为前提，着力解决老百姓最关心、最直接、最现实的切身利益问题，既留住了传统街区的“烟火气”，又提升了居民的生活品质。

片区内建筑权属关系复杂而分散，公房占 25%、私房占 25.2%、代管房产占 1.6%、单位自管房产占 17.4%、其他房产占 30.8%。面对这种复杂的权属关系，为了实现不改变居住的主要功能，一是坚持柔性化治理、精细化服务，通过自下而上与自上而下相结合的方式形成动态设计机制，逐步实施征收计划与改造更新。二是对不同产权的老旧住房实施分类改造提升。主要采用以下四种方式：一是鼓励私房自我更新或腾迁。私房产权人可自愿选择货币补偿或保障房安置，也可根据规划方案对自有房屋进行修缮加固、翻建或改扩建。二是实施公房腾退。将片区内的部分公房改造为设施齐全的“平移安置房”。公房承租人既可选择货币补偿或保障房安置，也可选择在平移安置房就近安置。如将堆草巷26号按照现有建筑格局进行结构加固，改造原有1－3层户型并增建1层，打造出24套20—60平方米面积不等的住房。这些拥有完整独立配套设施的住房全部用于平移安置居民。三是利用片区内部腾退的零散空间，适当增设社区服务、体育锻炼、街角绿地等便民配套。四是对腾退出的居住空间，以青年公寓、办公文创、体验式酒店或民宿等形式引入年轻白领和游客，提升老旧片区的空间活力。

5. 以产权和居民意愿为依据进行“一房一策”更新

自下而上的更新方式，如果没有居民的主动参与，如果不能充分尊重居民的意愿，是很难实现的。小西湖片区和其他传统片区一样存在权属关系复杂、产权人诉求不一等现象，为了尽可能平衡居民意愿与可实施性，采取了“一户一策”的针对性改造策略。

一是在征收阶段创新性地提出“自愿、渐进”模式。居民参与自家产权的界定和自愿选择去留，同时确定以“院落或幢”为单元进行搬迁和修缮，即整个院落或整幢住户全部签约交房后才开始分步进行改造。二是在规划设计阶段，充分尊重居民意愿，鼓励居民自由提出改造构想。有更新需求的产权人按照更新流程申请，可以拿到一本包括地段总则和房屋所在管控单元更新图则的小册子。志愿者和社区规划师实地帮助居民进行更新设计。三是在实施阶段，居民的意见也始终参与其中，得到充分的尊重和回应，尽可能付诸实施。

堆草巷31号代表“共生院”的设计形式。在13户居民搬迁、2户居民留下的情况下，由居民方、产权方、建设方共同出资对房屋进行改造。一方面利用院内释放出来的公共空间，为留下的居民修建厨房、卫生间，增加功能性建设；另一方面，利用已腾出的房屋引进新型文化业态，让70多岁的原住民和90后新锐规划设计师共处同一院落，共做好邻居。

堆草巷 33 号代表“共享院”的设计形式。这座院落为私房，有一处堆放杂物的后院。南京历保集团在和房屋主人沟通后，出资对后院进行改造，将原来的实体墙做成镂空花墙，并打开后门对游客开放。改造后的共享院子清新雅致、花团锦簇，100 年的石榴树和 60 年的枇杷树吸引着游客入院欣赏美景。私家院子改造成为公共空间，既改善了居民的居住条件，也给游客带来美好的游览体验，大大增加了片区的互动性和流动性。

马道街 29 号是整体租赁改造更新的代表。这是一栋建于民国时期的二层居住小楼，产权人是年逾九旬的李彩凤老人。历保集团本着“共商”的态度，反复上门和老人沟通，最终根据小楼所处位置和商业价值以及老人的意愿，确定对 29 号采用整体私房租赁的方式进行更新改造。历保集团对房屋原有结构、外墙青砖、门窗、楼梯等均进行保护修缮，将其改造利用为一座既有历史感又兼具时尚气息的文艺咖啡屋。在南京历保集团的关心和协调下，屋主搬到小西湖对面的商品房小区，生活也得到了改善。

6. 以“微型综合管廊”夯实市政基础设施

改善民生中很重要的一项是完善市政基础设施。改造前的小西湖片区雨污水合流、电线私接乱搭、大部分居民依然使用煤气包，急需建立排水、消防、电力、通信和燃气等系统。由于街巷狭窄，常规管线直埋方式难以满足规范间距和检修井空间要求，而且会给后期检修、更新带来困难。经过研究，建设单位决定将东南大学李新建老师早年提出的微型综合管廊概念性方案付诸实施。邀请各专业管线单位实地勘察、多方讨论、多轮协调来完善管廊的施工图设计，最终将弱电、强电、雨水管、污水管、自来水管、消防管等市政管线全部整齐有序地集成到狭窄街巷的地下。既实现雨污分流、管线下地，又能化解积淹水、消防隐患等问题。既实现了彻底改造基础设施，又做到了尽可能施工期间不影响居民生活，能把这两件事都做到位，得益于创新技术和精细的绣花功夫。

7. 以文化为片区复兴的灵魂延续城市记忆

文化是城市发展的根脉。历史文化既能为空间注入文化灵魂，又能通过文化精神的具体传承活动联结当代社会公众。在历史风貌区进行城市更新，必须解决好修缮历史建筑，挖掘并活化利用好历史文化资源的问题。小西湖项目中，始终坚持文化为魂，强化各类历史文化资源的挖掘和传承，着力打造古今交融、宜居宜游的精品片区。

一是保护好历史建筑和街巷肌理。按照“全面保护、应保尽保”的原则，加强对街区内 2 处文物保护单位、7 处历史建筑、7 条历史街巷的保护。善待老建筑，通过局部拆建、保留修缮、修旧如旧等方式，保护和延续街巷、院落、民居的空间肌理和建筑标识，注重建筑风格与整体风貌的融合协调。二是尽可能展示好新发现的历史遗迹。在马道街 45 号改造前的测绘中，发现这里有青石砌筑的高台和远大于相邻民宅建筑尺度的台阶。据专家结合《金陵玄观志》等史料考证，这一建筑遗址属明永乐年间的敕赐道观“三官堂”。在充分尊重历史文脉的前提下，三官堂台基和地垄墙被精心整理出来进行保护性展示，并在遗址之上架空建设了一座仿古建筑。三是根据历史记载修建仿古建筑。该片区在明代有翔鸾庙，但庙早已不复存在，根据专家反复考证，复原了一座古色古香的戏台和高高耸立的翔鸾坊。复建文献中记载的古迹，既增加了休闲娱乐的公共空间，又因为独特的建筑点亮了片区的空间形态。四是通过加强非物质文化遗产的保护传承来展现传统文化的魅力，延续城市记忆。通过历史信息展陈等方式，再现明清时期的市隐园、快园等私家园林艺术，展示地方民俗特色和街坊生活场景，凝炼出街区独特的文化符号和精神标识，延续“老城南记忆”。

8. 以多种方式实现空间再造激发片区活力

老城更新不只是留下记忆，也要孕育未来、激发活力。小西湖片区在保留原居住功能和部分原住民的前提下，加强新功能适度植入和公共空间重构，着力将传统老居住片区打造成宜居、宜业、宜乐、宜游的功能复合的活力片区。

一是注重创造高品质公共空间。一方面，挖掘潜在空间，整合利用零散地块和拆违后腾退的用地，多元组合、灵活改造为街边公园、小广场等公共活动空间。另一方面，敞开封闭空间，探索“共享院落”营建模式，将私家院落打造为对外开放的公共空间，为街坊、游客提供日常交流、休憩玩赏的“友好微空间”。

二是有意识地导入新产业和植入新消费。根据前期在地文化的挖掘，并结合市场定位，明确小西湖业态定位为文化展馆、非遗工坊、文创零售、民宿餐饮、休闲娱乐，并融合“夜宿”“夜食”“夜娱”等业态，推动老片区逐渐焕发新活力。如引进腾讯棋牌 IP 场景“欢乐茶馆”和“我是谜”APP 线下沉浸式体验馆。

三是引入多种文化类项目。邀请书籍设计师、艺术家朱赢椿先生及艺术跨界人士打造花迹·虫文馆。这是南京首个线下实体的虫文馆,融合展览、餐饮和24h主题书店为一体,实现自然教育与艺术生活的美妙结合。建立木刻水印技艺馆信睦堂,现场展现明代木刻彩印画集《十竹斋笺谱》的复刻工艺流程,再现传统木刻技艺。引进歌子书店——“莎士比亚之友”落户堆草巷33号,这间书店汇聚了诸多莎士比亚作品和纪念品,为传统街区带来浓浓的现代文艺气息。

四、小西湖片区城市更新项目的启示

1. 政府主导推动转变城市更新方式

10年前在做老门东项目时,实行先搬迁后改造的方式,造成大量原住民未能回迁。如今的老门东人气虽旺,但缺了原住民和烟火气。到了做小西湖片区规划时,南京市政府主动转变过去强制征收开发的方式,决定实行自下而上的小尺度渐进式的有机更新。

与西方国家城市更新不同,我们所推动的城市更新,在实现机制上主要是依靠政府驱动而非市场驱动。政府驱动的优势在于有规划有毅力有步骤,能够快速见效。在政府的主导推动下,逐步完成政策和制度配套,小西湖项目实现了以下三类转变:一是保护理念进一步明晰,从单体保护拓展到整体保护,从大拆大建回归到有机更新;二是更新政策进一步完善,从惯性的“就地平衡”到新城反哺老城,从资金成本政府托底到产权人、使用人、政府按比例协商分担;三是实施方式进一步优化,从政府大包大揽到专家、居民、市场共同参与,从自上而下的行政主导到自下而上的自我发展。这些转变有助于统筹化解民生改善、历史保护和片区发展的现实矛盾,为老城区的整体性保护、系统性传承、创新性发展提供了新路径。

2. 切实践行有机更新的价值观

城市有机更新的价值观就是以人为本,追求可持续发展。一是要求把眼光放长远,切忌急功近利,不能为了这一代的幸福而毁掉未来人幸福的空间。二是要求以人为本,从人居住的现实需求出发,更加注重城市更新的经济社会文化意义，更加注重城市建设的可持续发展，注重保护城市的现状肌理和文化遗产，在城市更新的过程中确保城市的文脉传承和社会关系的延续发展。

在小西湖项目中，根据片区内的人口构成、建筑现状、历史资源等条件，以改善民生为前提，制定了民生改善、文化传承和活力再生三大目标。创新采用微型综合管廊，提升了整个片区的城市功能。通过鼓励并协助私房自我更新、平移安置等方式改善居民的居住条件。利用腾退的零散空间，适当增设社区服务、体育锻炼、街角绿地等便民配套。对片区内的历史文化遗产保持最大的敬畏之心，遵循历史街区更新的最少干预原则和最大隐蔽原则，做好保护修缮，发掘和活化利用历史资源。适度引入新业态、植入新消费，激发片区活力。种种做法，真正将以人为本落到实处，也收获了居民的肯定和支持。

3. 实现从点状建筑更新到片区整体更新的转变

片区是人文生活的步行空间，作为人居基本单元，它是产业和人口的重要空间载体之一，是串联城市不同功能模块的介质，同时还承载着一个城市文化维系、心理认同和情感归属的功能。片区更新是对空间功能、基础设施、文化、社会治理等方面的问题进行系统地、更有针对性地更新改造。相比点状更新，片区更新更强调系统性和整体性，有利于实现城市区域功能模板品质的整体提升。

小西湖片项目中，特别注重系统性和闭环思路。即把政策制定、规划设计、实施管理等视为一个闭环，在确定了价值目标之后，就围绕目标展开规划、设计、实施，并为后期监管运维打好基础。如划定 15 个规划管控单元和 127 个更新实施单元，这些既是规划设计的单元，也是施工单元，还有利于后期的运营维护。再如初步实现设计施工运营一体化，如腾讯棋牌和南京历保集团的共同完成入驻的欢乐茶馆的设计、施工、运营、体验规划等工作，入驻的精品酒店花间堂在更新施工阶段就已经介入，按酒店运营要求来进行建筑的修缮和改造。

实施片区整体更新的小西湖，达到公共空间、居住环境、就业环境、经商环境、文化环境的全面提升。在此基础上，才有条件加强与夫子庙、老门东、内秦淮河及门西地区的联结和融合，积极融入城南“城景一体、主客共享”的全国全域旅游示范区创建。

4. 构建实施小尺度渐进式有机更新的三大主要机制

一是构建政策倡导机制。政策倡导机制，就是政策宣传、营销、传播，进而争取共识的过程。小西湖项目中，组织开展“在宁高校暑期研究生志愿活动”，高校师生参与项目前期的入户调研和规划研究；召开新闻发布会，向公众汇报志愿活动的成果；将小西湖片区保护及微更新设计方案公开征询意见；一期项目结束后组织开展“点亮小西湖、幸福在身边”的小西湖亮灯活动。这些活动都为小西湖片区的更新做了很好地宣传、解释和传播。

二是构建公众参与机制。城市更新中存在复杂的利益博弈，各方需要表达利益诉求，同时也需要公众的参与来形成合力实现综合性目标。小西湖项目中，除了入户调研、居民自愿选择去留之外，还搭建了一个由政府职能部门、街道、社区居民、国企建设平台和社区规划师共同组成的“五方平台”。在这个平台上多方进行表达和建议，多方相互磨合，保证了项目实现“最大公约数”。

三是构建社区规划师机制。有机更新需要规划师因地制宜、量体裁衣，因此社区规划师的作用日益凸显。在小西湖项目中，充分发挥高校团队的规划设计力量，派出社区规划师进驻。他们积极作为，参与到问题调研、方案建议、政策理念宣传、群众动员和协调、监督实施、活动组织以及项目长期运维等各个阶段的工作，对片区公共空间微更新、居民住房自主更新的设计质量进行把控，全过程指导更新项目实施，其专业性的指导和把控保证了整个更新项目的顺利实施和品质维护。

5. 致力空间改造夯实片区活力重建的基础

城市更新是城市社会变迁的一个过程，也是城市活力重建的过程。空间改造是活力重建的基础。活力重建一个主要的途径是通过实施空间改造来重建生活活力、居住魅力、产业活力、旅游活力和文化活力等片区活力。小西湖项目中，在集思广益的基础上形成更新版图，对历史文脉、社区构造和传统特色建筑，有重点标记、有保护措施、有保护式更新的方案、有新旧要素结合的方法、有公共空间和商业空间相融合的思路。经过空间改造之后，城市基础设施得到提升，恢复了人居活力；再加入设计元素，与艺术相结合，展示历史和文化资源，增添空间的灵动感，从而重建文化活力；产业也能重新置换，引入第三产业，实现腾笼换鸟，商业活力也得以展现。

研讨题

1. 老城改造为何必须以“留”为先？民生改善和历史文化保护如何兼顾？

2. 城市更新过程中，如何尽量保留既有建筑，在守护城市记忆的同时，让老城焕发新活力？

3. 城市更新的根本目的和主要路径是什么？

附录

老城改造的美丽样板

文|《瞭望》新闻周刊记者　蒋芳　杨丁淼

◇10 年前南京启动旧城改造，老城南一片“拆”声。建设性破坏发生在街巷根子在人心，源于缺乏足够的文化自信

◇小西湖片区原有的 810 户居民中，有半数左右没有选择迁走。“逐院落改造”方案将片区划分成 15 个管控单元和 127 个实施院落，“一院一策”徐徐推进

◇“小西湖改造最大的价值在于探索出更加明确和可操作的路径，找到了在改造和更新中延续城市之魂的平衡点。”

来到六朝古都南京，沿有着 600 年历史的中华门城墙向东走，就进入了秦淮区老城南门东地区。“最金陵是城南，最城南是门东”，曾经的城市辉煌和历史纵深感在这里俯仰即是。

这一区域内的小西湖片区历史文化悠久，承载着老城南记忆，但也历经风霜，破旧衰败，亟待更新。

2015 年，一轮以“小规模、渐进式”为特色的改造行动在此展开。原本老旧斑驳的街巷和房屋，颜值悄然提升，人居环境同步改善。在共商、共享的微更新过程中，保留的不仅是原汁原味的老城南民居、老街巷肌理，还有与原住民共生的烟火气。

留下搬不走的烟火气

小西湖片区属于大油坊巷历史风貌区，是南京22个历史风貌区之一。该片区串接夫子庙与“老门东”历史街区，形成了门东地区中轴线。片区保留了传统建筑空间格局，街巷宽窄不定、蜿蜒曲折，无规则延伸自然形成的街巷肌理，串联了两侧风貌建筑，形成了毗邻关系复杂的江南民居式院落。

70岁的陈鸿荣幼年随父母落户，在堆草巷31号生活了一辈子。虽然居住条件简陋，但期待“住得好”之余，他更在意能不能“留得下”。当听说小西湖要改造，他已经不安了一段日子。

与小西湖片区一街之隔的“老门东”历史街区是南京的一处热门景点，白天游客摩肩接踵，夜间华灯绽放。10年前，这里由南京市秦淮区政府委托南京历史城区保护建设集团（简称“历保集团”）改造建设，保留下了各级文物、重要历史建筑、古树、古井，留下大部分街巷肌理，但先搬迁后改造的方式，造成了大量原住民未能回迁。

人气虽旺，缺了原住民、烟火气，不能不说是一种遗憾。到了做小西湖片区规划时，南京主动调整过去“自上而下”的策略为“自下而上”的更新。南京市副市长邢正军表示，“自下而上”的更新是在充分尊重群众意愿的前提下共谋共商，让居民自主选择迁与留：迁出的释放了空间，为改善基础设施和植入新业态创造条件；留下的或自住或租赁，历保集团根据建筑完损程度进行适当修缮整治。一改过去“留下要保护的、拆掉没价值的、搬走原有居民”的操作方式。

东南大学建筑设计研究院院长韩冬青从业时间很久，却是第一次参与这样的“反向操作”。“高校设计专家和志愿者团队合作，走进百姓家门一起看现场、谈方案、出谋划策，最终确定了自我更新、有机更新、持续更新实施路径。”

“自下而上”四个字弥足珍贵。长期跟踪老城南改造更新，文史作家薛冰感触很深，10年前南京启动旧城改造，老城南一片“拆”声。“其实，建设性破坏发生在街巷根子在人心，缺乏足够的文化自信。我很高兴，小西湖决定留下原住民和烟火气，弥补了老门东的遗憾。”

探索传统院落保护更新路径

“青砖小瓦马头墙，回廊挂落花格窗”，走进小西湖片区，老屋清水砖墙、条石台阶，一户人家的灶台就设在进门过道处，向外望，一位老大娘拎着马桶从门口走过……

这是生活不便的真实写照。如何既改善群众生活条件，又保护好历史遗存，延续城市文脉，是小西湖片区改造时着力解决的难题。经过前期工作，小西湖片区原有的810户居民中，有半数左右没有选择迁走。韩冬青在充分调研走访之后，提出了“逐院落改造”方案。即将片区划分成15个管控单元和127个实施院落，“一院一策”徐徐推进，成熟一片再改造一片。

堆草巷31号院子里的邻居大多愿意搬迁，只剩下陈鸿荣和对门住户无法搬离，院落无法腾空开发利用。历保集团邀请专家到老陈家共商。

韩冬青团队根据院落空间位置和内部结构，设计了一个“共生院落”的方案——老屋院落一分为二，一半用作设计规划师的工作室，一半作为居民生活用房，创业者与原住民共处同一屋檐下，改造后老陈将拥有独立厨房和卫生间，如厕、洗澡不便等问题也随之解决。

老陈觉得挺满意，于是签约搬出去过渡，约定四个月后回归。

堆草巷33号的住户刘光纪选择了“共享院落”方案，近日已整修完毕。隔着镂空砖墙和篱笆，可以看到一处院子里花团锦簇，布置得清新雅致。推开院门进去逛逛，兴许主人还会出来跟你聊几句。过去，这是老刘家的后院菜地。

主动将私家院落共享，刘光纪想得很清楚，“开放后既不改变产权，也不会影响我们原有的生活，片区整体环境和品质提升了，我们住得更舒心。”

7月以来，南方累计降水量之大、梅雨期之长、覆盖范围之广，历史罕见，小西湖并未发生明显积水。居民们说，这多亏了前阵子刚铺好的“微型管廊”。

记者看到，专门为古街小巷设计的这款管廊虽小，却五脏俱全，燃气、雨污分流、光纤电缆等管网均铺设其中。棚户区改造项目一般不具备建设地下管廊的条件，而且一边要彻底改造基础设施，一边要尽可能不影响居民生活，把这两件事都做到位，花的是绣花功夫。

“小西湖改造最大的价值在于探索出更加明确和可操作的路径，找到了在改造和更新中延续城市之魂的平衡点。”韩冬青说。

美丽未来可期

马道街29号被改造为一座临街咖啡屋，整体风格保持历史感又兼具时尚气息，还没开业就成了“网红景点”，吸引游人前来“打卡”。

将这栋两层小楼租赁给历保集团的是屋主李彩凤，家族四代人在这里生活成长，这位95岁的老人对老屋充满了感情。刚开始改造的时候，老人不放心，不去投奔子女，而是在附近租房，当起了“监工”。当看到房屋结构没有变，外墙青砖也得以保留，尤其是木质楼梯还加上了一层玻璃隔板，老人很满意。

老人的女儿董南南告诉记者，原来家里有一件150年的老家具，老人舍不得丢，未来修复后也将搬回老屋在咖啡厅中展示，这一细节让他们全家都很感动。

“有很多居民开始打听，怎么进行自我更新改造，我们有一批社区规划师为他们出谋划策。”韩冬青告诉记者，当政府、居民和社会资本协同努力，留下的不只是院落形态、街巷肌理，更会留住原有生活方式、生活传统。

据了解，未来这里引入的商业业态，不仅注重保留老城南味道，也注重业态形式“以静为主”，布局充分考虑群众生活需求，以求和谐共处。考虑到小西湖知名度和影响力有所欠缺，历保集团采取线上引流的方式，将流量业态引入线下。目前与腾讯合作的欢乐茶馆、与网易合作的5G场景化体验项目均在洽谈中。

从2015年启动保护与复兴规划研究算，小西湖片区的有机更新已经有5年了，到今年底，小西湖片区改造将初见模样。那时走进蜿蜒的街巷，传统江南民居、社区博物馆、大师工作室、24小时书屋或许就在下一个转角，老城南的故事将在这里延续。（转载自《瞭望》新闻周刊 2020/3/6）